통합과학
30일 달성
학습 계획표

학습 계획표

학습 계획표를 따라 차근차근 독해 공부를 시작해 보세요.
빠작과 함께라면 통합과학 독해, 어렵지 않습니다.

영역	지문명	교재 쪽수	학습한 날		
물질	상상을 이루어 주는 물질	016~019쪽	1일차	월	일
	환경을 살리는 플라스틱	020~023쪽	2일차	월	일
	불의 상태는 무엇일까?	024~027쪽	3일차	월	일
	언 호수에서 물고기가 살 수 있는 까닭	028~031쪽	4일차	월	일
생명	비슷하지만 다른 동물들	034~037쪽	5일차	월	일
	심해 생물의 특징	038~041쪽	6일차	월	일
	세상에서 가장 큰 꽃	042~045쪽	7일차	월	일
	사막에서 살아가는 식물	046~049쪽	8일차	월	일
	여왕벌의 일생	050~053쪽	9일차	월	일
	오리너구리의 한살이	054~057쪽	10일차	월	일
	씨앗 속의 온도계	058~061쪽	11일차	월	일
	미래 먹거리 문제를 해결하는 스마트 팜	062~065쪽	12일차	월	일
	가장 오래 사는 나무	066~069쪽	13일차	월	일
운동과 에너지	우주에서 일어나는 몸의 변화	072~075쪽	14일차	월	일
	자동차 범퍼의 비밀	076~079쪽	15일차	월	일

빠작

초등 비문학 독해

통합과학

3학년

❝『빠작 초등 비문학 독해 통합사회·통합과학』은 교과서 중심의 비문학 학습이 어떠해야 하는지를 아주 쉽게, 효과적으로 제시하고 있습니다. ❞

흔히 교과서를 읽는 것이 중요하다고 말합니다. 그런데 교과서를 어떻게 읽고 학습해야 하는지 올바로 가르치는 경우는 적습니다.

이번 『빠작 초등 비문학 독해 통합사회·통합과학』은 교과서 중심의 비문학 학습이 어떠해야 하는지를 아주 쉽게, 효과적으로 제시하고 있습니다. 특히 지문을 읽고 내용을 독해한 뒤 이어지는 교과 개념 학습이 아이들에게는 교과 개념을 반복 학습시키는 데 매우 도움이 될 것으로 기대됩니다. 그뿐만 아니라 기존의 독해 파트 역시 내용 이해, 추론, 적용의 단계를 구분하여 체계적으로 독해력을 훈련 시키고 있어 학습 효과 향상이 기대됩니다.

최성호
에이프로 아카데미

❝비문학은 단계별 독법이 중요한데, 내용 독해에서 이해, 적용, 추론으로 진행되는 배움의 과정이 매우 체계적입니다.❞

저는 비문학 교재를 볼 때 스스로 몇 가지 질문을 던지곤 합니다. '좋은 제시문을 선정했는가?' '학생들의 배경지식을 활성화하고 의미 있는 지식과 정보를 제공하는가?', '비문학을 읽어내는 독법, 즉 읽는 역량을 키워 주는가?'

『빠작 초등 비문학 독해 통합사회·통합과학』은 이러한 저의 질문에 고개를 끄덕이게 해 주었습니다. 사회, 과학의 세부 영역에서 좋은 제시문을 선정했을 뿐 아니라 내용 독해에서도 이해, 추론, 적용으로 진행되는 탄탄한 구성과 글에 블록 조각이 결합되는 것처럼 깔끔하게 구성된 어휘, 표현과 해제까지도 모두 체계적입니다.

무엇보다 구조 분석을 통해 단락에서 전체 글을 한눈에 보게 하는 과정이 좋았습니다. 이 교재를 한번 공부한 학생들이 나중에 각각의 글을 '한 판 구조도'로 다시 만들어 복습한다면, 더욱 큰 효과가 있을 것으로 예상합니다.

비문학 공부는 때로 인내심과 끈기가 필요합니다. 하지만 그만큼 배움의 효과를 크게 돌려주는 공부라는 점을 잊지 말았으면 합니다.

강용철
EBS 국어 대표 강사

❝독해력은 교과 내용을 이해하는 데 필수적이고, 배경지식은 이해를 돕고 학습의 흥미를 높이는 데 결정적인 역할을 합니다.❞

초등학교 3학년부터는 사회, 과학 교과 공부가 시작됩니다. 그런데 생각보다 많은 아이들이 사회, 과학 교과를 어려워합니다. 이야기책보다 흥미 요소가 적고 내용이 어렵기 때문입니다. 학년이 올라갈수록 어려워지는 교과 내용을 이해하려면 두 가지가 필요합니다. 바로 독해력과 배경지식입니다. 독해력은 교과 내용을 이해하는 데 필수적이고, 배경지식은 이해를 돕고 학습의 흥미를 높이는 데 결정적인 역할을 합니다. '아는 만큼 보인다'고 하듯이 배경지식이 풍부한 아이일수록 사회, 과학 과목을 더 재미있게 받아들일 수 있습니다.

이번에 출간된 『빠작 초등 비문학 독해 통합사회·통합과학』은 양질의 비문학 지문을 통해 국어 독해력을 향상 시키는 것은 물론이고 사회, 과학 공부에 필요한 배경지식을 쌓아갈 수 있도록 구성되었습니다. 이렇게 국어 독해력과 교과 배경지식 두 마리 토끼를 잡은 책이 출시되어 반갑습니다. 각 학년 별, 과목 별 교육과정이 체계적이고 충실하게 반영된 것도 눈에 띕니다. 매일 일정 분량을 학습하며 교과 개념 지식과 배경지식을 쌓아 나간다면 어느새 사회, 과학이 재미있게 느껴질 것입니다.

최선민
초등교사, 『오늘부터 초등 어휘왕』 저자

고등학생들을 지도하고 수능 대비를 하면서 가장 크게 절감하는 것이 학생들의 비문학 독해 능력 격차입니다. 단기간의 학습으로 극복이 어려운 비문학 독해 및 문제 풀이 능력은 학생들의 개인적 역량에 의존하는 경향이 크기 때문입니다.

그리고 정말 불편한 진실은, 비문학 독해의 성패는 국어 능력에 의해서라기보다는 여러 과목 공부를 잘하는 학생인가 그렇지 않은가에 따라 좌우된다는 점입니다. 특히 '과학'과 '사회' 과목 학습이 탄탄한 학생이 비문학 독해에 강하다는 것은 누구도 부정할 수 없는 현실입니다. 그러나 지금은 독해법으로 문제를 푸는 시대가 아닙니다. 어찌 보면 수능의 취지에 가장 부합한, 충실한 범교과적 학습이 필요한 시대입니다.

그래서 초등학교 때부터 미리 '과학'과 '사회' 과목의 배경지식을 기르고, 교과 개념과 연계된 문제 풀이를 통해 수능과 고등 교과 학습의 기초를 다지는 것이 중요합니다.

『빠작 초등 비문학 독해 통합사회·통합과학』은 그런 길을 열어가는 기준이 될 학습서입니다. 교과 개념을 충실하게 반영하면서도 우리 아이들이 흥미를 갖고 도전하고 싶은 지문들로 구성되어 있기 때문입니다. 아이들뿐만 아니라 학부모님들도 지문을 함께 읽다 보면, 배경지식이 쌓이는 느낌을 받을 수 있을 것입니다.

이석호
이석호국어학원 원장

『빠작 초등 비문학 독해 통합사회·통합과학』은 모든 초등학생에게 권하고 싶을 정도로 꼭 필요한 것과 심화 내용이 흥미롭게 구성되어 있습니다. 교과 연계 개념이기 때문에 친숙하면서도 깊이가 있고, 내용이 재미있어 지식을 확장하는 데에도 크게 도움이 될 듯합니다.

국어의 독서 과목에도 사회, 과학 지문이 어려운 난이도로 출제되어 힘들어하는 고등학생들이 많은데, 초등학생 때부터 이렇게 공부하면 중고등 내신과 수능까지 매우 든든할 것입니다.

중·고등과 수능까지 2022개정 교육 과정을 배우게 되어 시험을 치르게 될 초등학생들에게는 통합사회, 통합과학이 사·과탐 영역에서 최대 비중이 됩니다. 국어 또한 난도가 계속 올라가고 있으며, 여러 분야의 텍스트 독해력이 미치는 영향이 절대적입니다.

『빠작 초등 비문학 독해 통합사회·통합과학』을 통해 최신 사회 현상과 과학 원리를 공부해 추론하고 적용하는 힘을 기르면 국어, 사회, 과학은 물론이고 범교과적인 성적과 사고력 향상을 기대할 수 있을 것입니다.

김소희
한올국어학원 원장

사회와 과학을 암기 과목이라고 생각하고 달달 외우는 경우가 많습니다. 하지만 그 많은 개념을 외우기란 쉬운 일이 아닐뿐더러 재미없는 과목으로 인식하게 되는 지름길이 됩니다. 사회와 과학 교과서를 제대로 읽고 이해하지 못하는 학생들의 어려움은 결국 '어휘'에 있습니다. 낯선 어휘를 익숙하게 만들면 교과 개념을 쉽게 이해할 수 있습니다.

『빠작 초등 비문학 독해 통합사회·통합과학』은 최신 사회 현상과 과학 원리를 접목한 교과 연계 독해 학습으로 학생들에게 흥미를 더해 줍니다.

'다음에는 또 어떤 이야기가 나올까?'라는 생각이 들며 궁금해지는 지문과 문제, 비주얼 개념이 한데 어우러져 '어휘–개념–독해'를 한 번에 해결할 수 있도록 돕습니다. 문항 구성에 있어 내용 이해에만 국한하지 않고 목적, 추론, 어휘·어법, 요약, 적용 등 다양한 문제를 접할 수 있게 만들어 폭넓은 독해 능력 향상에도 도움을 줍니다. 초등학생의 사회와 과학 공부에 도움을 줄만한 학습서를 찾기 어려웠는데 좋은 교재가 나와 기쁜 마음입니다.

정예슬
교육인플루언서, 전직 초등 교사

독해

초등 국어 문학 독해

- 지문 독해–지문 분석–어휘 학습 3단계로 학습하는 초등 독해 기본서
- 소설, 시, 수필 등 문학 작품의 갈래별 지문 감상 훈련으로 바른 독해 학습

초등 국어 비문학 독해

- 지문 독해–지문 분석–어휘 학습 3단계로 학습하는 초등 독해 기본서
- 언어, 역사, 사회, 문화, 경제, 과학, 기술, 예술, 인물, 환경 등 10개 영역별 지문으로 배경지식 습득 및 어휘력 향상

초등 비문학 독해 통합사회

- 사회 현상과 관련 있는 비문학 지문 독해 훈련
- 3~6학년이 꼭 알아야 하는 사회 교과 개념 연계

초등 비문학 독해 통합과학

- 과학 원리와 관련 있는 비문학 지문 독해 훈련
- 3~6학년이 꼭 알아야 하는 과학 교과 개념 연계

어휘

초등 국어 어휘X독해

- 독해 학습을 통해 학년별 필수 어휘 이해
- 핵심어 중심의 비문학 지문 독해 학습
- 핵심어의 뜻과 주제로 어휘 확장 학습

문법

초등 국어 문법

- 문법의 기초 개념을 탄탄하게 학습
- 풍부한 예시로 정확하게 문법 이해
- 다양한 문제로 폭넓게 적용하여 문법 학습

다음 내용을 보고 우리 아이에게 어떤 학습 순서가 알맞을지 살펴보세요.

A 타입 기본부터 차근차근 공부하고 싶어요!

기초부터 천천히 학습하여 문해력을 키우고 싶은 친구, 적은 분량이라도 매일 꾸준히 독해 공부를 해서 실력을 탄탄하게 다지고 싶은 친구는 A타입의 순서로 학습하는 것을 추천합니다. 매일 정한 분량을 꾸준히 학습하고 마지막으로 문해력을 완성하는 문법까지 전 권을 학습하고 나면 국어 실력이 한층 향상됩니다.

추천 학습

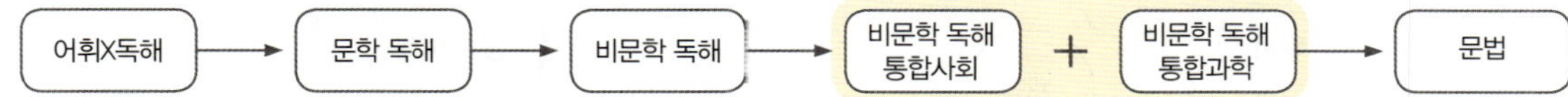

B 타입 비문학보다 문학이 어려워요!

비문학 글의 핵심 주제 파악이나 글쓴이의 관점을 파악하는 것은 쉽지만 문학 작품에서 숨겨진 작가의 의도를 파악하고, 작품의 중요 내용을 정리하는 것이 어려운 친구에게는 B타입을 추천합니다. 빠작 문학은 문학 작품의 갈래별 지문 감상 훈련 위주로 구성되어 있어서 문학 독해가 쉬워집니다.

추천 학습

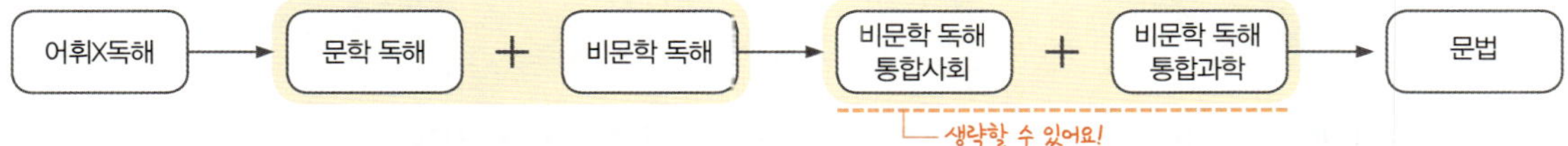

C 타입 문학보다 비문학이 어려워요!

문학 작품을 읽으며 작가의 의도를 파악하는 것은 쉽지만, 비문학의 핵심 주제 파악이나 글쓴이의 관점 이해가 어려운 친구에게는 C타입을 추천합니다. 어휘로 기본을 다진 뒤, 비문학으로 세분화된 지문을 공부하고, 특화된 통합사회·통합과학 지문을 이어서 차례대로 학습하면 글의 중심 내용을 파악하고, 글쓴이의 생각을 이해하는 것이 쉬워집니다.

추천 학습

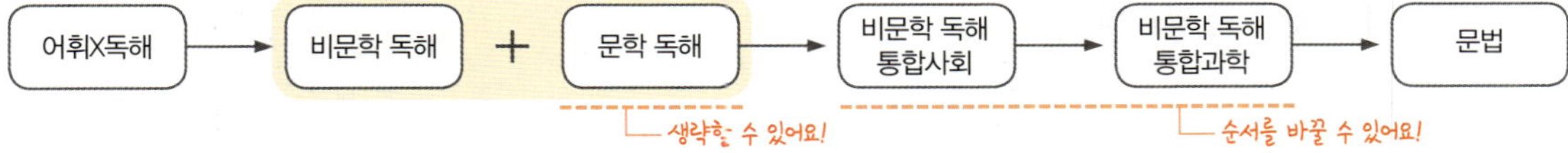

D 타입 좋아하는 영역만 집중해서 공부해요!

지문을 독해하는 데는 문제가 없지만 사회나 과학 중 자신이 좋아하는 한 영역만 집중해서 책을 읽는 친구나, 교과와 관련 있는 지문이 어렵게 느껴지는 친구에게는 D타입을 추천합니다. 빠작 비문학 독해를 공부하며 먼저 비문학 전 영역을 두루 살펴보고, 비문학 독해 통합사회와 통합과학을 함께 공부하면 특정한 영역에 치우치지 않고 학습하며 교과 배경지식도 쌓을 수 있습니다.

추천 학습

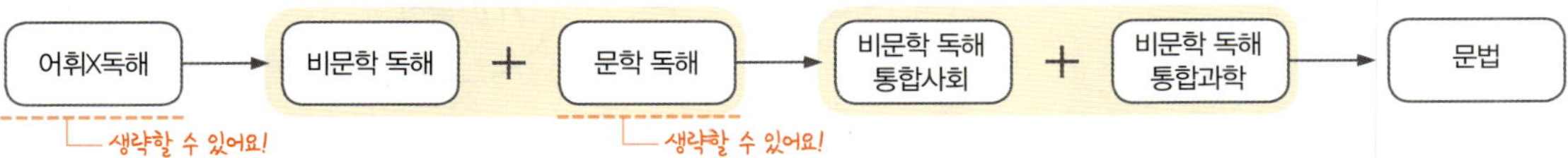

독해력 형성, 수월한 교과 학습의 지름길입니다.

교과 지식은 글을 통해 전달됩니다. 지식을 전달하는 글은 핵심 개념과 그에 대한 부연 설명을 압축적으로 제시하기 때문에 글의 수준이 높습니다. 또한 이해를 돕는 예시들이 한데 모여 있지 않고 다양한 활동이나 문제들 곳곳에 흩어져 있기도 합니다. 따라서 글을 정확하고 바르게 읽어내는 능력, 즉 독해력이 형성되어 있어야 수월한 교과 학습이 가능해집니다.

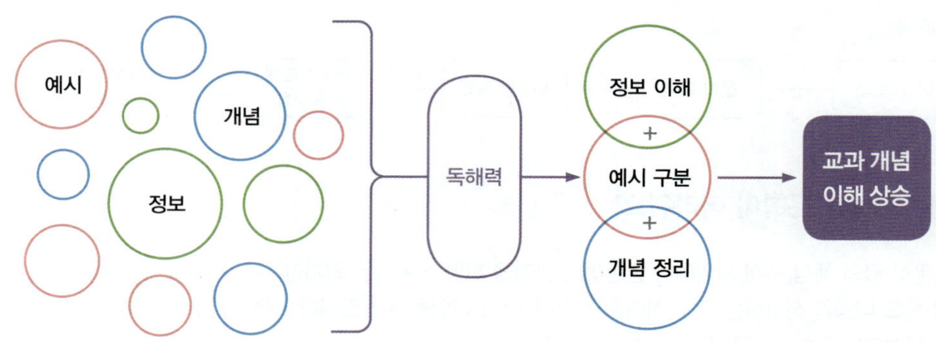

교과 학습에 대비하는 바른 독해 훈련이 필요합니다

01 교과와 관련된 글을 독해하며 배경지식을 쌓습니다

교과와 관련된 글을 읽는 것만으로도 교과 학습을 돕는 배경지식을 자연스럽게 쌓을 수 있습니다. 교과 지식은 관련 맥락을 풀어 쓴 글을 읽으면 보다 쉽고 흥미있게 학습할 수 있기 때문입니다. 그리고 글을 읽는 것에서 그치지 않고 문제를 통해 내용을 정확하게 이해하고, 드러나지 않은 정보를 찾아낸 뒤, 글의 주제와 관련하여 사고를 확장시키는 단계까지 가야 합니다. 이러한 과정을 거치고 나면 비로소 글을 바르고 정확하게 소화하는 능력을 갖추게 됩니다.

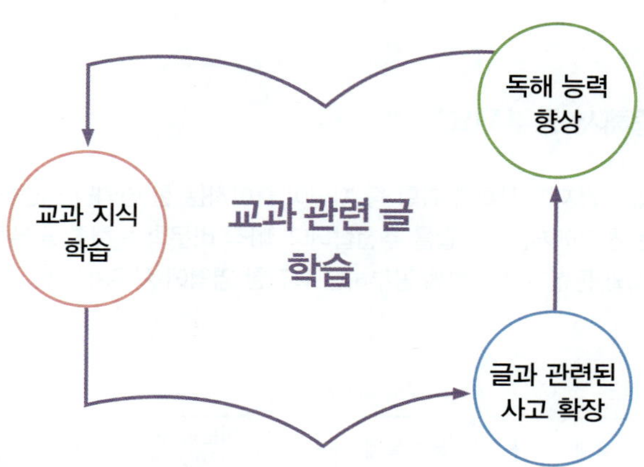

02 학습 도구어가 되는 어휘를 익힙니다

　교과 학습을 어렵게 하는 가장 큰 원인은 어려운 어휘입니다. 개념을 설명하는 어휘는 주로 추상적인 뜻을 나타내는 한자어로 이루어져 있지만, 개념어로 사용될 때에는 구체적이고 명확한 뜻으로 한정하여 쓰입니다. 따라서 독해하며 글에 나온 어휘의 뜻을 정확하게 확인하고, 다시 다른 맥락에서 그 어휘를 활용해 볼 수 있어야 합니다.

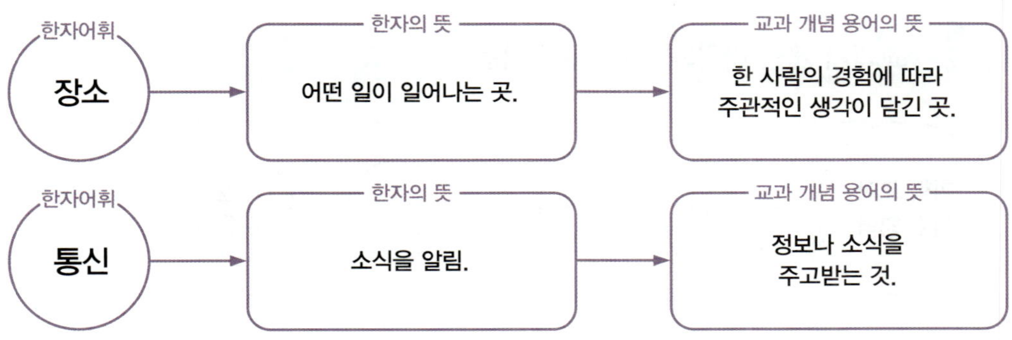

03 글과 교과 개념을 연결하여 이해의 폭을 넓힙니다

　글을 독해한 뒤에는 글에 담긴 교과 핵심 용어를 확인하고, 그 속에 담긴 개념을 정리해야 합니다. 글의 내용과 교과 개념을 유기적으로 연결하여 이해해야 교과 학습을 할 때 학습한 배경지식을 활성화하여 떠올릴 수 있습니다.

　이렇게 글 속에 숨어 있던 교과 개념을 확인하고, 글과 교과 개념을 연결하여 쉽고 자연스럽게 익히는 것은 교과 개념에 대한 이해도와 글에 대한 이해도를 동시에 높이는 길입니다.

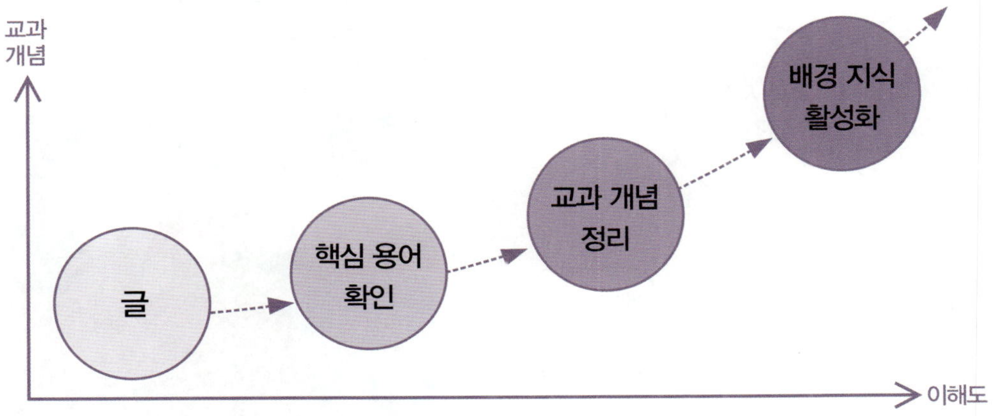

빠작 초등 비문학 독해 통합과학은 초등 3학년 학생들이 비문학 과학 지문을 읽고 내용을 이해한 뒤, 연결된 교과 개념을 파악하는 훈련 중심으로 구성하였습니다. 설명문, 논설문 등 정보 글의 구조 분석 훈련을 통해 글에 담긴 배경지식을 이해하고, 그 내용이 교과 개념과 어떻게 연결되는지 파악하며 깊이 있는 독해 학습이 가능하도록 구성하였습니다.

1 교과서 개념 바탕의 과학 독해 지문

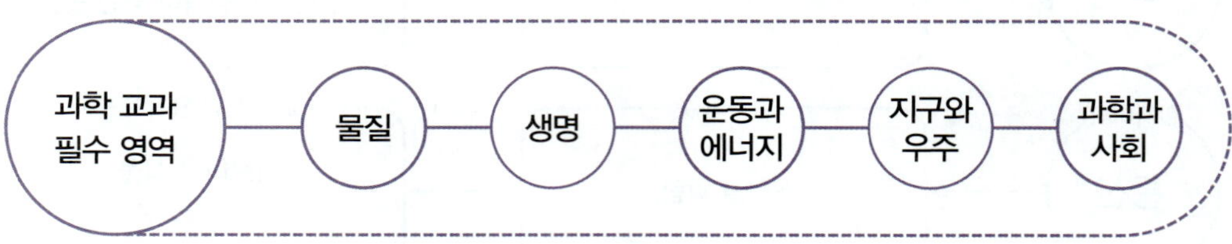

2 유기적으로 연결된 학습 구성

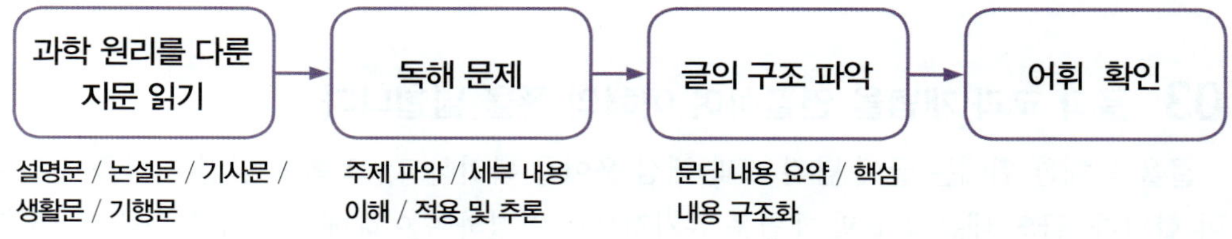

설명문 / 논설문 / 기사문 / 생활문 / 기행문

주제 파악 / 세부 내용 이해 / 적용 및 추론

문단 내용 요약 / 핵심 내용 구조화

3 교과 배경지식 확대

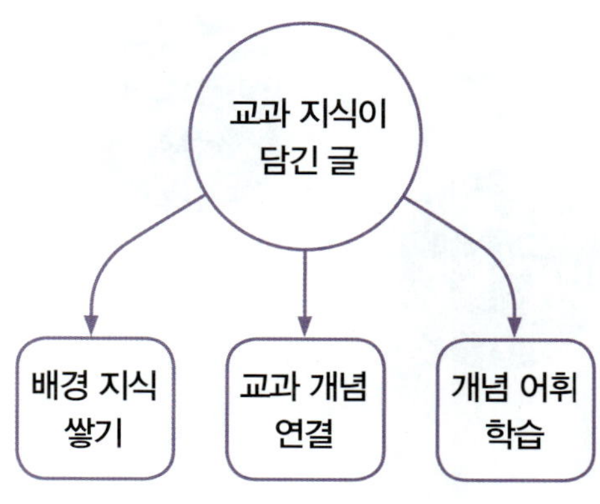

4 이미지로 교과 개념 학습

교과 내용을 그림에 압축적으로 담아 지문과 관련된 내용을 효과적으로 이해하고 학습하도록 구성

사는 곳에 따른 동물의 분류

▼ 교과서 개념 바탕의 독해 지문

영역별 구성

지문 분석 강의 제공

▼ 구조화된 독해 문제

중심 주제 파악

세부 내용 이해

추론, 적용

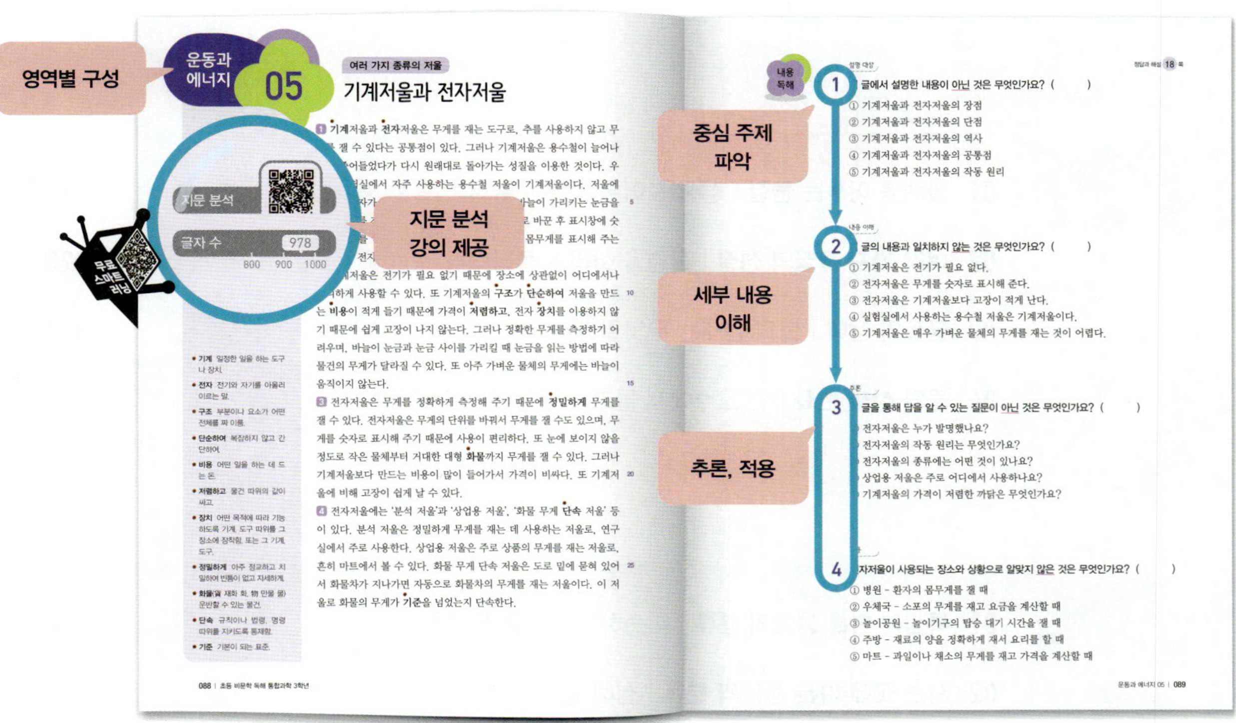

▼ 지문 구조 분석과 어휘

문단 요약하기

글의 핵심 내용 정리하기

어휘의 쓰임 알기

▼ 교과 개념 배경지식

교과 주제 이해하기

교과 개념 이해하기

이미지로 이해하기

교과 핵심 용어 확인하기

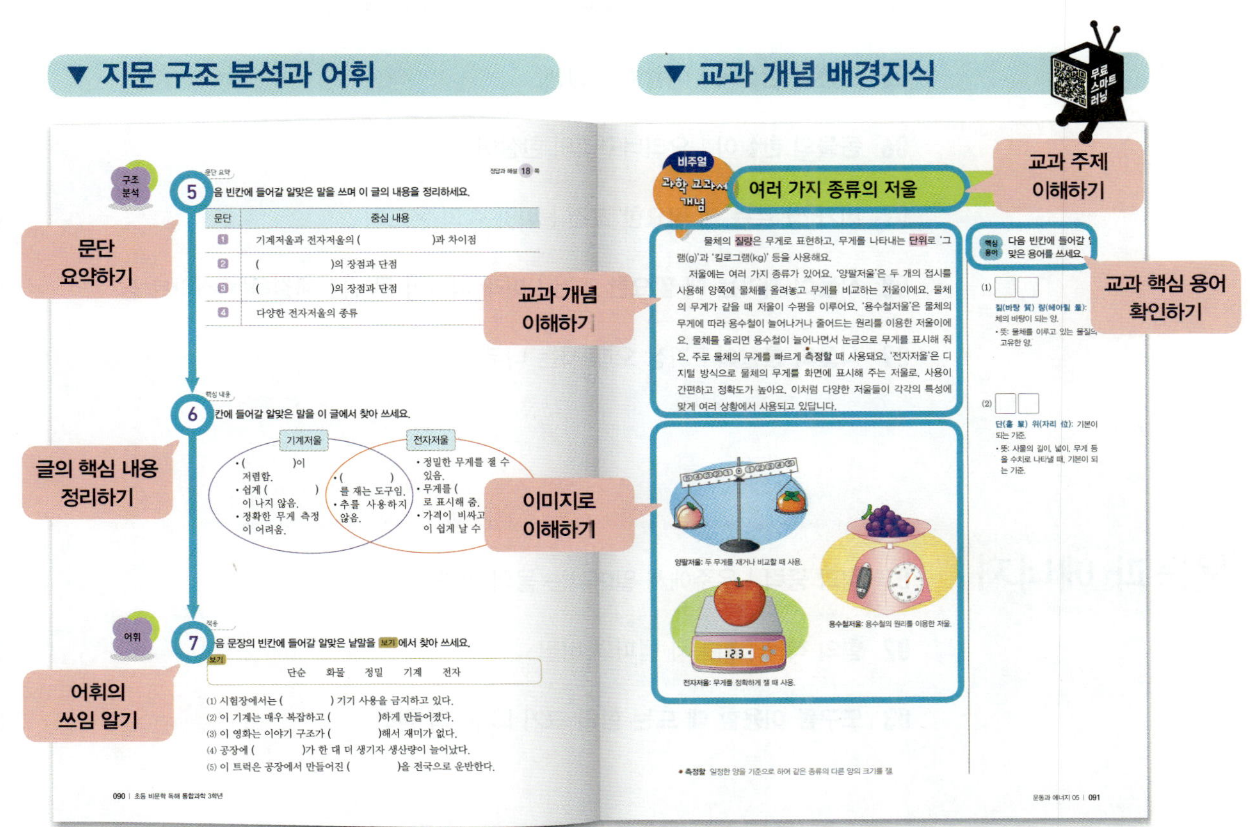

『초등 비문학 독해 통합과학 3학년』 차례

초등 비문학 독해
통합사회

『빠작 초등 비문학 독해 통합사회』는 3~6학년 사회 교과서 짜임에 따라 지리, 역사, 일반사회(사회·문화, 법·정치, 경제)의 세 영역으로 구분되어 있습니다. 학년별로 교과서에서 배우는 내용에 따라 영역을 나누고, 영역별로 필요한 내용을 학습할 수 있도록 구성하였습니다.

영역	3학년	4학년	5학년	6학년
지리	• 독립운동의 역사를 간직한 고장, 천안 • '대전역'의 역사 • 혼일강리역대국도지도 • 바다로 돌아간 바다거북 • 대한민국 여러 지역의 랜드마크	• 방향을 알 수 있는 방법 • 지도 그리기 • 조선 시대의 지도 • 할머니 댁을 찾아가요 • 디지털 영상 지도의 기능 • 다양한 지역 축제 • 거제와 부산을 연결하다 • 단양이 좋아요 • 화려한 도시의 그늘 • 사람들이 모이는 곳 • 조선 팔도 • 지역 불균형 문제	• 한반도는 토끼인가, 호랑이인가? • 갯벌 개발의 미래 • 독도의 주인을 증명하는 기록 • 사계절의 균형이 무너진다면 • 봄철의 불청객들 • 농어촌을 구할 빈집 정비 사업 • 수도권 집중에서 더불어 잘 사는 국토로	• 경도의 기준, 그리니치 천문대 • 대륙과 섬을 구분하는 기준 • 튀르키예는 아시아일까, 유럽일까? • 신비로운 고대 도시, 마추픽추 • 아프리카의 국경선 • 북극과 남극은 어떻게 다를까? • 히말라야산맥의 형성 • 기후에 따라 다른 세계의 집 • 아마존 열대 우림 보호의 필요성 • 온대 기후의 다양한 특징 • 백야와 극야
역사	• 연표에서 사라진 고구려와 발해 • 조선 시대를 대표하는 화가, 신윤복 • 잃어버린 가족을 찾아서 • 지금은 사라진 추억 속 물건들 • 지명으로 알 수 있는 지역의 특징 • 자연의 시간표, 절기 • 윷놀이, 국가무형유산 되다 • 로마 제국을 키운 도로 • 진도로 떠나는 여행 • 미래의 교통수단, 상상에서 현실로 • 횃불과 연기로 전한 조상들의 지혜 • 뇌를 망가뜨리는 스마트폰	• 유네스코가 정한 세계 유산 목록 • 박물관의 역사 • 도산 안창호 선생의 정신 • 고구려의 흔적 • 강진 답사기	• 구석기 유물을 발굴한 손보기 • 8조법에 나타난 불평등 사회 • 의자왕과 삼천 궁녀는 가짜 뉴스? • 위대한 정복자, 광개토 대왕 • 김춘추와 토끼의 간 이야기 • 사라진 철의 나라 • 비운의 천재, 최치원 • 빼앗길 수 없는 발해의 역사 • 고려 멸망의 촉매, 권문세족 • 지폐를 차지한 조선의 인물들 • 조정을 둘로 나눈 전쟁 • 종교에서 저항 운동으로 • 광화문의 수난 • 독립운동을 한 어린 영웅들 • 다시 찾은 빛, 그러나 분단 • 6·25 전쟁과 이산가족	• 왜 남북이 통일되어야 하는가 • 대통령 직선제를 이룬 6월 민주 항쟁
일반 사회	• 4차 산업혁명으로 변하는 일상 • 저출산이 가져온 학교의 변화 • 키오스크가 만든 디지털 격차 • 노인을 돕는 인공 지능 스피커 • 알파 세대 • 늘어나는 1인 가구 • 물물 교환에서 화폐까지 • 지폐에 숨겨진 비밀 • 놀이공원 우선 탑승권은 정당한가 • 민주 정치의 시작, 그리스 아테네 • 바다로 돌아간 돌고래 • 세계의 다양한 선거 방법 • 은행나무 열매 제거 작전	• 빅터와 사회화 • '다름'을 바라보는 태도 • 보호해야 하는 저작권 • 경제 활동으로 굴러가는 생활 • 인구 문제를 해결하기 위한 노력 • 기회비용을 고려한 선택 • 우리를 유혹하는 묶음 판매 • 우리나라의 산업 발전 • 식탁에서 만나는 지역 간 교류 • 국가의 주인 • 학급 회의로 자리를 정해요 • 주민 참여 제도 • 폐기물 매립장 설치 반대	• 국경일은 모두 공휴일인가? • 종교의 자유가 보장된 우리나라 • 사라지는 은행 점포 • 세금을 내지 않으면? • 헌법 소원을 남용하는 사람들 • 편견에 맞선 어기의 성장 일기 • 유네스코 세계 문화유산이 된다는 것	• 세계 인구 1위는 중국이 아닌 인도 • 한 나라였던 인도와 파키스탄, 방글라데시 • 팔레스타인의 눈물 • 지구 온난화에 대한 경고 • 공정거래위원회는 무슨 일을 할까? • 기업의 사회적 책임 • 탄소세 도입에 대한 논쟁 • 노동자의 권리를 외치다 • 세계 무역의 파수꾼, 세계 무역 기구 • 미래 산업 박람회를 다녀와서 • 다수결의 원칙은 늘 옳은가 • 공정한 선거를 책임지는 국가 기관 • 법이 만들어지는 과정 • 대통령제란 무엇일까? • 우리나라의 심급제도, 3심제 • 삼권분립의 중요성 • 미디어의 사회적 기능

통합과학

『빠작 초등 비문학 독해 통합과학』은 3~6학년 과학 교과서 짜임에 따라 물질, 생명, 운동과 에너지, 지구와 우주, 과학과 사회의 다섯 영역으로 구분되어 있습니다. 학년별로 교과서에서 배우는 내용에 따라 영역을 나누고, 영역별로 필요한 내용을 학습할 수 있도록 구성하였습니다.

영역	3학년	4학년	5학년	6학년
물질	• 상상을 이루어 주는 물질 • 환경을 살리는 플라스틱 • 불의 상태는 무엇일까? • 언 호수에서 물고기가 살 수 있는 까닭	• 돌고 도는 물 • 얼음으로 만든 집, 이글루 • 겨울철 강이나 호수, 바다의 변화 • 짠 바닷물의 변신 • 구름을 둘러싼 과학적 원리 • 하늘에서 본 튀르키예 • 최초의 화학자, 보일 • 수소의 특성	• 생명을 살리는 빨대 • 맛보기 전에는 모른다 • 손난로가 열을 내는 원리 • 붉은 바다 • 대서양에 큰일이 났다고?	• 과학의 역사 속 우연한 발견 • 하늘에서 산성 물질이 내린다고? • 생활의 재주꾼, 염기성 물질 • 인체의 중화 반응 • 불의 정체를 찾아서 • 리튬 이온 전지의 위험성
생명	• 비슷하지만 다른 동물들 • 심해 생물의 특징 • 세상에서 가장 큰 꽃 • 사막에서 살아가는 식물 • 여왕벌의 일생 • 오리너구리의 한살이 • 씨앗 속의 온도계 • 미래 먹거리 문제를 해결하는 스마트 팜 • 가장 오래 사는 나무	• 버섯의 정체 • 쓸모 있는 미세 조류 • 손 씻기의 중요성 • 우리와 함께 살아가는 미생물 • 생태계의 지킴이, 꿀벌 • 생태계 평형의 중요성을 깨닫다 • 플라스틱 쓰레기의 심각성 • 곰팡이에서 발견한 페니실린	• 우리 몸의 뼈 • '간'에 기별도 안 가는 이유 • 혈관의 종류와 기능 • 사레가 들리는 이유 • 오줌의 재발견 • 티라노사우루스의 감각 기관 • 왜 헛스윙을 하게 될까?	• 식물 세포의 특징 • 뿌리의 종류 • 괴력의 곤충, 거품벌레 • 자연의 기본 원리, 삼투 현상 • 인공 광합성 기술 • 진달래와 철쭉의 차이점 • 신기한 유전의 법칙
운동과 에너지	• 우주에 일어나는 몸의 변화 • 자동차 범퍼의 비밀 • 지레의 원리 • 저울의 역사 • 기계저울과 전자저울 • 목소리의 과학 • 고대 그리스의 원형 극장 • 들을 수 없는 소리, 초음파 • 우주에서 소리를 들을 수 있을까? • 우리에게 도움이 되는 백색 소음	• '이그노벨상'은 어떤 상일까? • 배를 끌어당기는 섬의 비밀 • 비행기보다 빠른 자기 부상 열차 • 지구 자기장을 이용해 길을 찾는 연어	• 그림자의 원리 • 거울의 원리 • 별은 거기에 없다 • 적외선 열화상 카메라 • 온도계의 변천 • 물을 시원하게 만들려면 • 과학적인 난방 장치 '온돌' • 지구 온난화 현상 • 우주에서 어떻게 살 수 있을까?	• 휴대 전화의 위치를 찾는 방법 • 파리와 데카르트 좌표 • 사회의 기준이 되는 도량형 • 번개 잡은 사나이의 성공 비결 • 진화하는 배터리 • 멀티탭의 연결 구조 • 무선 충전 기술 • 스마트 그리드가 필요하다
지구와 우주	• 대기가 우주로 흩어지지 않는 까닭 • 지구 온난화로 높아지는 해수면 • 바닷물은 왜 짤까? • 프랑스 에트르타의 절벽과 해변 • 밀물과 썰물을 이용한 조력 발전소 • 소중한 갯벌을 지키자	• 강이 만든 터전, 메콩강 삼각주 • 한강의 시작점은 어떤 모습일까? • 화산 활동으로 만들어진 섬, 하와이 • 폼페이가 갑자기 사라진 이유 • 제주도의 돌하르방과 현무암 • 일본에서 왜 지진이 자주 일어날까? • 작품에 나타난 달의 독특한 모양 • 망원경으로 발견한 천왕성 • 밤하늘의 나침반, 북극성 • 제2의 코로나를 부르는 기후 변화	• 어떤 지층이 먼저일까 • 퇴적암의 특징 • 화석의 가치 • 번개가 생기는 원리 • 안개와 스모그 • 어린이날부터 강한 비 예상 • 태풍	• 천구란 무엇인가 • 싼샤 댐이 지구에 미치는 영향 • 천동설과 지동설 • 천상열차분야지도 • 경주 첨성대의 정체 • 한옥의 지붕에 숨어 있는 과학 • 지구는 살아 있다
과학과 사회	• 감염병 위험을 높이는 폭염		• 에너지의 날 • 에너지를 만드는 바람개비	• 생명을 살리는 프린터 • 과학 기술의 양면성

물질

상상을 이루어 주는 물질

1 우리나라에서 영화 속에 나오는 투명 망토를 실제로 만들 수 있는 물질을 **개발하는** 데 성공했다. 우리나라의 한 연구팀이 메타 물질을 이용해 눈에 보이지 않는 물질을 개발한 것이다. 메타는 '넘어서다', '뛰어넘다'라는 뜻으로, 메타 물질은 자연에 있는 물질이 아니라 **인공적**으로 만들어져 특별한 성질을 가진 물질을 뜻한다.

2 우리 눈에 물체가 보이는 것은 물체에 닿아 **반사된** 빛이 우리 눈에 들어오기 때문이다. 하지만 투명한 메타 물질은 빛을 반사하지 않아서 우리 눈에 보이지 않는다. 전 세계 과학자들이 30년 동안 이러한 물질의 원리를 이용해 눈에 보이지 않는 메타 물질을 만들려고 노력했다. 그 결과 미국과 영국의 과학자가 공동으로 연구하여 투명한 메타 물질을 만드는 데 성공했다. 하지만 모양을 바꾸면 투명하게 보이는 기능을 잃는다는 단점이 있었다. 우리나라 연구팀에서 새로 개발한 방법은 이러한 단점을 극복한 기술로, 투명 망토가 현실에서 사용되는 것을 앞당길 수 있다.

3 메타 물질은 투명 망토 외에도 다양한 분야에서 사용될 수 있다. 메타 물질은 빛뿐만 아니라 소리와 열 등을 **조절할** 수 있어서, **소음**을 줄이거나 지진의 충격을 **분산시켜** 건물과 사람을 보호할 수 있다. 또한 암과 같은 질병을 더 정확하고 자세하게 검사할 수 있게 하는 등 의료 분야에서도 활용될 수 있다.

4 하지만 이러한 기술들은 모두 실제 생활에서 사용되는 데 아직 어려움이 많다. 투명 망토를 만드는 물질은 개발되었지만, 실제로 투명 망토를 만들어 사람이 입으려면 관련 연구가 계속 이루어져야 하고, 과학 기술도 더욱 발전해야 한다. 이를 위해 과학자들은 꾸준히 연구를 이어가고 있다. 앞으로 메타 물질은 상상 속에서만 가능했던 일을 이루어 줄 것으로 **기대된다**.

5
10
15
20
25

- **개발하는** 새로운 물건을 만들거나 새로운 생각을 내놓는.
- **인공적**(人 사람 인, 工 장인 공, 的 과녁 적) 사람의 힘으로 만든 것.
- **반사된** 빛이나 전파 등이 다른 물체의 표면에 부딪쳐서 나아가던 방향이 반대 방향으로 바뀐.
- **조절할** 균형에 맞게 바로잡거나 상황에 알맞게 맞출.
- **소음** 불쾌하고 시끄러운 소리.
- **분산시켜** 갈라져 흩어지게 하여.
- **기대된다** 어떤 일이 원하는 대로 이루어지기를 바라면서 기다리게 된다.

**내용
독해**

핵심어

1 이 글에서 가장 중심이 되는 낱말을 찾아 네 글자로 쓰세요.

(   )

내용 이해

2 이 글을 통해 알 수 있는 내용을 모두 찾아 ○표를 하세요.

(1) 메타 물질의 뜻   (   )
(2) 투명 망토를 만드는 방법   (   )
(3) 투명 망토를 처음 입은 사람   (   )
(4) 메타 물질이 사용될 수 있는 곳   (   )

내용 이해

3 이 글의 내용과 일치하는 것은 무엇인가요? (   )

① 메타는 '빠르다'라는 뜻이다.
② 메타 물질을 만드는 것은 쉽다.
③ 메타 물질은 소리를 조절할 수 없다.
④ 메타 물질은 투명 망토를 만들 수 있는 물질이다.
⑤ 메타 물질은 한 가지 물질로 이루어진 물질을 말한다.

적용

4 메타 물질에 대해 바르게 이해하지 <u>못한</u> 친구는 누구인가요? (   )

① 인우: 메타 물질은 자연에서 가져온 물질이야.
② 지수: 메타 물질은 빛과 소리를 조절할 수 있어.
③ 인영: 메타 물질은 기술이 발전될수록 더 많은 곳에서 사용될 거야.
④ 민혁: 눈에 보이지 않는 특성을 가진 메타 물질이 투명 망토의 원리야.
⑤ 유빈: 메타 물질에 대한 연구가 더 진행되어야만 투명 망토를 실제로 입을
      수 있겠어.

구조 분석

문단 요약

5 각 문단의 중심 내용으로 알맞은 것에 ○표, **틀린** 것에 ×표를 하세요.

1문단	메타 물질은 인공적으로 만들어져 특별한 성질을 가진 물질을 뜻한다.	( )
2문단	눈에 보이지 않는 메타 물질의 원리로 투명 망토에 대한 가능성이 생겼다.	( )
3문단	메타 물질은 다양한 분야에서 활용될 수 있다.	( )
4문단	메타 물질에 대한 연구는 앞으로 이어지기 어렵다.	( )

핵심 내용

6 빈칸에 들어갈 알맞은 말을 이 글에서 찾아 쓰세요.

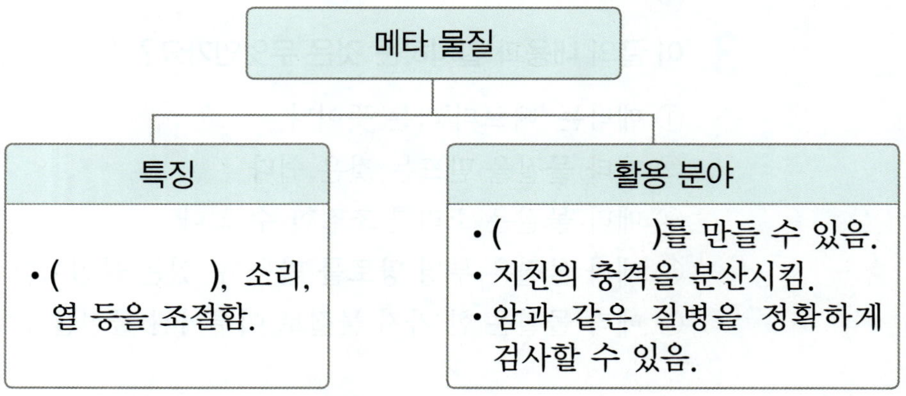

어휘

적용

7 다음 문장에 들어갈 알맞은 낱말에 ○표 하세요.

⑴ 이 폭포는 (대표적, 인공적)으로 만들어졌다.

⑵ 다음 달에 새로 (개화, 개발)한 신제품이 나온다.

⑶ 키에 알맞게 의자의 높이를 (조절, 조종)해야 한다.

⑷ 강물 위로 햇빛이 (반사, 반복)되어 눈을 뜰 수가 없다.

⑸ 공사 현장에서 나는 (소음, 소재) 때문에 주민들이 불편을 겪고 있다.

물체를 이루는 물질

물체와 물질은 어떻게 다를까요? **구체적**인 모양을 갖고 있고, 공간을 **차지하는** 것을 물체라고 해요. 우리 주변에 있는 의자, 꽃병, 풍선, 책 등이 물체예요.

물질은 물체를 만드는 재료예요. 나무, 유리, 고무, 플라스틱, 철 등이 물질이에요. 예를 들어, 물체인 꽃병은 물질인 유리로 만들어졌으며, 물체인 풍선은 물질인 고무로 만들어졌어요. 또 책장은 나무로 만들어졌고, 바구니는 플라스틱으로, 집게는 철로 만들어졌어요.

우리 주변에서 볼 수 있는 다양한 물체는 다양한 물질로 만들어져 있답니다.

핵심 용어 다음 빈칸에 들어갈 알맞은 용어를 쓰세요.

(1) ☐ ☐

물(물건 物) 체(몸 體): 공간을 차지하고 있는 물건.
· 뜻: 모양이 있고 공간을 차지하는 것.

(2) ☐ ☐

물(물건 物) 질(바탕 質): 물질의 본바탕.
· 뜻: 물체를 만드는 재료.

교실에서 볼 수 있는 물체와 물질

● **구체적** 눈으로 직접 볼 수 있게 형태를 갖춘 것.
● **차지하는** 사물이나 공간, 지위 등을 자기 몫으로 가지는.

물질 02

환경을 살리는 플라스틱

1 물질 중 하나인 플라스틱은 값이 싸고 무게가 가벼워서 우리 생활에서 다양하게 쓰인다. 하지만 다 쓰고 버린 플라스틱은 땅에서 **분해되는** 데 몇 백 년이 걸려 플라스틱 쓰레기가 환경을 오염시키고 있다. 이러한 플라스틱의 문제를 해결하기 위해 바이오플라스틱이 개발되었다. 바이오플라스틱은 자연에서 가져온 재료를 사용하여 만든 친환경 플라스틱으로, 다음과 같은 여러 가지 장점이 있다.

2 바이오플라스틱은 땅속에서 분해되는 속도가 빠르다. 기존 플라스틱은 대부분 석유로 만들어 음료수병 한 개가 땅속에서 분해되는 데 400년이 넘게 걸린다. 하지만 **재생**이 가능한 옥수수, 콩, 사탕수수 등을 재료로 만든 바이오플라스틱은 땅속에서 몇 달 만에 분해된다. 따라서 바이오플라스틱은 환경 오염을 크게 줄이고, 쓰레기를 처리하는 **비용** 또한 줄여 준다.

3 바이오플라스틱은 기존 플라스틱보다 이산화 탄소를 적게 **배출한다**. 기존 플라스틱은 만드는 과정에서 지구 온난화의 원인인 이산화 탄소가 많이 배출된다. 지구 온난화는 **대기**를 오염시키고 북극의 빙하를 녹여 환경을 **파괴한다**. 하지만 바이오플라스틱은 만드는 과정에서 이산화 탄소를 사용하기 때문에 이산화 탄소를 거의 배출하지 않는다. 그래서 바이오플라스틱은 환경을 살리는 플라스틱으로 불린다.

4 바이오플라스틱은 **성능** 또한 우수하다. 처음 개발된 바이오플라스틱은 일반 플라스틱에 비해 **강도**가 약했다. 옥수수에서 **추출한** 바이오플라스틱으로 만든 비닐봉지가 쉽게 찢어지는 등의 문제가 있었다. 하지만 과학자들이 강도가 높고 오래 쓸 수 있는 바이오플라스틱을 연구하고 개발하여 일회용품, 포장재, 플라스틱 용기뿐 아니라 자동차 부품이나 가전제품에도 사용할 수 있게 되었다. 이러한 바이오플라스틱은 기존 플라스틱과 성능이 비슷하거나, 오히려 우수한 경우도 있다.

- **분해되는** 여러 부분이 결합되어 이루어진 것이 그 낱낱으로 나뉘는.
- **재생**(再 다시 재, 生 날 생) 낡거나 못 쓰게 된 물건을 가공하여 다시 쓰게 함.
- **비용** 어떤 일을 하는 데 드는 돈.
- **배출한다** 안에서 밖으로 밀어 내보낸다.
- **대기**(大 큰 대, 氣 기운 기) 지구를 둘러싸고 있는 모든 공기.
- **파괴한다** 조직, 질서, 관계 등을 무너뜨린다.
- **성능** 기계 등이 지닌 성질이나 기능.
- **강도** 센 정도.
- **추출한** 전체 속에서 어떤 물건, 생각, 요소 등을 뽑아낸.

목적

1 글쓴이가 이 글을 쓴 목적은 무엇인가요? (　　　)

① 바이오플라스틱의 장점을 설명하기 위해
② 다양한 플라스틱의 종류를 설명하기 위해
③ 플라스틱을 분해하는 방법을 설명하기 위해
④ 옥수수로 음료수병을 만드는 방법을 설명하기 위해
⑤ 지구 온난화 문제를 해결하는 방법을 설명하기 위해

내용 이해

2 바이오플라스틱에 대한 내용으로 알맞은 것은 무엇인가요? (　　　)

① 바이오플라스틱은 석유로 만들어진다.
② 바이오플라스틱은 이산화 탄소를 적게 배출한다.
③ 바이오플라스틱은 쓰레기를 처리하는 비용이 높다.
④ 바이오플라스틱은 지구의 대기를 심각하게 오염시킨다.
⑤ 바이오플라스틱은 땅속에서 분해되는 데 몇 백 년이 걸린다.

내용 이해

3 바이오플라스틱이 처음 개발되었을 때의 단점은 무엇인가요? (　　　)

① 환경 오염을 일으켰다.
② 기존 플라스틱보다 무거웠다.
③ 땅속에서 분해가 되지 않았다.
④ 강도가 약해서 쉽게 찢어졌다.
⑤ 북극의 빙하를 녹여 환경을 파괴했다.

추론

4 다음 중 바이오플라스틱에 대한 생각이 다른 친구는 누구인지 쓰세요.

> 민수: 바이오플라스틱은 환경 보호에 큰 도움이 될 수 있어. 자연에서 쉽게
> 　　　분해되니까 플라스틱 쓰레기 문제를 줄일 수 있어.
> 지수: 나는 바이오플라스틱이 기존의 플라스틱보다 쓸모없다고 생각해. 제
> 　　　품을 오래 쓰지 못하니까 오히려 더 낭비가 될 것 같아.
> 현우: 바이오플라스틱은 만드는 과정에서 이산화 탄소 배출이 적으니까 지
> 　　　구 온난화를 줄이는 데 긍정적인 영향을 줄 수 있을 거야.

(　　　　　　　　　)

구조 분석

문단 요약

5 각 문단의 중심 내용으로 알맞은 것에 ○표, 틀린 것에 ×표를 하세요.

1문단	바이오플라스틱은 기존 플라스틱의 문제를 해결하기 위해 만들어졌다.	( )
2문단	바이오플라스틱은 땅속에서 분해되는 속도가 빠르다.	( )
3문단	바이오플라스틱은 이산화 탄소를 많이 배출하여 대기를 오염시킨다.	( )
4문단	바이오플라스틱은 기존 플라스틱과 성능이 비슷하거나 오히려 우수하다.	( )

핵심 내용

6 빈칸에 들어갈 알맞은 말을 이 글에서 찾아 쓰세요.

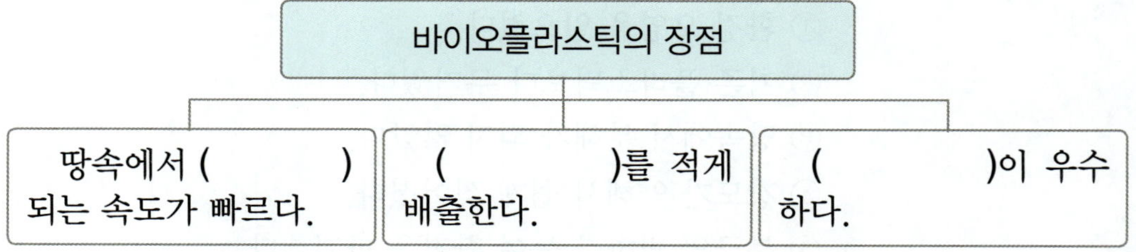

어휘

적용

7 다음 문장에 들어갈 알맞은 낱말에 ○표 하세요.

⑴ 이번 여행에 (비용, 이용)이 너무 많이 들었다.
⑵ 이 신제품은 기존 제품보다 (성격, 성능)이 뛰어나다.
⑶ 땅속의 미생물들은 죽은 식물을 (분석한다, 분해한다).
⑷ 이 플라스틱 병은 (재배, 재생)하여 다시 사용할 수 있다.
⑸ 공장에서 (배치, 배출)한 오염 물질 때문에 강이 오염되었다.

여러 가지 물질의 성질

물체를 만드는 재료인 물질은 종류가 다양해요. 서로 다른 물질들은 생김새, **촉감**, 성질 등이 달라요.

금속은 **광택**이 있고, 다른 물질보다 단단해요. 플라스틱은 금속보다 가볍고, 다양한 색과 모양의 물체를 쉽게 만들 수 있어요. 나무는 금속보다는 가벼우며, **고유한** 향과 무늬가 있어요. 고무는 다른 물질보다 쉽게 구부러지고, 늘어나면 다시 되돌아오는 성질이 있답니다.

이 밖에도 물질은 종이, 유리, **섬유**, **가죽** 등 여러 가지가 있어요.

핵심 용어 다음 빈칸에 들어갈 알맞은 용어를 쓰세요.

(1) ☐☐

촉(닿을 觸) 감(느낄 感): 어떤 물건이 피부에 닿는 느낌.
- 뜻: 외부의 자극이 피부 감각을 통하여 전해지는 느낌.

(2) ☐☐

광(빛 光) 택(못 澤): 못에 비치는 빛처럼 반짝이는 것.
- 뜻: 빛의 반사로 물체의 표면에서 반짝거리는 빛.

금속

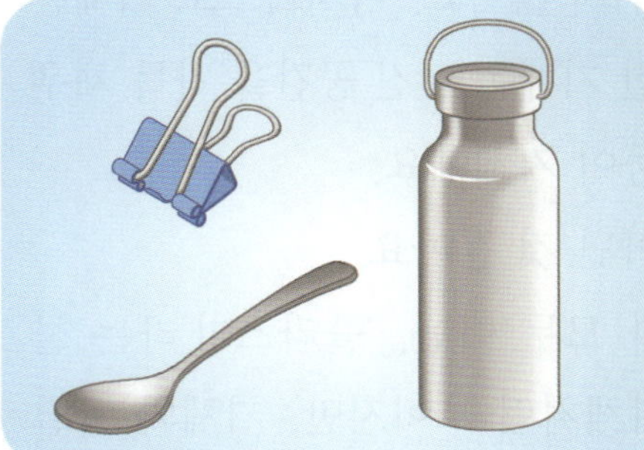

- 단단해요.
- 광택이 있어요.

플라스틱

- 금속보다 가벼워요.
- 다양한 색과 모양의 물체를 만들 수 있어요.

나무

- 금속보다 가벼워요.
- 고유한 향과 무늬가 있어요.

고무

- 쉽게 구부러져요.
- 늘어나면 다시 돌아와요.

- **고유한** 본래부터 가지고 있어 특유한.
- **섬유** 주로 천이나 의류 등의 재료가 되는, 생물체의 몸을 이루는 가늘고 긴 실 모양의 물질.
- **가죽** 동물의 몸에서 벗겨 낸 껍질을 가공한 물건.

03

불의 상태는 무엇일까?

지문 분석

글자 수 914
800 900 1000

1 선생님: 촛불이나 모닥불을 가만히 바라본 적이 있죠? 불이 흔들리면서 위로 올라가는 것을 봤을 거예요. 이런 불은 고체, 액체, 기체 중 어떤 **상태**일까요?

지훈: 음, 단단하지 않으니까 고체는 아닐 것 같고요. 물처럼 흐르지 않으니까 액체도 아닐 것 같아요. 그래서 기체일 것 같아요.　　5

2 선생님: 불이 어떤 상태인지 설명하기 전에 고체, 액체, 기체가 각각 어떤 **성질**이 있는지 살펴보아요. 고체는 단단하고 모양과 **부피**가 변하지 않아요. 나무, 돌, 플라스틱 등이 고체입니다. ㉠액체는 모양이 **일정하지** 않지만, 부피는 일정해요. 물이나 주스를 다양한 모양의 컵에 담으면 모양이 바뀌지만 부피는 바뀌지 않아요. 마지막으로 기체는　　10 모양과 부피 모두 일정하지 않아요. 또한 기체는 담긴 공간을 가득 채우는 특징이 있어요. 공기, 이산화 탄소 등이 기체예요.

지훈: 그럼 불은 고체, 액체, 기체 모두 아닌 것 같아요.

3 선생님: 맞아요. 불은 세 가지 상태가 모두 아닌, '플라즈마'라는 물질의 네 번째 상태예요. 플라즈마는 기체처럼 보이지만, 기체와는 달　　15 라요. 플라즈마는 매우 뜨거워요. 불이 나면 열과 빛이 발생하고, 뜨거운 가스의 움직임이 생겨요. 이것이 우리 눈에 불꽃으로 보입니다. 이것을 플라즈마라고 해요.

지훈: 불이 플라즈마라는 상태라니 신기해요! 그렇다면 플라즈마는 불꽃 말고 또 어디서 볼 수 있어요?　　20

4 선생님: 우리 생활 속 **형광등**, 거리의 네온사인, 번쩍이는 번개, 거대한 태양에서도 플라즈마를 볼 수 있어요. 모두 밝은 빛과 열이 **발생해요**. 이런 플라즈마는 여러 분야의 기술에 활용돼요. 스마트폰의 중요한 **부품**의 대부분은 플라즈마를 이용한 기술이 적용되었어요. 플라즈마는 **반도체**, 에너지 기술, 환경 기술, 농업 등 다양한 분야에서 활　　25 용되며 우리의 삶을 편리하게 만들어 주고 있답니다.

- **상태** 사물, 현상이 놓여 있는 모양이나 형편.
- **성질** 사물이나 현상이 가지고 있는 고유의 특성.
- **부피** 넓이와 높이를 가진 물건이 공간에서 차지하는 크기.
- **일정하지** 어떤 것의 크기, 모양, 범위, 시간 등이 하나로 정해져 있지.
- **형광등** 유리로 된 관 안쪽 벽에 형광 물질을 바른 등.
- **발생해요** 어떤 일이나 사물이 생겨나요.
- **부품** 기계 등의 전체 중 어느 한 부분을 이루는 물건.
- **반도체** 여러 상태에 따라 전기가 통하기도 하고 안 통하기도 하는 물질.

내용 독해

핵심어

1 불의 물질의 상태는 무엇인지 네 글자로 쓰세요.

( )

내용 이해

2 이 글에 대한 설명으로 알맞은 것은 무엇인가요? ( )

① 플라즈마는 매우 뜨겁다.
② 거대한 태양은 액체 상태이다.
③ 기체는 모양과 부피가 모두 일정하다.
④ 플라즈마는 반도체 분야에서만 활용된다.
⑤ 플라즈마는 우리 생활 속에서 찾기 힘들다.

적용

3 ㉠ 상태에 해당하는 물질은 무엇인가요? ( )

① 돌 ② 불 ③ 공기
④ 우유 ⑤ 플라스틱

추론

4 이 글에 대한 반응으로 알맞지 <u>않은</u> 것은 무엇인가요? ( )

① 콜라는 모양이 일정하지 않지만 부피가 일정해.
② 끓는 물은 매우 뜨거우니까 플라즈마 상태일 거야.
③ 금속은 단단하고 모양과 부피가 변하지 않으니까 고체야.
④ 태양은 거대한 플라즈마 덩어리니까 매우 뜨거운 상태일 거야.
⑤ 스마트폰에 들어가는 부품에 플라즈마가 이용된 기술이 있다니 신기해.

구조 분석

문단 요약

5 다음 질문의 답을 찾을 수 있는 글을 찾아 선으로 이으세요.

플라즈마는 무엇인가요? •	• 글 **1**
플라즈마는 어디에서 볼 수 있나요? •	• 글 **2**
고체, 액체, 기체의 특징은 무엇인가요? •	• 글 **3**
촛불과 모닥불에서 무엇을 볼 수 있나요? •	• 글 **4**

핵심 내용

6 빈칸에 들어갈 알맞은 말을 이 글에서 찾아 쓰세요.

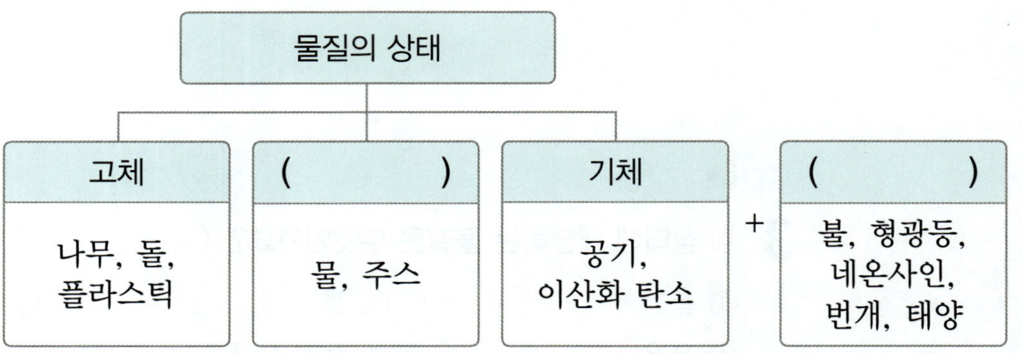

어휘

적용

7 다음 문장의 빈칸에 들어갈 알맞은 낱말을 보기 에서 찾아 쓰세요.

보기

일정 성질 발생 부품 형광등

(1) 기체는 모양이 (   )하지 않다.
(2) 사건이 (   )한지 일주일이 지났다.
(3) 아버지는 불이 나간 (   )을 새것으로 바꾸셨다.
(4) 그 회사는 스마트폰의 (   )을 만드는 일을 한다.
(5) 물은 담는 컵에 따라 모양이 바뀌는 (   )이 있다.

　　물질의 상태는 일반적으로 세 가지로 나눌 수 있어요. 바로 고체, 액체, 기체예요.

　　고체는 일정한 모양과 부피를 가지고 있는 상태예요. 고체 상태의 물질은 단단하고, 그 **형태**가 쉽게 변하지 않습니다. 예를 들어, 금속, 나무, 돌 등이 고체예요.

　　액체는 부피는 일정하지만, 모양이 일정하지 않은 상태예요. 액체는 담는 그릇에 따라 모양이 달라지며, 흐르는 성질을 가지고 있어요. 물, 주스, 우유 같은 물질이 액체예요.

　　기체는 고체나 액체와 달리 모양이나 부피가 일정하지 않아요. 기체 상태의 물질은 담는 공간에 따라 모양과 부피가 자유롭게 변해요. 공기, 풍선 속의 헬륨, 이산화 탄소 등이 기체에 해당해요.

• 고체

• 액체

• 기체

● **형태** 사물의 생김새나 모양.

 다음 빈칸에 들어갈 알맞은 용어를 쓰세요.

(1) 

고(굳을 固) 체(몸 體): 굳어 있는 것.
• 뜻: 일정한 모양과 부피가 있으며 쉽게 변형되지 않는 물질.

(2) 

액(즙 液) 체(몸 體): 즙처럼 흐르는 것.
• 뜻: 일정한 부피는 가졌으나 일정한 형태를 가지지 못한 물질.

(3) 

기(기운 氣) 체(몸 體)
• 뜻: 일정한 모양이나 부피가 없고 널리 퍼지려는 성질이 있어 자유롭게 떠다니는 물질.

물의 상태 변화

언 호수에서 물고기가 살 수 있는 까닭

지문 분석

글자 수 876
800 900 1000

1 추운 겨울이 되면 호수의 물이 어는 것을 볼 수 있다. 꽁꽁 얼어붙은 호수의 **표면**을 보면 마치 호수 전체가 언 것처럼 보인다. 하지만 호수의 아래쪽은 얼지 않아서 물고기들이 헤엄치며 살고 있다. 때문에 언 호수의 표면을 깨고 얼음 낚시로 물고기를 잡을 수 있다. 이렇게 호수의 표면만 얼고 아래쪽은 얼지 않는 까닭은 무엇일까? 5

2 물이 얼면 부피가 늘어나 밀도가 낮아지기 때문이다. 밀도가 낮다는 것은 부피에 비해 무게가 적다는 것이다. 즉, 물은 0도에서 얼음으로 변하는데, ㉠얼음이 되면 얼기 전과 무게가 같고 부피가 늘어나면서 물보다 **밀도**가 낮아진다. 그런데 밀도가 다른 물질이 섞여 있으면 밀도가 낮은 물질이 밀도가 높은 물질 위로 올라가는 성질이 있다. 그래서 밀도가 10 낮은 얼음이 밀도가 높은 물 위로 떠오르게 된다. 그래서 추운 날씨에 언 얼음은 호수 표면으로 올라가고, 물은 호수 아래로 가라앉게 되는 것이다.

3 또한 호수를 덮은 얼음은 **단열재** 역할을 하기 때문이다. 단열재는 건물을 지을 때 열이 밖으로 빠져나가지 않도록 하는 데 쓰이는 재료를 15 말한다. 단열재가 한겨울에도 집안을 따뜻하게 해 주는 것처럼, 찬 바람이 불어도 얼음이 호수의 물의 온도가 내려가는 것을 막아 준다. 그래서 호수 아래 물 온도는 약 4도에서 더 이상 낮아지지 않고 물고기들이 살기 **적당한** 온도가 **유지되는** 것이다.

4 물이 얼면 부피가 늘어나는 **현상**은 일상생활에서도 쉽게 볼 수 있 20 다. 페트병에 물을 담아 얼리면 페트병이 부풀어 오르고, 유리병에 물을 가득 담아 냉동실에 넣어 두면 유리병이 깨지고 만다. 또한 추운 날씨에 물이 얼어 수도 **계량기**나 수도관, 보일러 등이 터지기도 한다. 겨울에 장독에 들어 있는 물이 얼어 장독이 깨지는 것을 볼 수도 있다.

- **표면**(表 겉 표, 面 낯 면) 사물의 가장 바깥쪽. 또는 가장 윗부분.
- **밀도** 어떤 사물의 빽빽한 정도.
- **단열재** 열이 밖으로 빠져나가거나 안으로 들어오는 것을 막는 데 쓰이는 재료.
- **적당한** 기준, 조건, 정도에 알맞은.
- **유지되는** 어떤 상태나 상황 등이 그대로 이어져 나가는.
- **현상** 인간이 알아서 깨달을 수 있는 사물의 모양과 상태.
- **계량기** 일정 기간 동안 쓴 가스, 물, 전기 등의 양을 재는 도구.

주제

1 이 글의 주제로 알맞은 것은 무엇인가요? (   )

① 호수에 사는 생물의 종류
② 겨울에 호수가 얼어붙는 까닭
③ 겨울에 호수에서 수영을 하는 방법
④ 추운 겨울에도 호수의 아래쪽이 얼지 않는 까닭
⑤ 겨울에 호수에서 낚시를 할 때 조심해야 하는 까닭

내용 이해

2 이 글을 통해 알 수 있는 내용을 모두 찾아 ○표를 하세요.

(1) 얼음 낚시를 할 수 있는 곳   (   )
(2) 물이 얼음으로 변하는 온도   (   )
(3) 물이 얼며 부피가 늘어나는 현상의 예   (   )
(4) 건물을 지을 때 사용되는 단열재의 종류   (   )

내용 이해

3 이 글의 내용으로 알맞지 <u>않은</u> 것은 무엇인가요? (   )

① 물이 얼면 부피가 늘어난다.
② 얼음의 밀도는 물의 밀도보다 낮다.
③ 호수 아래의 물 온도는 약 4도 정도이다.
④ 호수가 얼어도 얼음을 깨고 낚시를 할 수 있다.
⑤ 겨울이 되면 호수의 아래쪽 물부터 얼어붙는다.

적용

4 다음 중 ㉠과 같은 현상의 예로 알맞지 <u>않은</u> 것은 무엇인가요? (   )

① 북극의 거대한 빙하가 바다 위에 떠 있다.
② 물을 담은 아이스팩이 얼면서 부피가 커진다.
③ 냄비에 물을 끓이면 물의 양이 점점 줄어든다.
④ 냉동실에 넣어둔 플라스틱 물병이 부풀어 오른다.
⑤ 겨울철에 수도관 안의 물이 얼어서 수도관이 터진다.

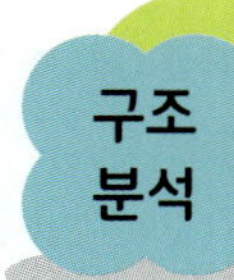

구조 분석

5 다음 빈칸에 들어갈 알맞은 말을 쓰며 이 글의 내용을 정리하세요.

문단	중심 내용
1	호수의 ( )만 얼고 아래쪽은 얼지 않음.
2	물이 얼면 ( )가 늘어나기 때문임.
3	얼음이 ( ) 역할을 하기 때문임.
4	물이 얼면 부피가 늘어나는 현상을 일상생활에서도 쉽게 볼 수 있음.

6 빈칸에 들어갈 알맞은 말을 이 글에서 찾아 쓰세요.

호수 아래쪽이 얼지 않는 까닭

물이 얼음이 되면 ( )가 늘어남.	→	얼음의 ( )가 물보다 낮아져 얼음이 물 위로 떠오르게 됨.	→	얼음이 ( ) 역할을 해서 아래쪽 물의 온도가 내려가는 것을 막아줌.

어휘

7 다음 문장에 들어갈 알맞은 낱말에 ◯표 하세요.

(1) 얼음의 (밀도, 정도)는 물보다 낮다.
(2) 이 물체의 (표면, 표정)은 매우 매끄럽다.
(3) 황사 (영상, 현상)이 심해져서 하늘이 노랗게 보였다.
(4) 좋은 습관을 (유지, 유행)하려면 꾸준한 노력이 필요하다.
(5) 이 약은 나이와 몸무게에 따라 (담당, 적당)한 양을 복용해야 한다.

물의 상태 변화

고체인 얼음이 녹으면 액체인 물로 변하고, 액체인 물이 얼면 고체인 얼음으로 변해요. 액체인 물은 눈에 보이지 않는 기체인 수증기가 되기도 하고, 기체인 수증기는 다시 액체인 물로 변할 수 있어요. 이처럼 물은 한 가지 **상태**로만 존재하지 않고, 서로 다른 상태로 변할 수 있어요. 이것을 물의 상태 **변화**라고 해요.

예를 들어 물이 든 페트병을 얼리면 물이 얼음이 되어요. 그리고 물이 얼면서 **부피**가 늘어나서 페트병이 커진 것을 볼 수 있어요. 하지만 **무게**는 변하지 않아요. 반대로 얼음이 녹으면 부피는 줄어들고, 무게는 변하지 않는답니다.

핵심 용어 다음 빈칸에 들어갈 알맞은 용어를 쓰세요.

(1) □□
- 뜻: 넓이와 높이를 가진 물건이 공간에서 차지하는 크기.

(2) □□
- 뜻: 물건의 무거운 정도.

- **상태** 사물이나 현상이 놓여 있는 모양이나 형편.
- **변화** 사물의 성질, 모양, 상태 등이 바뀌어 달라짐.

생명

특징에 따른 동물의 분류

비슷하지만 다른 동물들

지문 분석

글자 수 877
800 900 1000

1 우리 주변에는 비슷하게 생겼지만 서로 다른 동물이 있다. 어떤 동물들은 너무 닮아서 구분하기도 어렵다. 하지만 자세히 **관찰해** 보면 **생김새**가 조금씩 다르고, **습성**이나 사는 곳 등도 다르다. 생김새는 닮았지만 서로 다른 동물들을 알아보자.

2 수달과 해달은 서로 생김새가 비슷하다. 둘다 머리와 코가 둥글고 5
꼬리가 달렸으며, 발가락에 **물갈퀴**가 있다. 하지만 이 둘은 사는 곳과 습성이 다르다. 수달은 우리나라의 **천연기념물**로 **지정되어** 있으며, 땅에 살지만 물속을 좋아한다. 해달은 우리나라에서는 거의 찾아보기 어려우며, 주로 바다에 산다. 또 수달은 네 다리를 사용해 수영하지만, 해달은 **배영**을 하듯이 물에 누워서 수영한다. 해달은 이 자세로 배에 먹이 10
를 올려놓고 먹는다.

3 라쿤과 너구리도 생김새가 비슷하지만, 자세히 보면 서로 다른 부분이 있다. 둘의 공통점은 뾰족한 코와 동글동글한 눈, 눈 주위에 까만 무늬가 있다는 것이다. 하지만 라쿤의 꼬리는 줄무늬가 있고, 너구리의 꼬리는 줄무늬가 없다. 또 라쿤은 발가락이 5개이지만, 너구리는 4개이 15
다. 라쿤은 5개의 발가락을 가지고 있어서 앞발을 손처럼 사용하고 일어서서 두 발로 걷기도 한다. 너구리는 라쿤과 달리 겨울잠을 잔다.

4 물개와 물범도 서로 생김새가 비슷하다. 물개와 물범을 **구분하는** 가장 큰 차이점은 귀이다. 물개의 귀에는 작은 귓바퀴가 있지만, 물범은 없다. 또 다리 모양과 움직임에도 차이가 있다. 물개는 앞다리가 길어 20
서, 육지에서 몸을 세우거나 앞다리와 뒷다리를 사용해 걸을 수 있다. 반면, 물범은 앞다리가 짧아 육지에서 몸을 세우지 못하고 배를 땅에 대고 몸을 끌면서 이동한다. 그러나 둘다 발이 물갈퀴 모양으로 물속에서는 지느러미 역할을 하여 수영을 할 수 있다.

- **관찰해** 사물이나 현상을 주의하여 자세히 살펴.
- **생김새** 생긴 모양새.
- **습성**(習 익힐 습, 性 성품 성) 같은 종류의 동물에서 공통되는 생활 방식이나 행동 양식.
- **물갈퀴** 개구리, 기러기, 오리 등의 발가락 사이에 있는 엷은 막.
- **천연기념물** 자연 가운데 매우 중요하고 특수하여 법으로 정하여 보호하는 것.
- **지정되어** 가리키어 확실하게 정해져.
- **배영** 위를 향하여 반듯이 누워 양팔을 번갈아 회전하여 물을 밀치면서 두 발로 물장구를 치는 수영법.
- **구분하는** 일정한 기준에 따라 전체를 몇 개로 갈라 나누는.

내용 독해

1 **글쓴이가 이 글을 쓴 목적은 무엇인가요? (   )**

① 동물들의 수영 방법을 설명하기 위해
② 우리나라의 천연기념물을 소개하기 위해
③ 동물들의 생김새가 다른 까닭을 설명하기 위해
④ 다양한 동물들이 살아가는 장소를 소개하기 위해
⑤ 생김새가 비슷하지만 서로 다른 동물을 설명하기 위해

2 **이 글의 내용으로 알맞지 <u>않은</u> 것은 무엇인가요? (   )**

① 물개의 귀에는 작은 귓바퀴가 있다.
② 물개는 앞다리가 길어서 몸을 세울 수 있다.
③ 라쿤과 너구리는 꼬리의 무늬가 서로 다르다.
④ 수달은 우리나라의 천연기념물로 지정되어 있다.
⑤ 수달과 해달은 사는 곳이 같지만 생김새가 다르다.

3 **다음 중 이 글에 대한 반응으로 알맞게 말한 것의 기호를 쓰세요.**

> ㉮ 이 동물원의 마스코트는 꼬리에 줄무늬가 있으니 너구리일 거야.
> ㉯ 우리나라에서도 수달이 강에 누워서 헤엄을 치는 모습을 볼 수 있겠구나.
> ㉰ 물범은 물속에서 멋지게 헤엄치지만 육지에서는 몸을 끌면서 움직이겠구나.

(   )

4 **다음 빈칸에 알맞은 동물 이름을 이 글에서 찾아 쓰세요.**

> ☐☐☐은 북아메리카에 사는 동물로, 두툼한 털과 눈 주변의 검은 무늬가 특징이다. 주로 밤에 활동하고 꼬리에 줄무늬가 있으며, 발가락이 5개이다. 이 동물은 호기심이 많아 쓰레기통을 뒤지기도 한다. 또 손을 잘 사용하여 물체를 잡고 다루는 능력이 뛰어나다.

(   )

**구조
분석**

문단 요약

5 다음 질문의 답을 찾을 수 있는 문단을 찾아 선으로 이으세요.

| 물개와 물범은 어떻게 다른가요? | • | | • | **1**문단 |

| 수달과 해달의 차이점은 무엇인가요? | • | | • | **2**문단 |

| 라쿤과 너구리의 공통점과 차이점은 무엇인가요? | • | | • | **3**문단 |

| 두 동물의 생김새가 비슷하면 모두 같은 동물인가요? | • | | • | **4**문단 |

핵심 내용

6 빈칸에 들어갈 알맞은 말을 이 글에서 찾아 쓰세요.

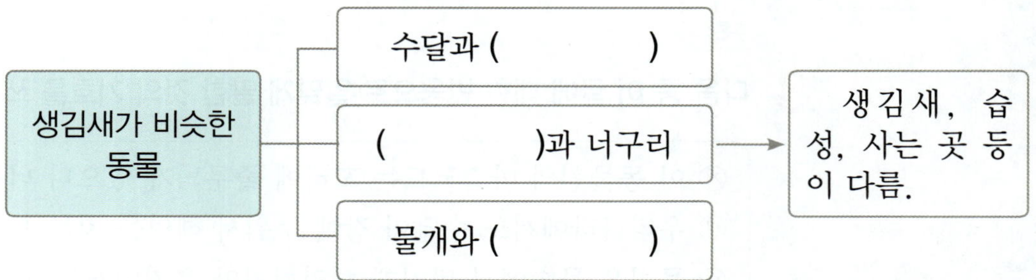

어휘

적용

7 다음 문장에 들어갈 알맞은 낱말에 ◯표 하세요.

⑴ 동물들의 행동을 자세히 (관찰, 진찰)해 보았다.
⑵ 라쿤과 너구리는 (생김새, 쓰임새)가 매우 비슷하다.
⑶ 이 건물은 올해 우리나라의 문화유산으로 (지정, 지적)되었다.
⑷ 이 두 나무는 잎의 모양이 달라서 확실히 (구분, 구비)할 수 있다.
⑸ 연어는 민물에서 태어나 바다에서 성장하여 다시 민물로 돌아오는 (습득, 습성)이 있다.

특징에 따른 동물의 분류

기준을 정해 우리 주변의 동물을 **분류**할 수 있어요. 분류는 어떠한 것을 종류에 따라서 가르는 것을 말해요. 동물의 생김새를 **관찰**하여 분류 기준을 세우고, 같은 특징을 가진 동물을 모아 보아요.

먼저, 다리가 있는 동물과 없는 동물로 나눌 수 있어요. 다리가 있는 동물에는 개, 개구리, 까치, 잠자리 등이 있어요. 다리가 없는 동물에는 달팽이, 돌고래, 뱀, 송사리 등이 있어요.

털이 있는 동물과 털이 없는 동물로도 나눌 수 있어요. 털이 있는 동물에는 토끼, 고양이, 닭, 돼지 등이 있어요. 털이 없는 동물에는 지렁이, 도마뱀, 금붕어, 소금쟁이 등이 있어요.

• 다리가 있는 동물

개: 다리가 4개예요. **개구리**: 다리가 4개예요. **까치**: 다리가 2개예요. **잠자리**: 다리가 6개예요.

• 다리가 없는 동물

달팽이: 땅에 살아요. **돌고래**: 물에 살아요. **뱀**: 땅에 살아요. **송사리**: 물에 살아요.

핵심 용어 다음 빈칸에 들어갈 알맞은 용어를 쓰세요.

(1) ☐☐

분(나눌 分) 류(무리 類): 무리를 나눔.
• 뜻: 종류에 따라서 가름.

(2) ☐☐

관(볼 觀) 찰(살필 察): 보고 살핌.
• 뜻: 사물이나 현상을 주의하여 자세히 살펴봄.

● **기준** 구별하거나 정도를 판단하기 위하여 그것과 비교하도록 정한 대상이나 잣대.

생물의 특징

ㄱ

1 깊은 바다를 뜻하는 **심해**는 우리가 사는 땅과는 완전히 다른 세계이다. 이곳은 햇빛이 거의 닿지 않아 매우 캄캄하며, 물을 누르는 힘인 **수압**이 매우 높고 물의 온도는 차가운 얼음처럼 낮다. 그래서 생물이 살아가기가 어렵다. 하지만 이러한 환경에서도 살아남은 심해 생물이 있다. 이들은 얕은 바다에 사는 생물과는 다른 여러 가지 특징을 갖고 있다. 　5

2 먼저, 심해 생물은 심해 환경에서 먹잇감을 사냥하기 위해 신체 구조가 특이하게 변화했다. 세다리물고기는 길게 **발달한** 세 개의 지느러미를 바닥에 대고 몸을 **지탱해** 제자리에 서 있다. 심해에는 먹잇감이 적기 때문에 먹이를 찾으러 돌아다니는 데에 힘을 쓰지 않고 가만히 서서 먹잇감을 나타나기를 기다리는 것이다. 또 올빼미물고기는 어두운 심해 　10 에서도 먹이를 찾을 수 있도록 큰 눈을 갖고 있다. 심해 아귀는 먹이를 발견하면 확실히 잡기 위해 크고 날카로운 이빨을 가지고 있다. 풍선장어는 큰 먹이도 놓치지 않고 한 번에 먹을 수 있도록 입과 **소화 기관**을 몇 배로 늘릴 수 있다.

3 대부분의 심해 생물은 바다눈을 먹고 자란다. 바다눈은 바다 표면 　15 근처에 사는 **플랑크톤** 등 생물이 죽어서 분해되거나 덩어리가 되어 바닷속으로 가라앉는 것으로, 마치 눈처럼 하얗게 심해에 내린다. 예를 들어 10미터가 넘는 큰 고래가 죽어서 분해되면 5년 이상 고래의 바다눈이 심해에 내려 심해 생물의 먹이가 된다.

4 많은 심해 생물들은 몸에서 빛을 내는 능력을 가지고 있다. 이 빛으 　20 로 먹이를 **유인하거나** **포식자**로부터 자신을 지킨다. 또 암컷과 수컷이 서로 짝을 찾는 데도 이용한다. 심해 아귀는 등에 달린 촉수로 빛을 내서 먹이를 유인한다. 심해 오징어는 빛을 내는 액체를 뿜어 적을 혼란에 빠뜨리기도 하고, 심해 새우는 빛을 통해 짝을 찾아 **짝짓기**를 하기도 한다. 이처럼 심해 생물들은 어려운 환경에서도 살아남기 위해 다양한 방 　25 법으로 **진화하고** **적응해** 왔다.

- **심해**(深 깊을 심, 海 바다 해) 수심이 이백 미터 이상인 깊은 바다.
- **수압** 물의 압력.
- **발달한** 몸, 마음, 지능 등이 성장하거나 성숙한.
- **지탱해** 어떤 것을 버티거나 견디거나 유지해.
- **소화 기관** 음식물을 소화하고 흡수하는 기관.
- **플랑크톤** 물속에서 물결을 따라 떠다니는 작은 생물을 통틀어 이르는 말.
- **유인하거나** 관심이나 흥미를 일으켜 꾀어내거나.
- **포식자** 다른 동물을 먹이로 하는 동물.
- **짝짓기** 동물 등의 암수가 짝을 이루거나 짝이 이루어지게 하는 일.
- **진화하고** 생물이 생명이 생긴 후부터 조금씩 발전해 가고.
- **적응해** 일정한 조건이나 환경 등에 맞추어 응하거나 알맞게 되어.

**내용
독해**

1 이 글의 제목으로 어울리도록 ㉠에 들어갈 알맞은 낱말을 쓰세요.

( )

2 이 글의 내용으로 알맞은 것은 무엇인가요? ( )

① 심해는 살아 있는 플랑크톤이 풍부하다.
② 심해 생물은 모두 빛을 내는 액체를 뿜어낸다.
③ 대부분의 심해 생물들은 죽은 생물을 먹고 자란다.
④ 심해는 수압이 낮고 온도가 높아 생물이 살기 어렵다.
⑤ 심해 생물들은 얕은 바다의 생물과 비슷한 신체 구조를 가지고 있다.

3 심해 생물의 특징을 알맞게 설명한 것은 무엇인가요? ( )

① 풍선장어는 빛을 내는 액체를 뿜어 낸다.
② 세다리물고기는 길게 발달한 지느러미가 있다.
③ 올빼미물고기는 크고 날카로운 이빨을 가지고 있다.
④ 심해 오징어는 입과 소화 기관이 몸의 몇 배로 늘어난다.
⑤ 심해 아귀는 어두운 심해에서 먹이를 찾기 위해 큰 눈을 갖고 있다.

4 이 글을 읽고 보인 반응으로 알맞지 <u>않은</u> 것에 ×표 하세요.

⑴ 고래가 죽어서 심해에 가라앉으면 근처에 있는 심해 생물들에게는 오랫동안
중요한 먹이가 되겠구나. ( )
⑵ 심해는 어둡고 수압이 아주 높아서 생물이 살기 힘든 환경인데도 생물들이
살아가고 있는 것이 신기해. ( )
⑶ 심해는 빛이 거의 없으니까 스스로 빛을 내는 심해 생물들은 적의 눈에 잘
띄어서 살아남기가 어려울 거야. ( )

5 다음 빈칸에 들어갈 알맞은 말을 쓰며 이 글의 내용을 정리하세요.

문단	중심 내용
1	(　　　　　)는 생물이 살아가기 어려움.
2	심해 생물은 먹잇감을 (　　　　　)하기 위해 신체 구조가 특이하게 변화함.
3	대부분의 심해 생물은 (　　　　　)을 먹고 자람.
4	많은 심해 생물들은 몸에서 (　　　　　)을 내는 능력이 있음.

6 빈칸에 들어갈 알맞은 말을 이 글에서 찾아 쓰세요.

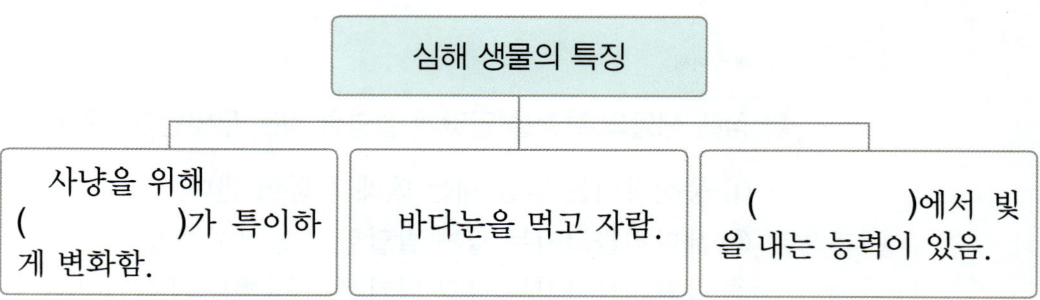

7 다음 문장의 빈칸에 들어갈 알맞은 낱말을 보기 에서 찾아 쓰세요.

보기

　　유인　　심해　　발달　　진화　　수압

⑴ 이 미끼는 물고기를 (　　　　　)하는 데 사용된다.
⑵ (　　　　　)은/는 특이하게 생긴 생물들이 살고 있다.
⑶ 어린 아이는 언어가 (　　　　　)하면 생각을 말로 표현한다.
⑷ 깊은 바다에 들어가면 (　　　　　)이/가 세서 귀가 먹먹해진다.
⑸ 키가 작은 식물들은 (　　　　　)을/를 통해 번식을 빨리함으로써 살아남았다.

사는 곳에 따른 동물의 분류

동물은 사는 곳에 따라 땅에 사는 동물, 물에 사는 동물, 날 수 있는 동물로 분류할 수 있어요.

땅에 사는 동물에는 여우, 다람쥐, 두더지, 개미, 뱀 등이 있어요. 땅에 사는 동물 중 다리가 있는 동물은 걷거나 뛰고, 다리가 없는 동물은 기어서 이동해요.

물에 사는 동물에는 송사리, 소금쟁이, 다슬기, 수달, 고등어, 조개 등이 있어요. 이 중에는 물속에서 헤엄을 치는 동물도 있고, 바닥을 기어다는 동물도 있어요.

날 수 있는 동물에는 새매, 독수리, 잠자리, 참새, 무당벌레, 장수풍뎅이 등이 있어요. 날 수 있는 동물은 하늘을 날아오르고, 자유롭게 방향을 바꿀 수 있는 날개를 갖고 있어요.

이러한 동물들의 특징은 각자의 **환경**에 **적응**한 결과예요. 적응이란 살아가는 환경에 맞게 몸의 구조나 행동을 변화시켜 **생존**하는 과정을 말해요.

핵심 용어 다음 빈칸에 들어갈 알맞은 용어를 쓰세요.

(1) ☐ ☐

환(고리 環) 경(지경 境): 주위의 장소.
- 뜻: 생물에게 영향을 주는 자연적 조건이나 사회적 상황.

(2) ☐ ☐

적(알맞을 適) 응(응할 應): 주위 환경에 알맞게 변하는 것.
- 뜻: 생물이 주위 환경에 적합하도록 모습이 변화함. 또는 그런 과정.

사는 곳에 따른 동물의 분류

● **생존** 살아 있음. 또는 살아남음.

특징에 따른 식물의 분류

세상에서 가장 큰 꽃

1 2024년 세상에서 가장 큰 꽃으로 꼽히는 '타이탄 아룸'이 벨기에의 국립 식물원에서 꽃을 피웠다. 높이는 무려 2.17미터이고, 무게는 100킬로그램이 넘는다. 이 **거대한** 꽃은 모양도 특이하지만 **지독한** 냄새를 풍긴다. 꽃이 피면 고기 썩는 냄새가 나서 '시체꽃'이라는 별명이 있다.

2 타이탄 아룸은 인도네시아 수마트라 섬의 **열대 우림**에서 자라는 식물이다. 이 식물은 처음 잎이 나고 잎의 개수가 늘어나면서 5미터 정도까지 자란다. 그리고 5~7년 동안 나무가 성장하면서 알뿌리에 **양분**을 모은다. 알뿌리가 지름 1미터 정도까지 커지면 나무는 쓰러지고, 4개월 정도 지나 그 자리에서 꽃대가 올라오고 꽃이 핀다. 5~7년간 알뿌리에 양분을 저장한 것은 바로 이 꽃을 피우기 위해서이다. 그래서 타이탄 아룸의 꽃은 5~7년에 한 번 피기 때문에 꽃을 보는 것은 매우 어려운 일이다.

3 타이탄 아룸의 꽃은 멀리서 보면 큰 꽃 한송이처럼 보이지만, 사실은 수백 송이의 작은 꽃이 모인 뭉치이다. 타이탄 아룸의 꽃은 큰 기둥 모양의 꽃대에 붙어 있다. 꽃대 윗부분은 수백 송이의 노란 색 수꽃이 피고, 아랫부분은 수백 송이의 빨간색의 암꽃이 핀다. 타이탄 아룸의 꽃대는 높이가 약 3미터까지 자라며, 보통 2~3일 이내에 시든다.

4 타이탄 아룸의 꽃이 지독한 냄새를 풍기는 이유는 곤충을 유인하기 위해서이다. 타이탄 아룸은 꽃이 활짝 피면 약 36도의 열을 내면서 냄새를 뿜어낸다. 꽃에서 나오는 열로 따뜻해진 공기를 타고 냄새는 1킬로미터 밖까지 퍼져 나가서 멀리 있는 곤충까지 유인한다. 이 곤충들이 꽃의 수술의 **꽃가루**를 암술에게 퍼뜨리면서 **수분**이 이루어지고 열매를 맺게 된다.

5 타이탄 아룸은 인도네시아에 천 그루도 남지 않아서 **멸종** 위기에 있다. 그래서 세계 곳곳의 식물원에 **희귀한** 타이탄 아룸의 **종자**를 퍼뜨려서 멸종되지 않도록 지키려는 노력이 계속되고 있다.

5
10
15
20
25

- **거대**(巨 클 거, 大 큰 대)**한** 엄청나게 큰.
- **지독한** 맛이나 냄새 등이 해롭거나 참기 어려울 정도로 심한.
- **열대 우림** 일 년 내내 기온이 높고 비가 많은 적도 부근의 열대 지방에서 발달하는 숲.
- **양분** 영양이 되는 성분.
- **꽃가루** 꽃의 수술에 붙어 있다가 암술로 운반되어 씨를 맺게 하는 가루.
- **수분** 식물이 열매를 맺기 위해 꽃의 수술에 붙은 꽃가루가 암술에 옮겨 붙는 일.
- **희귀한** 많이 없거나 쉽게 만날 수 없어서 매우 특이하거나 귀한.
- **종자** 식물에서 나온 씨앗.
- **멸종** 생물의 한 종류가 아주 없어짐.

내용 독해

설명 대상

1 이 글에서 주로 설명하는 것은 무엇인가요? (   )

① 타이탄 아룸의 특징
② 꽃이 수분하는 과정
③ 타이탄 아룸의 꽃의 수명
④ 타이탄 아룸의 냄새의 원인
⑤ 벨기에 식물원의 다양한 꽃들

내용 이해

2 타이탄 아룸의 특징으로 알맞은 것에 ○표 하세요.

(1) 타이탄 아룸은 매년 꽃을 피운다.   (   )
(2) 타이탄 아룸은 커다란 꽃 한송이를 피운다.   (   )
(3) 타이탄 아룸은 주변에서 흔하게 볼 수 있는 식물이다.   (   )
(4) 타이탄 아룸은 꽃이 피면 지독한 냄새로 곤충을 유인한다.   (   )

내용 이해

3 타이탄 아룸에 대한 설명으로 알맞지 <u>않은</u> 것은 무엇인가요? (   )

① 타이탄 아룸의 꽃은 5~7년 정도 피어 있다.
② 타이탄 아룸의 꽃대는 높이 3미터까지 자란다.
③ 타이탄 아룸의 알뿌리는 지름 1m 정도까지 커진다.
④ 타이탄 아룸의 꽃대 윗부분에는 수꽃, 아랫부분에는 암꽃이 핀다.
⑤ 타이탄 아룸의 나무는 5~7년 정도 성장하면서 알뿌리에 양분을 모은다.

추론

4 이 글을 읽고 짐작한 내용으로 알맞은 것의 기호를 쓰세요.

> ㉮ 타이탄 아룸은 꽃을 피우려면 많은 양분이 필요해서 알뿌리가 큰 거야.
> ㉯ 타이탄 아룸이 꽃을 피울 때 열을 내는 것은 꽃을 더 많이 피우기 위해서야.
> ㉰ 타이탄 아룸의 지독한 냄새 때문에 주변의 식물들이 잘 자라지 못할 거야.

(   )

구조 분석

문단 요약

5 각 문단의 중심 내용으로 알맞은 것에 ○표, **틀린** 것에 ×표를 하세요.

1문단	벨기에의 국립 식물원에서 타이탄 아룸의 꽃이 피었다.	( )
2문단	타이탄 아룸은 5~7년 동안 알뿌리에 양분을 모아 꽃을 피운다.	( )
3문단	타이탄 아룸은 큰 꽃 한송이가 피어 2~3일 이내에 시든다.	( )
4문단	타이탄 아룸의 꽃의 냄새는 곤충을 피하기 위해서이다.	( )
5문단	멸종 위기에서 타이탄 아룸을 지키려는 노력을 하고 있다.	( )

핵심 내용

6 빈칸에 들어갈 알맞은 말을 이 글에서 찾아 쓰세요.

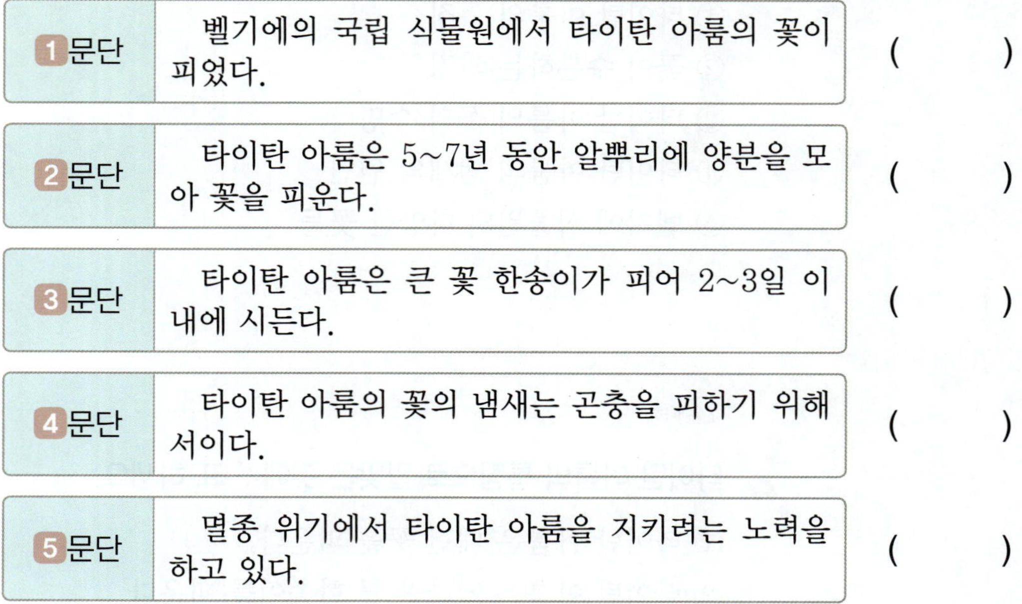

어휘

적용

7 다음 문장에 들어갈 알맞은 낱말에 ○표 하세요.

⑴ 태풍이 불자 (거대한, 거뜬한) 파도가 일어났다.

⑵ 따뜻한 봄날에 농부가 밭에 (종자, 종지)를 뿌렸다.

⑶ 어디선가 (지독한, 지루한) 거름 냄새가 나는 것 같았다.

⑷ 이 나무는 (희귀한, 희미한) 식물이라 주변에서 보기 어렵다.

⑸ 벌과 나비는 꽃 사이를 오가며 (꽃다발, 꽃가루)을/를 운반하는 역할을 한다.

특징에 따른 식물의 분류

식물은 저마다 생김새가 달라요. 꽃의 모양과 크기, 잎의 모양, 다 자란 나무의 크기 등이 모두 다르죠.

식물의 생김새를 다르게 하는 것 중 **잎**은 보통 잎몸, 잎맥, 잎자루, 턱잎으로 이루어져 있어요. 잎몸은 잎의 넓은 부분으로 햇빛을 받아 **광합성**을 해요. 잎맥은 줄기와 연결되어 뿌리에 저장된 물과 영양분을 잎에 전달해요. 잎자루는 잎몸과 줄기를 연결해 주는 부분이고, 턱잎은 잎자루 아래에서 잎의 **어린싹**을 보호해 주는 부분이에요.

식물은 잎의 모양에 따라 쌍떡잎 식물과 외떡잎 식물로 나눌 수 있어요. 외떡잎 식물의 잎은 잎몸, 잎맥, 잎집으로 이루어져 있어요.

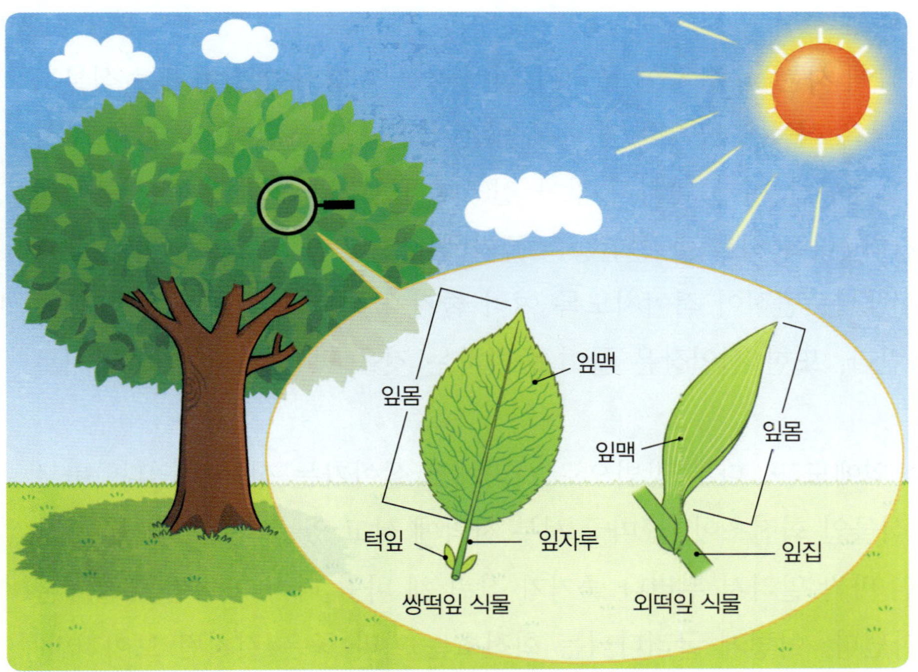

잎의 모양에 따른 식물의 분류

다음 빈칸에 들어갈 알맞은 용어를 쓰세요.

(1) ☐

• 뜻: 줄기 끝이나 둘레에 붙어 있으며 녹색의 납작한 모양을 한 식물의 영양 기관.

(2) ☐ ☐ ☐

광(빛 光) 합(합할 合) 성(이룰 成): 빛을 합하여 이루는 것.

• 뜻: 녹색 식물이 빛을 이용하여 이산화 탄소와 물로 필요한 영양분을 만드는 과정.

● **어린싹** 싹이 터서 줄기나 잎이 되는 부분.

사막에서 살아가는 식물

지문 분석

글자 수 900
800 900 1000

1 사막은 비가 거의 내리지 않는 곳으로, 매우 덥고 **건조하다**. 물이 적어서 식물이 살기 어려운 환경이지만, 이러한 사막에서 살아가는 식물들이 있다. 이 식물들은 저마다의 방법으로 사막의 **혹독한** 환경을 **극복하며** 살아가고 있다.

2 사막에 사는 식물 중에 물을 잘 **흡수하기** 위해 뿌리가 발달한 식물이 있다. 포아풀은 키가 50센티미터밖에 되지 않지만, 뿌리의 길이까지 모두 합하면 600킬로미터가 넘는다. 물이 적은 사막에서 물을 찾기 위해 뿌리를 계속 뻗어서 길어진 것이다. 또 메스키트는 땅속으로 최소 10미터에서 60미터까지 뿌리를 뻗어 땅속 깊은 지하에 있는 물을 흡수하여 살아간다.

3 사막에 사는 식물 중에 줄기나 잎에 물을 저장하여 살아가는 식물도 있다. 다육 식물은 줄기나 잎 속에 많은 물을 저장하고 있다. 그리고 사막에 오랫동안 비가 내리지 않아 건조해지면 저장했던 물을 사용하여 살아간다. 다육 식물 중 선인장은 줄기에 저장한 물의 증발을 막기 위해 햇빛이 닿는 면적이 적어지도록 여러 줄기가 하나로 합쳐져 굵은 줄기로 자란다. 또한 선인장은 물이 증발하는 것을 막기 위해 잎이 가시로 변했다.

4 이 외에도 또 다른 방법으로 사막에서 살아가는 식물이 있다. 바로 **덤불** 식물인 회전초이다. 미국 서부 사막에 살고 있는 회전초는 물이 부족하면 바싹 말라서 뿌리나 줄기가 잘린 채 바람 따라 공처럼 데굴데굴 굴러다닌다. 이렇게 굴러다니는 회전초는 말라 죽은 것처럼 보이지만, 사실은 굴러다니면서 씨를 **사방**에 뿌리고 있는 것이다. 그리고 비가 오거나 물을 만나면 뿌리를 내리고 녹색 줄기를 뻗으며 살아간다.

5 이렇게 생물들이 주변 환경을 극복하기 위해 변화한 것을 '적응'이라고 한다. 사막에 사는 식물들도 사막의 덥고 건조한 환경에 다양한 방법으로 적응하며 살아가고 있다.

5
10
15
20
25

- **건조하다** 말라서 습기가 없다.
- **혹독한** 정도가 몹시 심한.
- **극복**(克 이길 극, 服 입을 복)**하며** 악조건이나 고생 등을 이겨 내며.
- **흡수하기** 물을 안으로 빨아들이기.
- **덤불** 어수선하게 엉클어진 수풀.
- **사방** 모든 곳 또는 여러 곳을 비유적으로 이르는 말.

내용 독해

1 이 글의 설명 방식으로 알맞은 것에 ◯표 하세요.

(1) 사막에서 경험한 일을 제시하여 흥미를 주고 있다. ( )

(2) 사막에 사는 식물의 구체적인 예를 들어 설명하고 있다. ( )

(3) 사막에 사는 식물에 대한 질문을 통해 관심을 끌고 있다. ( )

2 이 글의 내용으로 알맞은 것은 무엇인가요? ( )

① 포아풀은 줄기에 물을 저장하고 있다.

② 선인장은 비가 오면 녹색 줄기를 뻗는다.

③ 회전초는 물이 증발하지 않게 잎이 가시로 변했다.

④ 사막에 사는 식물들은 햇빛이 없어도 자랄 수 있다.

⑤ 메스키트는 뿌리를 깊게 뻗어 지하의 물을 흡수한다.

3 이 글을 읽고 사막에 사는 식물에 대해 알맞게 짐작한 것에 ◯표 하세요.

(1) 사막의 식물들을 키울 때는 물이 전혀 필요없어. ( )

(2) 회전초는 물이 부족하면 말라 죽기 때문에 물가에서만 자라. ( )

(3) 선인장은 비가 내리지 않아도 줄기에 저장한 물로 살아갈 거야. ( )

4 이 글과 보기 를 읽고 보인 반응으로 알맞은 것은 무엇인가요? ( )

보기

강이나 호수에 사는 부레옥잠은 잎자루가 볼록하게 생긴 특이한 모양을 하고 있다. 잎자루가 볼록하게 생긴 까닭은 안에 공기 주머니가 있어서 부레옥잠이 물에 둥둥 뜰 수 있게 하기 위해서이다.

① 부레옥잠은 사막의 환경에 적응하기 알맞은 식물이야.

② 부레옥잠은 잎자루가 볼록해서 물에 살기 어려울 것 같아.

③ 부레옥잠은 비가 오면 다시 살아나서 씨를 퍼뜨릴 수 있어.

④ 부레옥잠의 특이한 모양은 환경에 적응하지 못한 것으로 볼 수 있어.

⑤ 부레옥잠의 잎자루가 볼록한 것은 물에 사는 환경에 적응했기 때문이야.

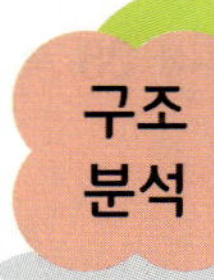

**구조
분석**

5 다음 빈칸에 들어갈 알맞은 말을 쓰며 이 글의 내용을 정리하세요.

문단	중심 내용
1	덥고 건조한 ( )의 환경을 극복하며 사는 식물들.
2	( )가 발달하여 물을 흡수하며 살아가는 식물.
3	( )나 ( )에 물을 저장하여 살아가는 식물.
4	( )에 굴러다니다가 비가 오면 다시 자라는 식물.
5	사막의 환경에 ( )하며 살아가는 식물.

6 빈칸에 들어갈 알맞은 말을 이 글에서 찾아 쓰세요.

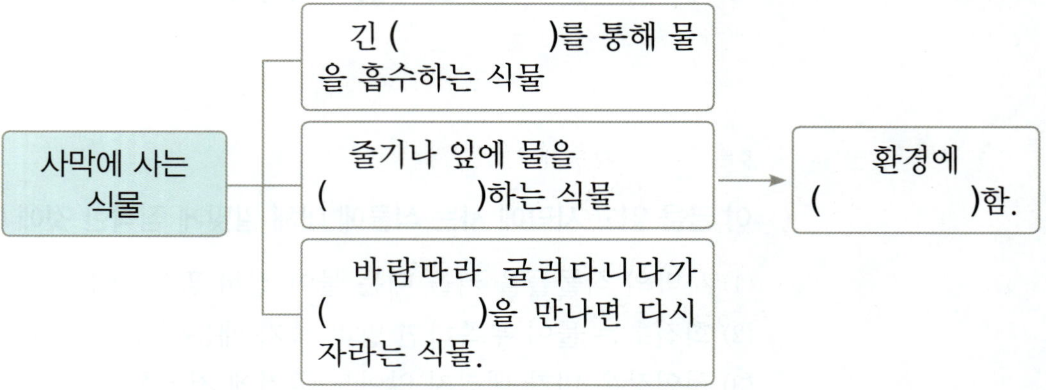

어휘

7 다음 낱말의 뜻을 알맞게 선으로 이으세요.

(1) 흡수 • • ㉮ 정도가 몹시 심한.

(2) 혹독한 • • ㉯ 물을 안으로 빨아들임.

(3) 사방 • • ㉰ 어수선하게 엉클어진 수풀.

(4) 극복 • • ㉱ 악조건이나 고생 등을 이겨 냄.

(5) 덤불 • • ㉲ 모든 곳 또는 여러 곳을 비유적으로 이르는 말.

사는 곳에 따른 식물의 분류

정답과 해설 **08** 쪽

식물은 사는 곳에 따라 분류할 수 있어요. 들과 산에 사는 식물에는 감나무, 해바라기, 단풍나무 등이 있어요. 이 식물들은 대부분 땅속에 뿌리를 내리고, 땅 위로 줄기와 잎이 자라요.

강과 호수에 사는 식물에는 연꽃, 부레옥잠, 수련 등이 있어요. 이 식물들은 물속에서 필요한 영양분을 얻고, 물에 떠 있거나 잠겨서 자란답니다.

사막에 사는 식물에는 선인장, 바위솔 등이 있어요. 이 식물들은 물을 저장하는 특별한 구조를 가지고 있어서 오랫동안 물이 없어도 살 수 있어요.

바닷가에는 갯방풍과 해홍나물과 같은 풀이 살고 있어요. 갯방풍은 키가 작고 줄기가 가늘어서 바람이 많이 부는 바닷가에서 바람을 견딜 수 있어요.

핵심 용어 다음 빈칸에 들어갈 알맞은 용어를 쓰세요.

(1) ☐ ☐

• 뜻: 단단한 줄기에 가지와 잎이 달린, 여러 해 동안 자라는 식물.

(2) ☐

• 뜻: 줄기가 연하고, 대개 한 해를 지내면 죽는 식물.

들과 산에 사는 식물 – 단풍나무

강과 호수에 사는 식물 – 부레옥잠

사막에 사는 식물 – 선인장

바닷가에 사는 식물 – 갯방풍

곤충의 한살이

여왕벌의 일생

1 꿀벌은 알, 애벌레, 번데기를 거쳐 **어른벌레**가 되는 '완전 **탈바꿈**'을 하는 곤충이다. 보통 암벌은 알에서 3일, 애벌레 6일, 번데기로 12일을 보낸 후 21일 만에 어른벌레가 된다. 하지만 수벌은 번데기로 14일 정도 보내고 허물을 벗어 어른벌레가 된다. 암벌 중 한 마리만 여왕벌이 되고, 나머지는 일벌이 된다.

2 꿀벌은 여왕벌 한 마리와 일벌 수만 마리, 수벌 여러 마리가 집단 생활을 한다. 일벌은 적으로부터 집을 지키고 먹이를 모으며 알을 키우는 일을 하고, 여왕벌은 짝짓기를 하여 알을 낳는 일을 한다. 여왕벌은 수벌과 짝짓기를 하기 위해 일벌의 **보호**를 받으며 **비행**을 한다. 여왕벌이 먼저 하늘로 날아오르면, 수벌들이 뒤를 쫓아 날아간다. 많은 수벌 중에서 가장 빠른 수벌 몇 마리만 여왕벌과 짝짓기를 한다. 이 짝짓기를 통해 여왕벌은 자신이 평생 알을 낳을 수 있는 양의 **정자**를 몸 안에 저장한다.

3 이후 여왕벌은 벌집으로 돌아와 알을 낳는다. 암컷 꿀벌 중에서 유일하게 알을 낳는 여왕벌은 하루에 약 2,000개의 알을 낳을 수 있으며, **일생** 동안 수만 개 이상의 알을 낳는다. 일벌의 **수명**이 50일에서 6개월 정도인데 비해, 여왕벌의 수명은 5년에서 7년 정도에 이른다. 이 긴 시간 동안 여왕벌은 계속해서 알을 낳으며 일벌들에게 벌집을 키우게 하고, **무리**를 이끈다.

4 시간이 지나 여왕벌이 알을 낳는 힘이 부족해지면, 일벌들은 다음 여왕벌을 탄생시키기 위해 다시 알을 기르기 시작한다. 일벌은 큰 벌집에서 여왕벌이 될 알들을 소중히 키운다. 그리고 새 여왕벌이 태어나면 기존 여왕벌은 새 여왕벌에게 벌집을 물려 주어 새로운 **우두머리**가 탄생하게 된다.

- **어른벌레** 다 자라서 생식 능력이 있는 곤충.=성충.
- **탈바꿈** 원래의 모양이나 형태를 바꿈.
- **보호** 위험하거나 곤란하지 않게 지키고 보살핌.
- **비행** 하늘로 날아가거나 날아다님.
- **정자** 생물의 수컷의 생식 세포.
- **일생**(一 하나 일, 生 날 생) 세상에 태어나서 죽을 때까지의 동안.
- **수명**(壽 목숨 수, 命 목숨 명) 사람이나 동식물이 살아 있는 기간.
- **무리** 여러 사람이나 동물, 사물 등이 함께 모여 있는 것.
- **우두머리** 어떤 일이나 단체에서 으뜸인 사람.

내용 독해

1 이 글에서 가장 중심이 되는 낱말을 세 글자로 쓰세요.

( )

2 다음 중 여왕벌에 대한 설명으로 알맞지 <u>않은</u> 것은 무엇인가요? ( )

① 여왕벌은 몸 안에 정자를 저장한다.
② 여왕벌은 짝짓기를 할 때 비행을 한다.
③ 여왕벌은 평생 최대 수만 개 이상의 알을 낳는다.
④ 여왕벌은 암컷 꿀벌 중에서 유일하게 알을 낳는다.
⑤ 한번 여왕벌이 되면 수명을 다할 때까지 무리를 이끈다.

3 여왕벌의 일생에 알맞게 순서대로 기호를 쓰세요.

> ㉮ 벌집에서 평생 알을 낳는다.
> ㉯ 수벌과 하늘에서 짝짓기를 한다.
> ㉰ 알에서 애벌레, 번데기를 거쳐 여왕벌이 된다.
> ㉱ 알을 낳는 힘이 부족해지면 새로운 여왕벌이 탄생한다.

㉰ → ( ) → ( ) → ( )

4 이 글을 통해 답을 할 수 있는 질문을 모두 찾아 ○표 하세요.

(1) 여왕벌은 짝짓기를 어떻게 하나요? ( )
(2) 여왕벌로 선택되는 꿀벌은 어떻게 생겼나요? ( )
(3) 여왕벌이 하루에 낳는 알의 수는 몇 개인가요? ( )
(4) 여왕벌이 짝짓기를 하는 데 시간이 얼마나 걸리나요? ( )

구조 분석

5 각 문단의 중심 내용을 찾아 선으로 알맞게 이으세요.

1 문단 •	• 여왕벌의 역할과 짝짓기 과정
2 문단 •	• 새로운 여왕벌이 탄생하는 과정
3 문단 •	• 여왕벌의 수명과 알을 낳는 과정
4 문단 •	• 암벌과 수벌의 탈바꿈 과정과 기간

6 빈칸에 들어갈 알맞은 말을 이 글에서 찾아 쓰세요.

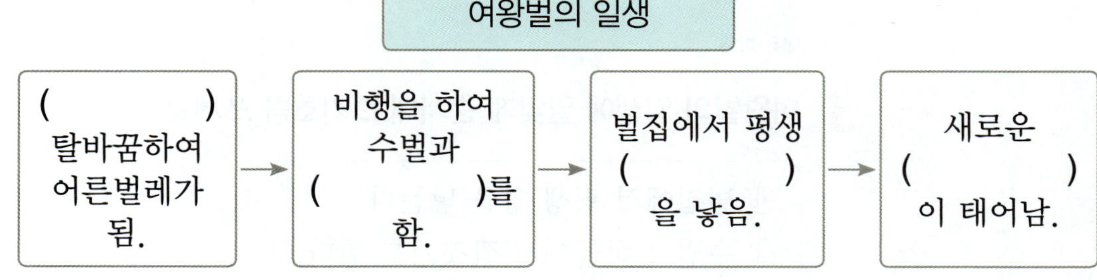

어휘

7 다음 문장의 빈칸에 들어갈 알맞은 낱말을 보기 에서 찾아 쓰세요.

> **보기**
>
> 보호   무리   일생   수명   비행

(1) 안전을 위해 어린이 (   ) 구역이 생겼다.

(2) 이 동물의 (   )은/는 약 15년으로 알려져 있다.

(3) 계절이 바뀌자 철새들은 긴 (   )을/를 시작했다.

(4) 동생이 태어난 순간은 (   ) 잊을 수 없는 일이다.

(5) 여러 마리의 개미들이 한 (   )을/를 이루며 지나갔다.

곤충의 한살이

생물이 태어나서 죽을 때까지의 과정을 '한살이'라고 해요. 곤충은 한살이 동안 알에서 태어나 어른벌레로 성장하는 탈바꿈을 해요.

꿀벌은 알, 애벌레, 번데기를 거쳐 어른벌레가 되어요. 이러한 곤충의 변화 과정을 '**완전 탈바꿈**'이라고 해요. 반면 마미는 알, 애벌레를 거쳐 어른벌레가 되어요. 번데기를 거치지 않는 이러한 변화 과정을 '**불완전 탈바꿈**'이라고 해요.

완전 탈바꿈을 하는 곤충은 애벌레와 어른벌레의 모습이 많이 다르지만, 불완전 탈바꿈을 하는 곤충은 애벌레와 어른벌레의 모습이 비슷해요. 꿀벌과 같이 완전 탈바꿈을 하는 곤충에는 나비, 개미, 무당벌레 등이 있고, 매미와 같이 불완전 탈바꿈을 하는 곤충에는 사마귀, 잠자리, 방아깨비 등이 있답니다.

- 완전 탈바꿈 – 꿀벌의 한살이

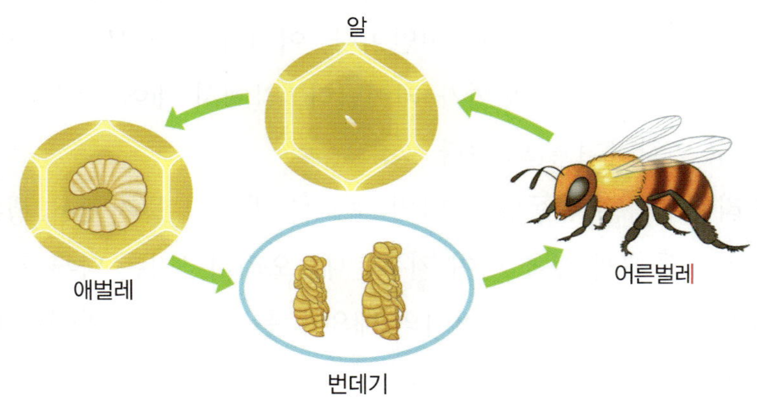

- 불완전 탈바꿈 – 매미의 한살이

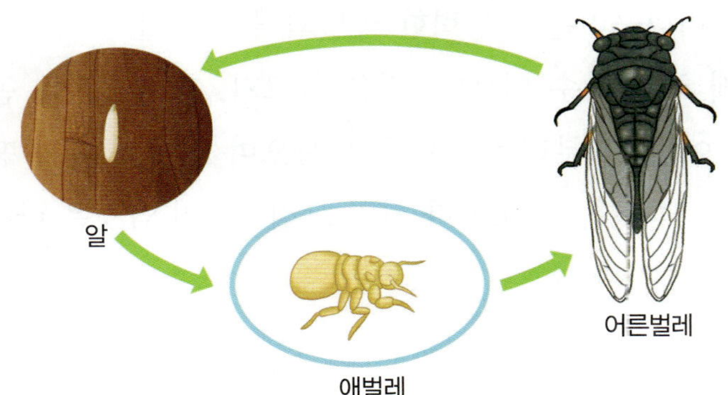

다음 빈칸에 들어갈 알맞은 용어를 쓰세요.

(1) ☐ ☐ **탈바꿈**

완(완전할 完) **전**(온전할 全): 모두, 빠짐없이.

- 뜻: 곤충이 알, 애벌레, 번데기의 과정을 모두 거쳐 어른벌레로 모습이 바뀌는 것.

(2) ☐ ☐ ☐ **탈바꿈**

불(아닐 不) **완**(완전할 完) **전**(온전할 全): 완전하지 않게.

- 뜻: 곤충이 번데기로 바뀌는 과정을 거치지 않고 어른벌레로 모습이 바뀌는 것.

오리너구리의 한살이

1 동물은 새끼를 낳는 동물과 알을 낳는 동물로 나뉜다. 그중에서 새끼를 낳아 젖을 먹여 기르는 동물을 '**포유류**'라고 한다. 그런데 포유류지만 알을 낳는 **독특한** 동물이 있다. 바로 오리너구리이다. 오리너구리의 주둥이는 부리 모양이 오리처럼 생겼고, 몸은 너구리처럼 털로 뒤덮여 있다. 또한 오리처럼 발에 **물갈퀴**가 있으며, 너구리처럼 통통한 꼬리를 5 갖고 있다. 이러한 오리너구리는 포유류에 속하지만 알을 낳는다.

2 오리너구리는 주로 호주의 동쪽 강과 호수 근처에 산다. 이곳에서 오리너구리는 물속과 땅 위에서 모두 생활할 수 있도록 적응해 왔다. 오리너구리는 강가의 흙이나 모래에 굴을 파서 집을 짓는다. 일 년에 한 번 짝짓기를 하는데, 짝짓기 후 암컷이 이 굴에서 둥지를 지으며 알을 10 낳을 준비를 한다.

3 오리너구리는 짝짓기 후 약 16일 후에 알을 낳는다. 보통 2개의 알을 낳고, 알의 크기는 2센티미터 미만이다. 어미가 알을 꼬리로 감싸고 약 10일 동안 알을 품으면 새끼가 태어난다. 알에서 태어난 새끼 오리너구리는 작고 연약하며 털도 없다. 15

4 새끼 오리너구리는 한동안 어미의 보호를 받으며 둥지에서 생활한다. 어미는 새끼들에게 젖을 먹여 키우는데, 오리너구리는 다른 포유류와 달리 젖꼭지가 없다. 대신, 어미의 배의 주름진 피부 구멍에서 나오는 젖을 새끼들이 핥아 먹으며 자란다.

5 오리너구리는 태어난 지 3~4개월이 되면 다 자라 둥지를 떠난다. 20 둥지를 떠난 오리너구리는 스스로 물속에서 헤엄치는 법을 익히고, 먹이를 찾는다. 오리너구리는 ㉠**강력한** 앞발과 물갈퀴를 가지고 있어서 물속에서 빠르게 헤엄칠 수 있으며, 작은 물고기, 가재, 조개, 곤충 등을 잡아먹는다. 이때 긴 부리로 바닥을 **더듬으며** 먹이를 잡고 땅 위로 올라와 굴 안에서 먹는다. 그리고 다 자란 오리너구리 암컷은 다시 알을 25 낳아 **한살이**를 이어 간다.

- **포유류** 새끼를 낳아 젖을 먹여 기르며 허파로 숨을 쉬는 척추동물의 한 종류.
- **독특한** 다른 것과 비교하여 특별하게 다른.
- **물갈퀴** 헤엄을 치는 데 도움이 되는 오리, 개구리 등의 발가락 사이에 있는 엷은 막.
- **강력**(強 강할 강, 力 힘 력)**한** 힘이나 영향이 강한.
- **더듬으며** 무엇을 찾거나 알아보려고 이리저리 만져 보거나 헤매며.
- **한살이** 세상에 태어나서 죽을 때까지의 동안.

내용 독해

목적

1 글쓴이가 이 글을 쓴 목적은 무엇인가요? (   )

① 오리너구리 알의 모양을 설명하기 위해
② 호주 동쪽에 사는 동물들을 소개하기 위해
③ 오리너구리의 특징과 한살이를 설명하기 위해
④ 알에서 태어나는 동물의 종류를 설명하기 위해
⑤ 오리와 너구리의 공통점과 차이점을 설명하기 위해

내용 이해

2 이 글의 내용으로 알맞은 것은 무엇인가요? (   )

① 오리너구리는 알을 낳는 동물이다.
② 오리너구리는 땅 위에서만 생활한다.
③ 오리너구리 새끼는 태어날 때부터 털이 많다.
④ 오리너구리는 다른 포유류처럼 젖꼭지가 있다.
⑤ 오리너구리는 수컷이 굴을 파서 알을 낳을 준비를 한다.

어휘·어법

3 ㉠과 바꾸어 쓸 수 있는 낱말에 ◯표, 바꾸어 쓸 수 <u>없는</u> 낱말에 ✕표를 하세요.

(1) 강한 (   )
(2) 튼튼한 (   )
(3) 연약한 (   )
(4) 가냘픈 (   )

추론

4 이 글을 통해 답을 알 수 있는 질문이 <u>아닌</u> 것은 무엇인가요? (   )

① 오리너구리는 알을 몇 개 낳나요?
② 오리너구리는 주로 어디에 사나요?
③ 오리너구리는 어디에 알을 낳나요?
④ 오리너구리는 무엇을 먹고 사나요?
⑤ 오리너구리는 얼마나 살 수 있나요?

구조 분석

문단 요약

5 각 문단의 중심 내용을 찾아 선으로 알맞게 이으세요.

1 문단 •	• 오리너구리가 사는 곳
2 문단 •	• 새끼 오리너구리가 자라는 과정
3 문단 •	• 다 자란 오리너구리가 살아가는 방법
4 문단 •	• 알에서 오리너구리 새끼가 태어나는 과정
5 문단 •	• 포유류지만 알을 낳는 오리너구리의 생김새

핵심 내용

6 빈칸에 들어갈 알맞은 말을 이 글에서 찾아 쓰세요.

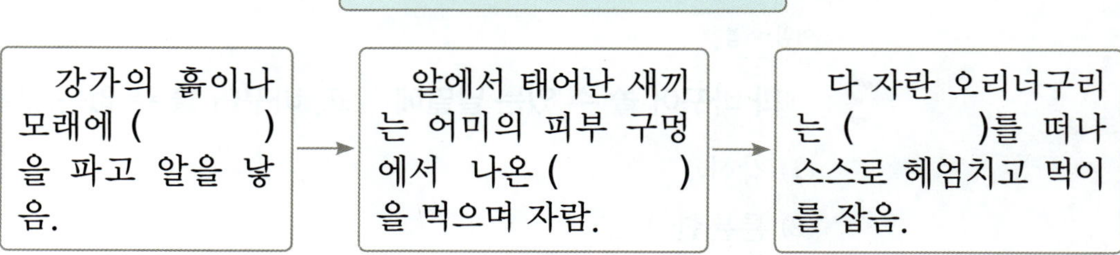

어휘

적용

7 다음 문장에 들어갈 알맞은 낱말에 ◯표 하세요.

⑴ 새끼를 낳는 개는 (조류, 포유류)이다.
⑵ 이 음료수는 (독특한, 영특한) 맛이 난다.
⑶ 서랍 속을 (더듬어, 더하여) 열쇠를 찾았다.
⑷ 오리는 발에 (물갈이, 물갈퀴)가 있어서 헤엄을 잘 친다.
⑸ 곧 (강조한, 강력한) 태풍이 온다는 소식이 있어서 조심해야 한다.

동물의 한살이

동물이 태어나서 죽기까지의 과정을 '동물의 한살이'라고 해요. 동물은 **알을 낳는 동물**과 **새끼를 낳는 동물**로 나뉘어요. 동물의 한살이의 모습이 어떻게 다른지 알아보아요.

알을 낳는 동물인 개구리는 물속에 알을 낳아요. 투명한 알에서 올챙이가 나오고, 뒷다리와 앞다리가 생긴 올챙이는 어린 개구리가 되어요. 그리고 다 자란 개구리는 물과 땅을 오가며 다시 알을 낳아요.

새끼를 낳는 동물인 개는 짝짓기를 하여 새끼를 낳아요. 갓 태어난 강아지는 눈도 못 뜨고, 귀도 막혀 있어요. 조금 자란 어린 강아지는 눈을 뜨고, 귀가 열려 소리도 들을 수 있어요. 큰 강아지가 되면 이빨이 나서 먹이를 씹어 먹고, 다 자란 개는 짝짓기를 하여 다시 새끼를 낳아요.

핵심 용어 다음 빈칸에 들어갈 알맞은 용어를 쓰세요.

(1) ☐☐ ☐☐

동물

- 뜻: 알에서 깨어 나와 자라는 동물.

(2) ☐☐☐ ☐☐ **동물**

- 뜻: 어미의 몸 안에서 어느 정도 자라서 태어난 동물을 통틀어 이르는 말.

- 개구리의 한살이

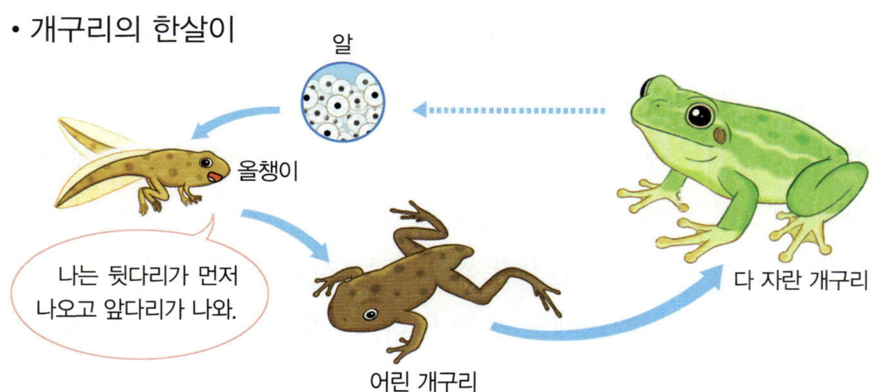

- 개의 한살이

씨가 싹 트는 데 필요한 조건

㉠ 속의 온도계

지문 분석

글자 수 853
800 900 1000

1 식물의 씨앗은 적당한 온도와 충분한 물이 있어야 싹을 **튼다**. 온도가 너무 낮거나 높으면 씨앗은 싹을 트지 않는다. 그래서 추운 겨울에는 싹이 트기 어렵지만 봄에는 싹이 잘 트는 것을 볼 수 있다. 그렇다면 씨앗은 어떻게 싹을 트기 좋은 온도를 아는 것일까?

2 그 비밀은 씨앗 안에 있는 '피토크롬 B'라는 물질에 있다. 이 물질은 씨앗의 배젖이라는 곳에 있다. 배젖은 씨앗에 영양분을 공급하는 부분으로, 이곳에서 주변의 온도를 **감지한다**. 피토크롬 B는 온도 변화에 매우 **민감하게 반응하여** 주변 온도가 1~2도만 올라가도 알아차린다. 온도가 낮아지거나 지나치게 많이 올라가면 피토크롬 B는 온도를 감지하고 씨앗이 성장하는 것을 막는다.

3 과학자들은 **온전한** 씨앗과 배젖을 **제거한** 씨앗으로 실험을 하여 피토크롬 B의 역할을 눈으로 확인했다. 두 개의 씨앗을 높은 온도에 두었더니 온전한 씨앗은 싹을 트지 않았지만, 배젖을 없앤 씨앗은 온도를 감지하지 못하고 싹을 텄다. 하지만 얼마 안 돼서 높은 온도를 견디지 못하고 죽어버렸다. 이 실험으로 씨앗 속에 있는 피토크롬 B가 온도계 역할을 하면서 씨앗이 싹을 틀 수 있는 온도를 알아차리는 것을 알았다. 그리고 가장 적당한 온도에서 건강한 싹을 트는 것을 알게 되었다.

4 피토크롬 B는 식물의 뿌리에도 들어 있다. 그래서 식물의 잎이 흡수한 햇빛이 뿌리로 전달되면, 뿌리에 있는 피토크롬 B가 이 빛을 인식해 단백질을 활성화시켜 뿌리는 물론 잎과 줄기의 성장에도 영향을 준다고 밝혀졌다. 과학자들은 이러한 피토크롬 B를 이용해 어떠한 환경에서도 잘 자라는 식물을 개발하고 있다. 앞으로 피토크롬 B의 연구는 농업 **발전**에 크게 기여할 것으로 기대된다.

- **튼다** 식물의 싹, 순 등이 나오거나 벌어진다.
- **감지**(感 느낄 감, 知 알 지)**한다** 느끼어 안다.
- **민감하게** 자극에 빠르게 반응을 보이거나 쉽게 영향을 받는 데가 있게.
- **반응하여** 어떤 자극에 대하여 일정한 동작이나 태도를 보여.
- **온전한** 본래의 모습이 그대로 고스란히 있는.
- **제거한** 없애 버린.
- **발전** 더 좋은 상태나 더 높은 단계로 나아감.

제목

1 **이 글의 제목으로 어울리도록 ㉠에 들어갈 알맞은 말은 무엇인가요? (   )**

① 땅 ② 물 ③ 잎
④ 햇빛 ⑤ 씨앗

내용 이해

2 **이 글을 통해 알 수 있는 내용을 모두 찾아 ○표 하세요.**

(1) 봄에 잘 자라는 식물의 종류 (   )
(2) 씨앗이 싹을 트기 위한 조건 (   )
(3) 씨앗이 온도를 감지하는 방법 (   )
(4) 피토크롬 B라는 물질을 처음 발견한 사람 (   )

내용 이해

3 **이 글의 내용으로 알맞은 것은 무엇인가요? (   )**

① 배젖은 식물의 줄기에 있다.
② 씨앗이 싹 트려면 햇빛이 반드시 필요하다.
③ 배젖에 있는 물질이 씨앗 주변의 온도를 감지한다.
④ 씨앗은 온도가 낮아지면 싹을 트는 속도가 빨라진다.
⑤ 피토크롬 B는 식물이 뜨거운 환경에서도 잘 자라게 한다.

추론

4 **이 글을 통해 답을 알 수 있는 질문이 <u>아닌</u> 것은 무엇인가요? (   )**

① 배젖은 무엇인가요?
② 피토크롬 B의 역할은 무엇인가요?
③ 씨앗이 싹을 트는 온도는 몇 도인가요?
④ 씨앗에서 배젖을 없애면 어떤 변화가 일어나나요?
⑤ 과학자들은 피토크롬 B를 통해 어떤 연구를 하고 있나요?

구조 분석

5 각 문단의 중심 내용으로 알맞은 것에 ○표, 틀린 것에 ×표를 하세요.

1문단	씨앗은 적당한 온도와 충분한 물이 있어야 싹을 튼다.	( )
2문단	식물의 잎에 있는 물질이 온도를 감지한다.	( )
3문단	온전한 씨앗과 배젖을 제거한 씨앗으로 실험을 하면 피토크롬 B의 역할을 확인할 수 있다.	( )
4문단	과학자들은 피토크롬 B에 대한 연구를 멈추었다.	( )

6 빈칸에 들어갈 알맞은 말을 이 글에서 찾아 쓰세요.

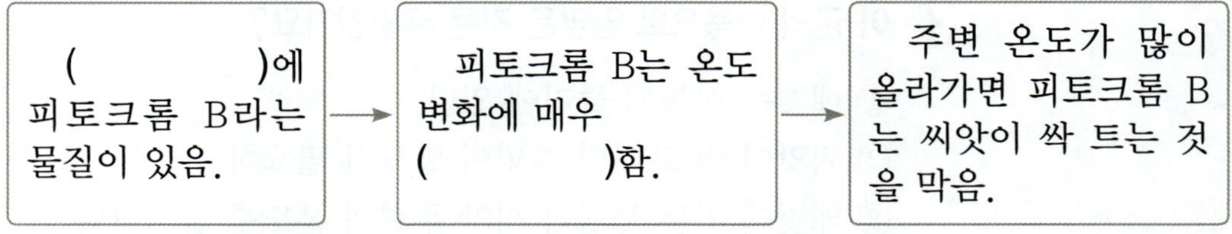

( )에 피토크롬 B라는 물질이 있음.	→ 피토크롬 B는 온도 변화에 매우 ( )함.	→ 주변 온도가 많이 올라가면 피토크롬 B는 씨앗이 싹 트는 것을 막음.

어휘

7 다음 문장의 빈칸에 들어갈 알맞은 낱말을 **보기** 에서 찾아 쓰세요.

보기

감지　　발전　　트고　　반응　　민감

⑴ 호준이는 민준이의 말에 신경질적으로 (　　　)했다.
⑵ 현수는 후각이 발달해서 향에 (　　　)하게 반응한다.
⑶ 마당에 며칠 전에 심은 씨앗들이 싹을 (　　　) 있었다.
⑷ 지수는 항상 (　　　)을/를 하기 위해서 책을 읽고 지식을 쌓는다.
⑸ 이 보일러는 온도 변화를 (　　　)하여 온도를 일정하게 유지한다.

씨가 싹 트는 데 필요한 조건

정답과 해설 **11** 쪽

　　씨앗에서 싹이 트는 것을 '발아'라고 해요. 봄에 텃밭에 씨앗을 심으면 며칠 뒤에 싹이 트지만, 겨울에는 싹이 트기 어려워요. 온도가 낮으면 씨앗에서 싹이 트기 어렵기 때문이에요. 이를 통해 씨가 싹 트려면 적당한 온도가 유지되어야 한다는 것을 알 수 있어요.

　　또한 씨앗이 싹 트려면 **충분한 물**이 있어야 해요. 물이 없으면 씨앗이 싹을 트지 못하고 죽어버려요.

　　이렇게 씨앗이 싹 트는 **조건**은 실험으로 확인할 수 있어요. 물에 적신 **탈지면** 위에 올려진 강낭콩 두 개를 준비해요. 그리고 하나는 냉장고 안에 두고, 하나는 냉장고 밖의 상자 안에 두면 며칠이 지난 후 어떤 변화가 있을까요? 냉장고 안은 온도가 너무 낮아서 강낭콩에서 싹이 트지 않았지만, 상자 안에 있는 강낭콩은 온도가 적당해 싹이 튼 것을 확인할 수 있답니다.

핵심 용어 다음 빈칸에 들어갈 알맞은 용어를 쓰세요.

(1) ☐
- 뜻: 씨, 줄기, 뿌리 등에서 처음 돋아나는 어린잎이나 줄기.

(2) ☐☐
발(필 發) 아(싹 芽): 싹이 피다.
- 뜻: 씨앗에서 싹이 나옴.

〈실험 조건〉
- 같은 조건: 물
- 다른 조건: 온도

- **조건** 어떤 일이 이루어지려면 갖추어야 할 상태와 요소.
- **탈지면** 불순물을 제거하고 소독한 솜.

08

미래 먹거리 문제를 해결하는 스마트 팜

지문 분석

글자 수 850
800 900 1000

1 본격적인 **인공 지능** 시대를 맞아 '스마트 팜'이 많은 관심을 받고 있다. 식물이 싱싱하고 튼튼하게 자라려면 햇빛과 물, 그리고 적당한 온도가 필요하다. 이러한 조건들을 **원격** 및 자동으로 관리하는 농업이 바로 '스마트 팜'이다.

2 스마트 팜은 각종 센서로 농장의 온도, 습도, 빛의 양 등의 정보를 자동으로 측정하고 모아서 스마트폰으로 확인할 수 있게 알려 준다. 이 정보를 바탕으로 온도나 습도를 조절하는 등 언제 어디서나 농장을 편하게 관리할 수 있다. 또한 스마트 팜은 자동으로 농작물을 **재배할** 수 있다. 정해진 시간에 조명을 켜거나 끄고, 농작물에 필요한 만큼의 물을 자동으로 준다. 또 추운 겨울에도 바깥 온도와 상관없이 스마트 팜 안의 온도를 일정하게 **유지해** 준다.

3 이렇게 편리하고 똑똑한 스마트 팜으로 농사를 지으면 여러 가지 장점이 있다. 기후에 상관없이 농사를 지을 수 있어서 가뭄이나 홍수, 태풍 등의 피해를 막고 안전하게 농사를 지을 수 있다. (㉠) 농산물의 **생산량**이 증가하고, **안정적**으로 질 좋은 농산물을 재배할 수 있다. 또한 농약 없이 농사가 가능해서 **친환경** 농산물을 재배할 수 있으며, 일손이 부족한 농촌의 문제점까지 해결해 준다. 이러한 장점들 때문에 식품 회사들은 미래 **먹거리** 문제의 해결책으로 스마트 팜을 주목하고 있다.

4 한 식품 회사 담당자는 "최근 들어 다양한 식품 회사가 스마트 팜에 **투자하고** 있고, 스마트 팜 관련 교육에 대한 농민들의 관심도 **급증했다**."라고 설명했다. 또한 "땅이 아닌 물에서 농작물을 재배하는 수경재배라는 새로운 형태의 스마트 팜이 최근 주목받고 있다."며 "앞으로 스마트 팜에 대한 관심과 연구가 더욱 늘어날 것이다."라고 밝혔다.

- **인공 지능** 인간의 지능이 가지는 학습, 추리 등의 기능을 갖춘 컴퓨터 시스템.
- **원격** 멀리 떨어져 있음.
- **재배할** 식물을 심어 가꿀.
- **유지해** 어떤 상태나 상황 등을 그대로 이어 나가.
- **생산량**(生 날 생, 産 낳을 산, 量 헤아릴 양) 어떠한 것이 일정한 기간 동안 만들어지는 수량.
- **안정적**(安 편안할 안, 定 정할 정, 的 과녁 적) 바뀌어 달라지지 않고 일정한 상태를 유지하게 되는 것.
- **친환경** 자연환경을 손상시키지 않으며 그대로의 상태와 잘 어울리는 일.
- **먹거리** 사람이 먹는 여러 가지 음식.
- **투자하고** 이익을 얻기 위해 어떤 일이나 사업에 돈을 대거나 시간이나 정성을 쏟고.
- **급증했다** 짧은 기간 안에 갑자기 늘어났다.

내용 독해

1 글쓴이가 이 글을 쓴 까닭으로 알맞은 것에 ◯표 하세요.

(1) 스마트 팜의 단점을 설명하기 위해 ( )

(2) 스마트 팜에 대한 정보를 전달하기 위해 ( )

(3) 스마트 팜을 늘려야 한다고 주장하기 위해 ( )

(4) 스마트 팜을 방문한 느낌을 표현하기 위해 ( )

내용 이해

2 스마트 팜에 대한 설명으로 알맞지 <u>않은</u> 것은 무엇인가요? ( )

① 스마트 팜은 기후에 영향을 많이 받는다.

② 스마트 팜에 대한 관심이 최근 들어 늘어났다.

③ 스마트 팜은 친환경 농산둘을 재배할 수 있다.

④ 스마트 팜은 자동으로 농작물을 재배할 수 있게 한다.

⑤ 스마트 팜은 일손이 부족한 농촌의 문제점을 해결해 준다.

어휘·어법

3 ㉠에 들어갈 말로 가장 알맞은 것은 무엇인가요? ( )

① 하지만 ② 따라서 ③ 그러나

④ 반대로 ⑤ 왜냐하면

적용

4 다음 일기의 ㉮~㉰ 중에서 이 글의 내용과 알맞지 <u>않은</u> 것의 기호를 쓰세요.

> 오늘 부모님과 함께 스마트 팜에 체험 학습을 다녀왔다. ㉮스마트 팜 온실 안에 들어가니 자동으로 물을 주는 시스템이 보였다. ㉯이 곳에서는 습도가 자동으로 조절되기 때문에, 날씨에 상관없이 식물들이 잘 자랄 수 있다고 했다. ㉰하지만 추운 겨울에는 온실 온도가 낮아져서 식물이 자라기 어렵다고 한다.

( )

구조 분석

문단 요약

5 다음 빈칸에 들어갈 알맞은 말을 쓰며 이 글의 내용을 정리하세요.

문단	중심 내용
1	식물이 자라는 조건을 원격 및 자동으로 관리하는 (　　　　　　)
2	스마트 팜의 농작물 재배 방법
3	스마트 팜으로 농사를 지을 때의 (　　　　　)
4	스마트 팜에 대한 (　　　　　　)과 새로운 스마트 팜의 형태

핵심 내용

6 빈칸에 들어갈 알맞은 말을 이 글에서 찾아 쓰세요.

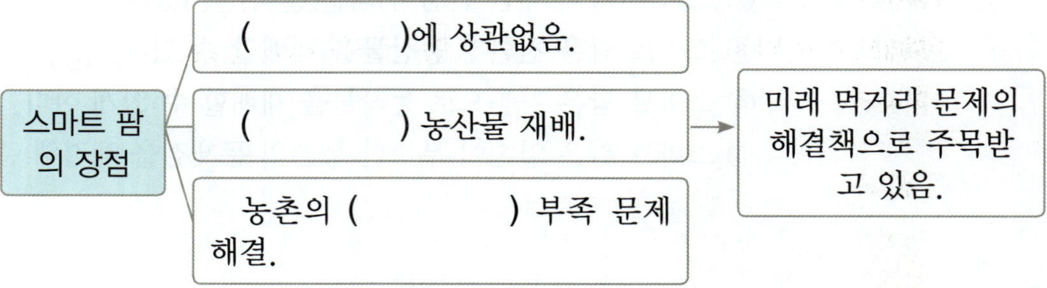

어휘

적용

7 다음 낱말이 들어갈 문장을 찾아 선으로 알맞게 이으세요.

(1) 재배　•

(2) 투자　•

(3) 유지　•

(4) 생산량　•

(5) 안정적　•

㉮ 농부는 깻잎을 정성스럽게 (　　　　) 했다.

㉯ 스마트 팜 덕분에 딸기의 (　　　　) 이/가 크게 늘었다.

㉰ 그는 고운 피부를 (　　　　)하는 방법으로 잠을 꼽았다.

㉱ 심한 가뭄으로 인해 배추의 (　　　　) 인 생산이 어려워졌다.

㉲ 이모는 자신을 위한 공부에 (　　　　) 을/를 아끼지 않으신다.

식물이 자라는 데 필요한 조건

식물이 자라려면 물이 꼭 필요해요. 물을 충분히 준 식물은 잎과 줄기가 싱싱하지만, 그렇지 않은 식물은 힘이 없고 시들어 버려요.

또 식물이 잘 자라려면 적당한 **온도**가 유지되어야 해요. 온도가 너무 낮거나 높으면 식물이 살기 어려운 환경이 되어요.

마지막으로 식물에게는 **햇빛**이 필요해요. 대부분의 식물은 햇빛을 많이 받아야 **줄기**가 굵고 튼튼해져요.

물, 적당한 온도, 햇빛 이 세 가지 조건이 모두 **충족되어야** 식물이 건강하게 잘 자랄 수 있답니다.

핵심 용어 다음 빈칸에 들어갈 알맞은 용어를 쓰세요.

(1) ☐☐

온(따뜻할 溫) 도(법도 度): 따뜻한 정도.
• 뜻: 따뜻하고 차가운 정도. 또는 그것을 나타내는 수치.

(2) ☐☐

• 뜻: 해의 빛.

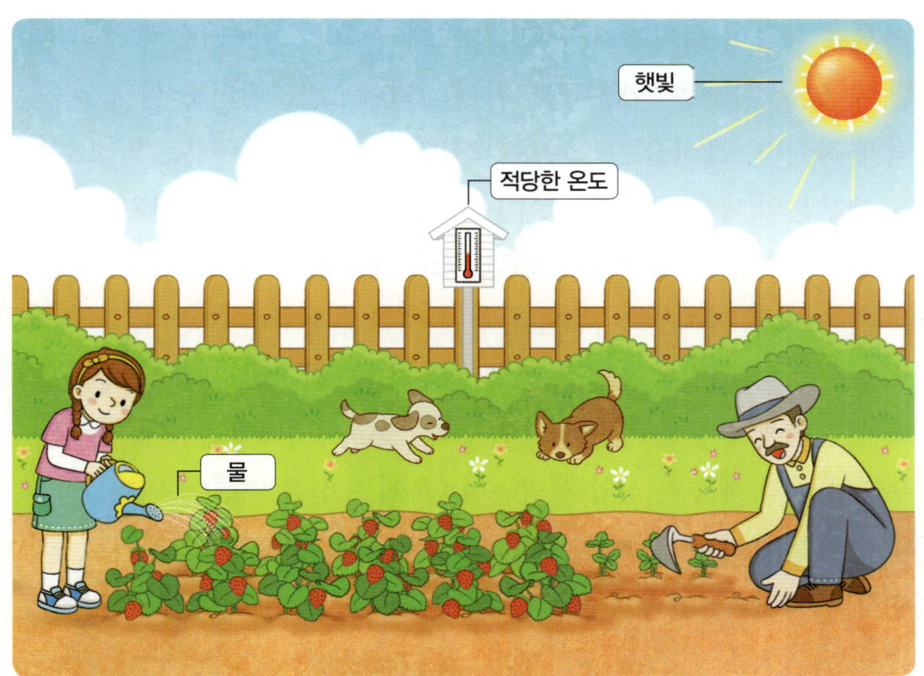

식물이 자라는 데 필요한 조건

● **줄기** 식물을 받치고 뿌리에서 빨아들인 수분이나 양분을 나르며, 잎이나 가지, 열매 등이 붙는 부분.
● **충족되어야** 일정한 분량이 채워져 모자람이 없게 되어야.

09

가장 오래 사는 나무

1 식물의 한살이는 싹이 트고 자라서 꽃이 피고 열매를 맺어 다시 씨를 뿌리는 과정을 말한다. 식물 중에는 1년 동안 한살이를 하고 죽는 식물이 있고, 싹이 튼 이후 여러 해 동안 자라면서 꽃이 피고 열매를 맺으며 씨를 뿌리는 과정을 계속 반복하는 식물이 있다. 이렇게 여러 해 동안 한살이를 반복하는 식물을 여러해살이 식물이라고 한다. 여러해살이 식물 중 한살이 과정이 매우 느린 나무가 있는데, 바로 브리슬콘 소나무이다.

2 브리슬콘 소나무는 미국의 캘리포니아에 위치한 화이트 산에서 자란다. 브리슬콘 소나무는 세계에서 가장 오래된 나무로 알려져 있으며, 가장 나이가 많은 나무는 무려 4,800살이 넘는다.

3 브리슬콘 소나무가 자라는 화이트 산은 매우 춥고 비가 오지 않아 **건조한 기후**로 식물이 살아가기 어렵다. 그래서 1년 중 브리슬콘 소나무가 자랄 수 있는 기간은 3개월 정도여서, 1년에 1밀리미터도 되지 않을 만큼 적게 자란다. 브리슬콘 소나무가 최대 자랄 수 있는 키는 약 18미터이다. 대부분의 나무는 매년 잎이 나고 떨어지는 것을 반복하지만, 브리슬콘 소나무의 잎은 20년에서 40년 정도 가지에 달려 있으면서 양분을 만든다. 이처럼 이 나무는 주변 환경에 맞춰서 천천히 자란다.

4 브리슬콘 소나무의 뿌리는 두껍고 튼튼하며, 천천히 자라기 때문에 기둥 또한 단단해져 강한 바람에도 **견딜** 수 있다. 또 나무껍질에서는 끈끈한 **수액**이 나와 **해충**의 **침입**을 막는다. 화이트 산은 여름에 비가 거의 오지 않기 때문에, 눈이 천천히 녹는 산의 북쪽 **기슭**에서 긴 뿌리로 물을 흡수하며 자란다. 이렇게 브리슬콘 소나무는 환경에 적응하며 살아간다.

5 브리슬콘 소나무는 죽은 후에도 수백 년을 서 있어서 그 뿌리가 **산사태**를 막아 준다. 또 이 나무의 나이테를 조사하면 수천 년간의 지구의 기후 변화를 알 수 있다. 이처럼 강한 **생명력**을 가진 브리슬콘 소나무는 우리에게 소중한 자연유산이다.

- **건조한** 말라서 물기나 습기가 없는.
- **기후** 기온, 비, 눈, 바람 등의 기상 상태.
- **견딜** 사람이나 생물이 어려운 환경에서 죽지 않고 버티면서 살아 나가는 상태가 될.
- **수액** 땅속에서 나무의 줄기를 통하여 잎으로 올라가는 액.
- **해충**(害 해로울 해, 蟲 벌레 충) 인간의 생활에 해를 끼치는 벌레를 통틀어 이르는 말.
- **침입** 침범하여 들어가거나 들어옴.
- **기슭** 산 등에서 비탈진 곳의 아랫부분.
- **산사태** 폭우, 지진, 화산 등으로 산 중턱의 바윗돌이나 흙이 갑자기 무너져 내리는 현상.
- **생명력**(生 날 생, 命 목숨 명, 力 힘 력) 생물이 살아가는 힘.

**내용
독해**

설명 대상

1 이 글에서 설명하는 것은 무엇인지 일곱 글자로 쓰세요.

( )

내용 이해

2 브리슬콘 소나무에 대한 설명으로 알맞은 것은 무엇인가요? ( )

① 브리슬콘 소나무의 뿌리는 빨리 자란다.
② 브리슬콘 소나무는 해충의 침입에 약하다.
③ 브리슬콘 소나무는 1년에 1미터 이상 자란다.
④ 브리슬콘 소나무는 따뜻한 기후에서만 자랄 수 있다.
⑤ 브리슬콘 소나무는 천천히 자라기 때문에 기둥이 단단하다.

내용 이해

3 이 글을 통해 알 수 있는 내용이 <u>아닌</u> 것은 무엇인가요? ( )

① 브리슬콘 소나무가 사는 곳
② 가장 오래된 브리슬콘 소나무의 나이
③ 브리슬콘 소나무가 자라기 좋은 온도
④ 브리슬콘 소나무가 환경에 적응하여 나타나는 특징
⑤ 브리슬콘 소나무가 강한 바람에도 견딜 수 있는 까닭

추론

4 브리슬콘 소나무가 소중한 자연유산인 까닭을 바르게 짐작한 것을 모두 고르세요.

( )

① 죽은 후에도 뿌리가 산사태를 막아 주어서
② 주변에 사는 식물의 종류를 분석할 수 있어서
③ 다양한 생물들이 살아갈 수 있는 환경을 만들어서
④ 빠르게 자라기 때문에 성장 과정을 연구할 수 있어서
⑤ 나이테를 통해 수천 년 동안의 기후 변화를 연구할 수 있어서

구조
분석

문단 요약

5 다음 빈칸에 들어갈 알맞은 말을 쓰며 이 글의 내용을 정리하세요.

문단	중심 내용
1	(　　　　　　　　) 과정이 매우 느린 브리슬콘 소나무
2	세계에서 가장 오래된 (　　　　　　) 소나무
3	주변 환경에 맞춰 (　　　　　　) 자라는 브리슬콘 소나무
4	(　　　　　　)에 적응하며 살아가는 브리슬콘 소나무
5	소중한 (　　　　　　)인 브리슬콘 소나무

핵심 내용

6 빈칸에 들어갈 알맞은 말을 이 글에서 찾아 쓰세요.

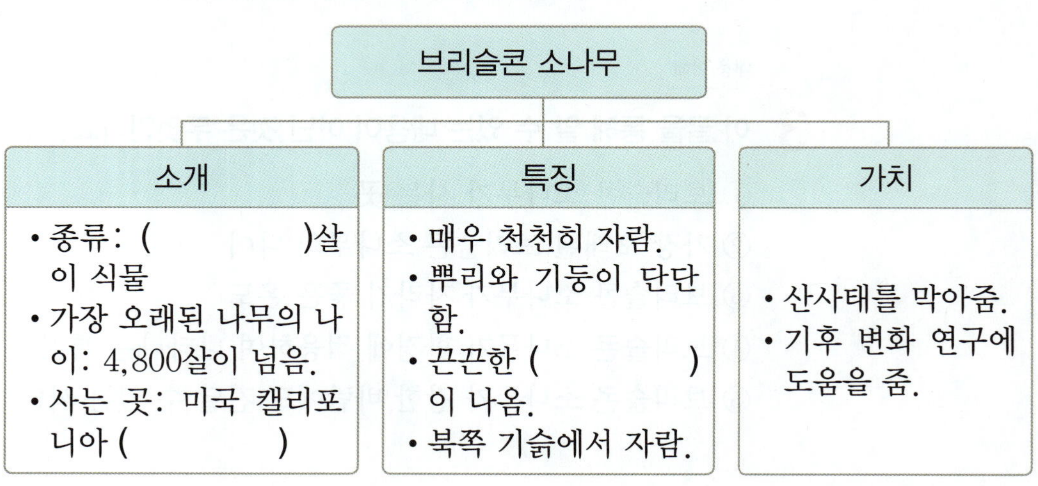

어휘

적용

7 다음 문장에 들어갈 알맞은 낱말에 ○표 하세요.

(1) 실내 공기가 (건장, 건조)해서 가습기를 켰다.
(2) 잡초는 (생명력, 이해력)이 질겨서 어디서든 잘 자란다.
(3) 컴퓨터가 바이러스의 (침묵, 침입)을 받아 고장이 났다.
(4) 이 식물은 추위를 잘 (견뎌서, 견주어서) 겨울에 키우기 쉽다.
(5) 농부는 농작물에 피해를 주는 (해초, 해충)을/를 막기 위해 농약을 뿌렸다.

식물의 한살이

식물은 한살이 기간에 따라 **한해살이 식물**과 **여러해살이 식물**로 구분합니다. 한해살이 식물은 봄에 싹이 터서 꽃을 피우고, 열매를 맺고 그 해에 죽어요. 한 해 안에 한살이를 마치는 것이에요. 한해살이 식물에는 봉숭아, 강낭콩, 옥수수, 벼 등이 있어요.

여러해살이 식물은 싹을 틔워서 열매를 맺는 한살이 과정이 여러 해 동안 일어나는 식물이에요. 여러해살이 식물에는 사과나무, 감나무, 진달래, 민들레 등이 있어요. 사과나무는 싹이 터서 몇 년간 자라다가 죽지 않고 겨울을 보낸 후, 다음 해에 새 잎이 나와요. 적당한 크기로 자라면 꽃이 피고 열매를 맺는 것을 반복해요.

핵심 용어 다음 빈칸에 들어갈 알맞은 용어를 쓰세요.

(1) ☐☐**살이 식물**

· 뜻: 한 해 동안 싹이 트고, 자라고, 꽃이 피고, 열매를 맺는 한살이를 거치고 죽는 식물.

(2) ☐☐☐**살이 식물**

· 뜻: 여러 해 동안 살면서 싹이 트고, 자라고, 꽃이 피고 열매를 맺는 한살이를 반복하는 식물.

· 한해살이 식물의 한살이 – 봉숭아

· 여러해살이 식물의 한살이 – 사과나무

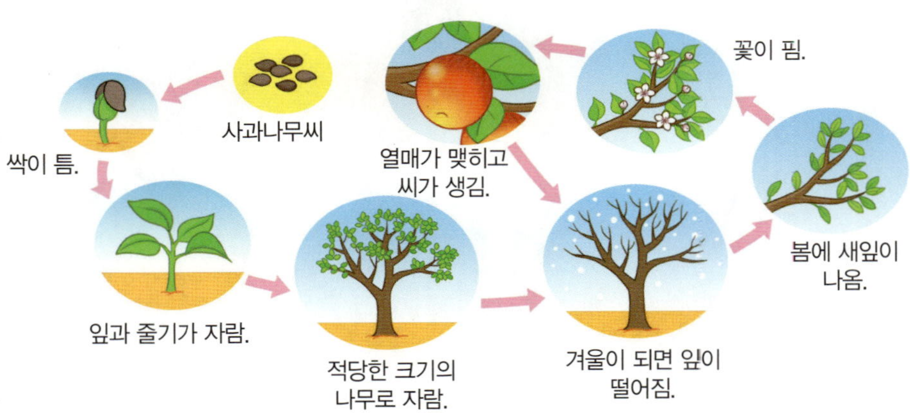

운동과 에너지

학습할 내용

힘과 중력

우주에서 일어나는 몸의 변화

1 지구에서는 모든 물체가 중력이라는 힘에 의해 지구의 중심 방향으로 끌려간다. 중력은 지구와 물체가 서로 끌어당기는 힘이다. 이러한 중력 때문에 공기가 지구에 머물러 우리가 숨을 쉴 수 있고, 땅에 서 있을 수 있다. 하지만 우주에는 중력이 거의 없어서 지구와 **환경**이 전혀 다르며, 물체는 둥둥 떠 있게 된다.

2 우주에 사람이 오래 머무르면 몸에 여러 가지 **변화**가 생긴다. 우주에서는 몸이 움직이는 일이 적게 발생하여 근육이 빠르게 약해진다. 그래서 최대 20퍼센트까지 근육량이 줄어들고 이로 인해 **뼈**가 물렁해진다. 또 귀에서 **균형 감각**을 맡는 부분이 제대로 작동하지 않아 속이 울렁거리며 멀미가 난다. 몸에 있는 물이 지구에서는 다리쪽으로 몰리지만 우주에서는 전신으로 퍼져 얼굴은 퉁퉁 붓게 되고 허리와 다리는 얇아지며, 소화도 제대로 되지 않는다.

3 과학자들은 우주에서 일어나는 사람의 몸의 변화를 확인하기 위해 사람의 근육을 **모방한** 특별한 근육 칩을 만들어 우주로 보냈다. 그리고 국제 우주 정거장에서 일주일 동안 실험을 진행했다. 그 결과 근육이 제대로 만들어지지 않고 약해지는 현상을 확인할 수 있었다. 그리고 우주 비행사들이 지구로 돌아온 후 몸의 변화를 관찰한 결과, 뼈가 약해져 작은 **충격**에도 쉽게 뼈가 부러지는 것을 알 수 있었다.

4 과학자들은 우주 비행사들이 우주에서 건강하게 생활할 수 있도록 이러한 몸의 변화를 막는 방법을 연구하고 있다. 우주 비행사의 움직임을 감지해서 건강 데이터를 **수집하고** 있으며, 뼈를 튼튼하게 하는 주사와 근육이 약해지는 것을 막아 주는 약을 개발했다. 현재도 과학자들은 우주 비행사들이 중력이 없는 우주에서 최대한 건강하게 생활할 수 있는 방법들을 연구하고 개발하고 있다.

- **환경** 생물이 살아가는 데 영향을 주는 자연 상태나 조건.
- **변화** 무엇의 모양이나 상태, 성질 등이 달라짐.
- **균형 감각** 눈으로 보지 않고도 운동이나 신체 균형을 느낄 수 있는 감각.
- **모방한** 다른 것을 본뜨거나 남의 행동을 흉내 낸.
- **충격** 물체에 급격하게 가해지는 힘.
- **수집하고** 취미나 연구를 위해 물건이나 자료 등을 찾아서 모으고.

중심 내용

1 이 글의 중심 내용으로 알맞은 것은 무엇인가요? (　　　)

① 우주에 중력이 없는 까닭
② 우주 여행의 장점과 단점
③ 지구에 중력이 없으면 생기는 일
④ 우주 비행사가 건강하게 우주 여행을 하는 방법
⑤ 중력이 거의 없는 우주에서 일어나는 몸의 변화

내용 이해

2 이 글의 내용과 일치하는 것은 무엇인가요? (　　　)

① 지구에서는 중력이 없기 때문에 물체가 떠다닌다.
② 과학자들이 우주에서 먹는 특별한 음식을 개발했다.
③ 우주에서는 중력이 없어서 사람이 땅에 서 있을 수 있다.
④ 우주에는 중력이 거의 없어서 근육이 빠르게 강해질 수 있다.
⑤ 과학자들이 근육 칩을 국제 우주 정거장에 일주일 동안 보냈다.

추론

3 이 글을 읽고 나눈 이야기 중 알맞지 <u>않은</u> 것은 무엇인가요? (　　　)

① 지수: 중력이 없는 환경에서는 근육 세포가 제대로 생기지 않는구나.
② 민수: 우주에서는 중력이 거의 없어서 몸에 큰 변화가 생길 수 있겠구나.
③ 유진: 근육 칩을 통해 우주에서 근육이 약해지는 모습을 관찰할 수 있었대.
④ 소연: 우주에서는 약물을 사용해도 근육이 약해지는 것을 막기는 어려울 거야.
⑤ 현우: 과학자들은 우주 환경에서의 건강 문제를 해결하려고 연구를 계속할 예정이래.

적용

4 빈칸에 공통으로 들어갈 알맞은 말을 글에서 찾아 쓰세요.

> 　　　　　은 지구와 물체가 서로 끌어당기는 힘이다. 이 힘 때문에 우리가 땅에 서 있을 수 있고, 물건들은 공중에 떠다니지 않고 바닥에 놓여 있게 된다. 또한 공을 던지면 공이 다시 땅으로 떨어지는데, 이러한 현상도 　　　　　 때문이다.

(　　　　　　　　　)

구조 분석

문단 요약

5 다음 빈칸에 들어갈 알맞은 말을 쓰며 이 글의 내용을 정리하세요.

문단	중심 내용
1	(　　　　　　)이 거의 없어 지구와 환경이 다른 우주
2	(　　　　　　)에 오래 머무르면 생기는 몸의 변화
3	우주에서 사람의 (　　　　　)의 변화를 알아보는 실험과 관찰
4	우주에서 일어나는 몸의 변화를 막기 위한 연구들

핵심 내용

6 빈칸에 들어갈 알맞은 말을 이 글에서 찾아 쓰세요.

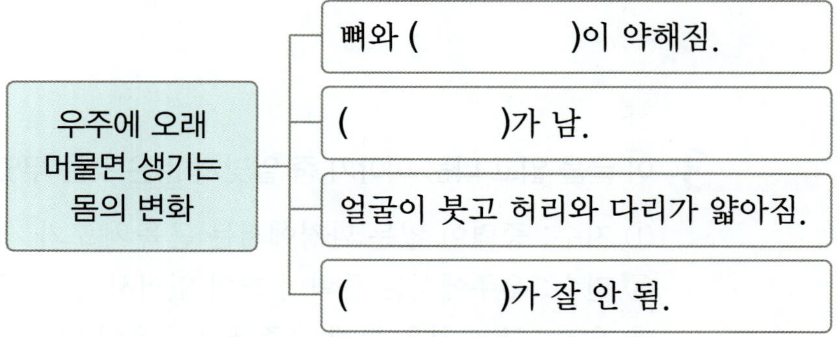

어휘

적용

7 다음 문장의 빈칸에 들어갈 알맞은 낱말을 보기 에서 찾아 쓰세요.

보기

변화　　모방　　환경　　충격　　수집

(1) 아이는 부모의 행동을 (　　　　　)한다.
(2) 지수는 숙제를 하려고 여러 정보를 (　　　　　)했다.
(3) 쓰레기를 많이 버리면 자연 (　　　　　)이/가 오염된다.
(4) 이 운동화는 달리기를 할 때 (　　　　　)을/를 흡수한다.
(5) 환절기에는 아침저녁으로 기온의 (　　　　　)이/가 심하다.

힘과 중력

힘은 어떤 물체를 밀고 당기거나, 또는 멈춰 있는 물체를 움직이게 하는 작용을 말해요. 예를 들어, 물건이 많이 들어서 무거운 상자를 힘껏 당기면 움직이는 데, 이때 상자를 움직이게 하는 작용이 바로 힘이에요. 힘은 눈에 보이지 않지만, 물체의 움직임을 통해 힘이 작용하고 있다는 것을 알 수 있어요.

중력은 지구와 물체가 서로 당기는 힘이에요. 예를 들어, 우리가 공을 위로 던지면 공이 다시 땅으로 떨어지는데, 이때 공을 땅으로 끌어당기는 것이 바로 중력이에요. 중력 때문에 우리는 땅에 발을 딛고 서 있을 수 있고, 물건이 공중에 떠다니지 않고 제자리에 있을 수 있어요.

핵심 용어 다음 빈칸에 들어갈 알맞은 용어를 쓰세요.

(1) ☐
- 뜻: 정지하고 있는 물체를 움직이게 하고, 또 움직이고 있는 물체의 속도를 변화시키거나 정지시키는 작용.

(2) ☐☐
중(무거울 **重**) **력**(힘 **力**): 지구가 무거운 물체를 끌어당기는 힘.
- 뜻: 지구가 지구 위의 물체를 끌어당기는 힘.

- 힘의 작용

- 중력의 작용

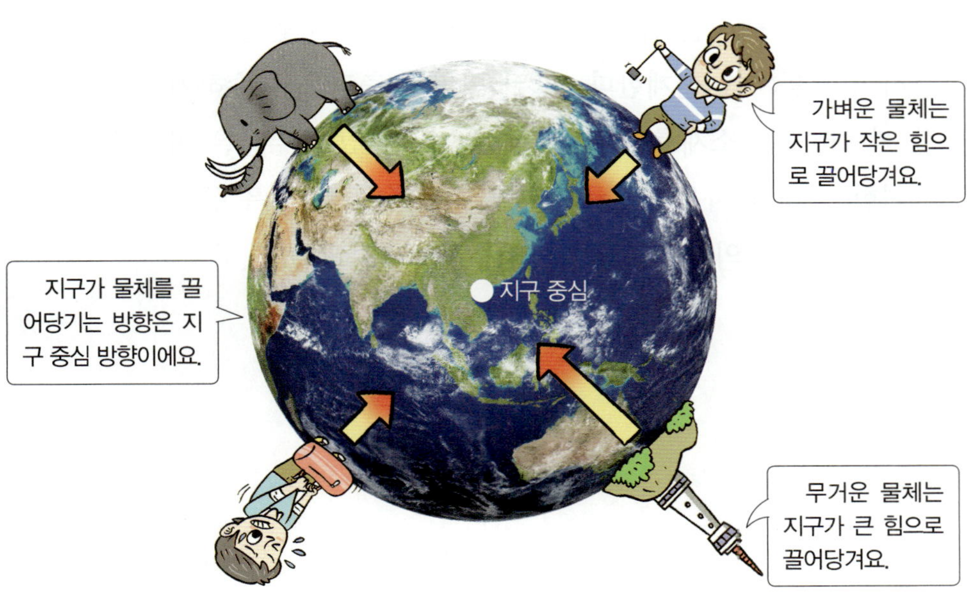

02

자동차 범퍼의 비밀

지문 분석

글자 수 856
800 900 1000

1 자동차끼리 **충돌** 사고가 나면 유독 앞뒤의 범퍼가 다른 부분에 비해 많이 찌그러진 것을 볼 수 있다. 자동차의 앞뒤를 보호하기 위한 장치인 범퍼는 **충격**에 잘 찌그러지도록 만들어졌기 때문이다. 이렇게 범퍼를 잘 찌그러지도록 만든 까닭은 무엇일까?

2 자동차 두 대가 충돌하면 서로 힘을 받아 **운동**의 크기와 방향이 변한다. 달리던 차가 다른 차와 충돌하면, 달리던 방향으로 작용하던 힘이 반대 방향으로 **작용한다**. 그래서 차가 멈추거나 차의 움직이는 방향이 바뀌는 것이다. 이때 차 안의 **탑승자**는 달리던 방향으로 움직이려고 하기 때문에 몸이 앞으로 기울어진다. 만약 안전띠가 없다면 사람은 차의 앞 유리에 부딪히거나 튕겨 나가게 된다.

3 또 자동차가 충돌하면 자동차의 모양도 변한다. 물체에 힘이 작용하면 물체의 모양이 바뀌기 때문이다. 자동차의 모양이 바뀌면 탑승자가 크게 다칠 수 있다. 그러나 충돌로 자동차에 가해진 힘이 자동차의 범퍼를 찌그러뜨리는 데 작용하게 되면 자동차의 모양이 변하는 것을 막을 수 있다. 그래서 자동차 범퍼를 잘 찌그러지게 만드는 것이다. 즉, 범퍼가 충격을 **흡수하여** 찌그러지면 차 안에는 큰 충격이 전달되지 않는 것이다. 그래서 탑승자를 보호할 수 있는 것이다. 만일 범퍼가 강한 소재로 만들어진다면 충격을 흡수하지 못해, 충격이 그대로 차로 전달된다.

4 자동차 회사들은 충격을 흡수하는 범퍼와 충격을 덜 받는 나머지 부분을 구분하여 자동차를 **설계한다**. 앞뒤 범퍼는 충격을 흡수하기 위해 비교적 잘 찌그러지는 **소재**를 사용하고, 탑승자가 있는 부분은 아주 튼튼하고 강력한 소재를 사용한다. 또 여러 번의 충돌 **시험**을 통해 충돌 사고가 났을 때 탑승자의 충격을 줄이기 위해 노력하고 있다.

5

10

15

20

- **충돌** 서로 세게 맞부딪치거나 맞섬.
- **충격** 물체에 급격히 가하여지는 힘.
- **운동**(運 운전할 운, 動 움직일 동) 물체가 시간이 지나면서 위치를 바꾸는 일.
- **작용한다** 어떠한 현상이나 행동을 일으키거나 영향을 준다.
- **탑승자** 비행기나 배, 차 등에 타고 있는 사람.
- **흡수하여** 안이나 속으로 빨아들이여.
- **설계한다** 건축, 토목, 기계 등에 관한 계획을 세우거나 그 계획을 그림 등으로 나타낸다.
- **소재** 어떤 것을 만드는 데 바탕이 되는 재료.
- **시험** 어떤 방법을 실제로 시행하기 전에 실제로 해 보고 그 결과를 알아보는 일.

내용 독해

글의 특징

1 이 글의 특징으로 알맞은 것은 무엇인가요? (   )

① 자동차 사고를 본 경험과 느낌을 쓴 글이다.
② 자동차를 만드는 공장을 방문하고 느낀 점을 쓴 글이다.
③ 자동차와 관련된 인물들의 대화로 이야기를 풀어나가는 글이다.
④ 자동차가 충돌할 때 충격을 줄여 주는 범퍼의 역할을 설명한 글이다.
⑤ 자동차 안전을 위해 새로운 기술을 만들어야 한다고 주장하는 글이다.

내용 이해

2 이 글을 통해 알 수 있는 내용을 모두 찾아 ○표 하세요.

(1) 자동차 사고를 막는 방법   (   )
(2) 자동차 범퍼를 만드는 과정   (   )
(3) 자동차가 충돌하면 탑승자가 움직이는 방향   (   )
(4) 자동차 범퍼가 잘 찌그러지도록 만들어진 까닭   (   )

내용 이해

3 이 글의 내용과 일치하는 것은 무엇인가요? (   )

① 안전띠는 자동차 앞뒤를 보호한다.
② 물체에 힘이 작용하면 물체의 모양이 바뀐다.
③ 충돌 사고가 나면 차 안쪽 공간이 가장 큰 충격을 받는다.
④ 자동차 범퍼는 어떤 충격에도 절대 모양이 변하지 않는다.
⑤ 자동차 회사는 자동차를 설계할 때 한 가지 소재를 사용한다.

적용

4 다음 빈칸에 들어갈 알맞은 낱말을 이 글에서 찾아서 쓰세요.

> [   ]는 자동차의 앞뒤에 위치한 부분으로, 충돌 시 충격을 흡수해 탑승자를 보호하는 역할을 한다. 자동차가 충돌하는 순간 이 부분이 찌그러지면서 충격이 자동차 안쪽 공간으로 전달되는 것을 줄여 준다.

(   )

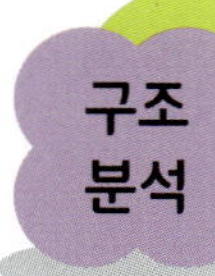

문단 요약

5 다음 빈칸에 들어갈 알맞은 말을 쓰며 이 글의 내용을 정리하세요.

문단	중심 내용
1	잘 찌그러지게 만들어진 자동차의 (　　　　)
2	자동차가 충돌할 때 운동의 크기와 (　　　　) 변화
3	자동차가 충돌할 때 충격을 (　　　　)하는 자동차 범퍼
4	부분에 따라 (　　　　)를 다르게 설계하는 자동차 회사

핵심 내용

6 빈칸에 들어갈 알맞은 말을 이 글에서 찾아 쓰세요.

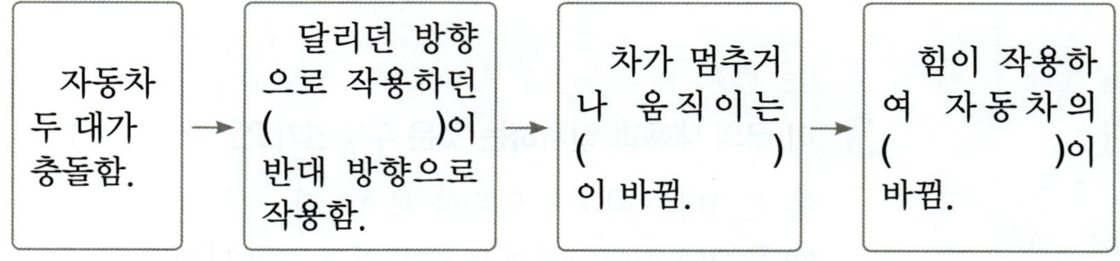

적용

7 다음 문장에 들어갈 알맞은 낱말에 ◯표 하세요.

(1) 이 옷은 비에 젖지 않는 (소재, 존재)로 만들어졌다.
(2) 이 물건은 강한 (충격, 충동)을 받으면 쉽게 부서진다.
(3) 습기를 (흡사, 흡수)하는 약을 옷장 안에 넣어 두었다.
(4) 건축가는 건물의 구조를 (설계, 설명)하여 건물을 짓는다.
(5) 트럭과 자동차가 교차로에서 (충고, 충돌)하는 사고가 발생했다.

힘의 작용

정답과 해설 **15** 쪽

　　물체를 밀거나 당길 때 사용하는 힘의 크기는 물체의 움직임과 모양에 큰 영향을 줘요. 힘의 크기가 크면 물체가 더 빨리 움직이거나 멀리 나아갈 수 있어요. 예를 들어, 축구공을 살짝 차면 공이 천천히 굴러가지만, 세게 차면 공이 빠르게 멀리 나아가요.

　　힘은 물체의 **방향**을 바꿀 수도 있어요. 예를 들어, 공이 한쪽으로 굴러가고 있을 때 다른 방향으로 밀어 주면 공의 움직이는 방향이 바뀌게 되어요.

　　또한 힘은 물체의 **모양**도 변화시킬 수 있어요. 예를 들어, 찰흙을 손으로 누르면 찰흙의 모양이 변해요. 힘이 약하면 찰흙의 모양이 조금만 변하고, 힘이 세면 찰흙의 모양이 많이 변해서 더 납작해져요.

핵심 용어 다음 빈칸에 들어갈 알맞은 용어를 쓰세요.

(1) ☐☐

방(방위 方) **향**(향할 向): 향하는 곳.
• 뜻: 어떤 곳을 향한 쪽.

(2) ☐☐

모(본뜰 模) **양**(모양 樣): 본뜬 모양.
• 뜻: 겉으로 나타나는 생김새나 모습.

• 힘의 작용: 물체의 방향 변화

움직이는 방향이 바뀌는 축구공

• 힘의 작용: 물체의 모양 변화

약한 힘으로 찰흙을 누를 때

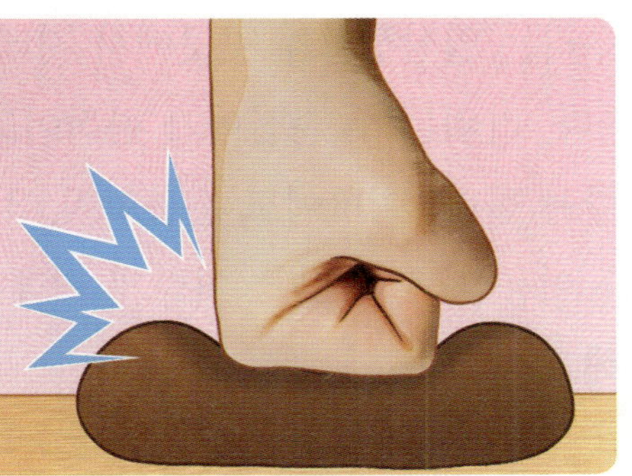

센 힘으로 찰흙을 누를 때

지문 분석

글자 수 **895**
800 900 1000

도구를 이용할 때 드는 힘의 크기

㉠ 의 원리

1 병뚜껑을 따는 데 쓰는 병따개에는 지레의 원리가 숨어 있다. 지레는 막대의 한 점을 받치고, 그 받침점을 중심으로 물체를 움직이는 장치이다. 병따개의 한 부분을 병뚜껑에 받치고 병따개 손잡이를 위로 올리면 병뚜껑이 열린다. 이처럼 지레의 원리를 활용하면 작은 힘으로 큰 힘을 낼 수 있다.

2 지레에는 세 가지 **요소**가 있다. 첫 번째, 받침점은 지레를 받쳐 주는 부분으로 고정되어 있다. 두 번째, 힘점은 사용자가 힘을 **가하는** 부분이다. 세 번째, 작용점은 물체에 힘이 작용하는 부분이다. 예를 들어 병따개는 병의 끝에 고정되는 부분이 받침점, 병뚜껑이 열리는 부분이 작용점, 손잡이 끝이 힘점이 된다. 이 세 가지 요소가 알맞게 작용하면 작은 힘으로도 큰 힘을 낼 수 있다.

3 지레의 원리는 **고대** 그리스의 과학자인 아르키메데스가 처음 발견했다. 지레의 힘점에 작용한 힘의 크기와 받침점에서 힘점까지의 거리를 곱한 값은, 작용점에 작용한 힘의 크기와 작용점과 받침점 사이의 거리를 곱한 값과 서로 같다는 것이다. 즉, 받침점에서 작용점까지의 거리가 짧을수록, 그리고 힘점과 받침점 사이의 거리가 멀수록 적은 힘으로도 물체를 들어 올릴 수 있는 것이다. 아르키메데스는 긴 막대와 받침점만 있으면 지구도 들어 올릴 수 있다며 지레의 대단함을 강조했다.

4 지레는 아주 오래전부터 사용되었다. 고대 이집트에서는 지레를 이용해서 **거대한** 피라미드를 짓는 데 필요한 물체들을 **운반했다**. 오늘날에도 우리는 일상생활의 곳곳에서 지레의 원리를 이용한 다양한 도구를 사용한다. 가위는 두 손잡이가 힘점이고, 나사가 받침점, 가윗날이 작용점 역할을 한다. 이밖에도 손톱깎이, 시소, 펜치, 빨래집게 등이 지레의 원리를 이용한 것들이다. 이렇게 지레는 우리가 힘을 **효율적**으로 활용하게 해 준다.

5
10
15
20
25

- **요소** 무엇을 이루는 데 반드시 있어야 할 중요한 성분이나 조건.
- **가하는** 어떤 행위나 작용을 통해 영향을 주는.
- **고대**(古 옛 고, 代 대신할 대) 옛 시대.
- **거대한** 엄청나게 큰.
- **운반했다** 물건 등을 옮겨 날랐다.
- **효율적** 들인 노력이나 힘에 비해 얻는 결과가 큰 것.

**내용
독해**

제목

1 이 글의 제목에 어울리도록 ㉠에 들어갈 알맞은 낱말을 쓰세요.

(   )

내용 이해

2 이 글의 내용과 일치하지 <u>않는</u> 것은 무엇인가요? (   )

① 지레는 일상생활에서 곳곳에 사용된다.
② 병따개는 지레의 원리를 이용한 도구이다.
③ 아르키메데스는 지레를 최초로 사용하였다.
④ 지레의 요소에는 받침점, 힘점, 작용점이 있다.
⑤ 지레는 무거운 물체를 작은 힘으로 움직이게 한다.

추론

3 글을 통해 답을 알 수 있는 질문을 모두 찾아 ○표 하세요.

(1) 지레의 장점과 단점은 무엇인가요?   (   )
(2) 지레의 세 가지 요소는 무엇인가요?   (   )
(3) 병따개를 처음 개발한 사람은 누구인가요?   (   )
(4) 지레의 원리를 처음 발견한 사람은 누구인가요?   (   )
(5) 지레의 원리를 이용한 도구에는 어떤 것이 있나요?   (   )

적용

4 ㉮~㉰ 중에서 힘점에 해당하는 부분의 기호를 쓰세요.

(   )

구조 분석

문단 요약

5 각 문단의 중심 내용을 찾아 선으로 알맞게 이으세요.

1문단 •   • 병따개에 숨어 있는 지레의 원리

2문단 •   • 아르키메데스가 발견한 지레의 원리

3문단 •   • 지레의 세 가지 요소인 받침점, 힘점, 작용점

4문단 •   • 오늘날 일상생활에서 사용되는 지레의 원리를 이용한 도구들

핵심 내용

6 빈칸에 들어갈 알맞은 말을 이 글에서 찾아 쓰세요.

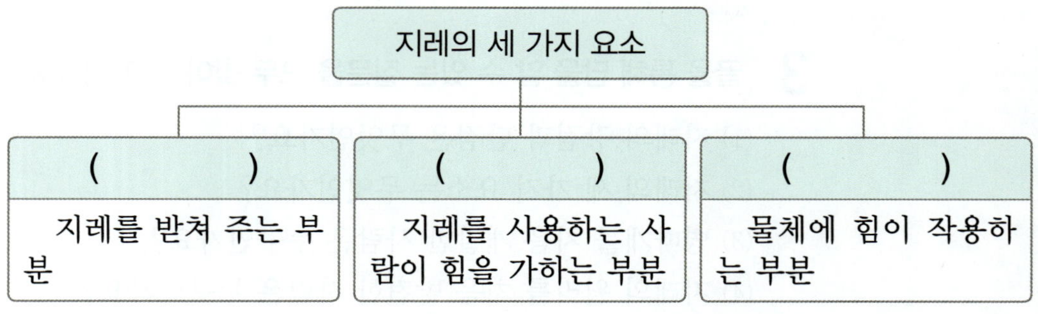

어휘

적용

7 다음 문장의 빈칸에 들어갈 알맞은 낱말을 보기 에서 찾아 쓰세요.

보기
거대   운반   요소   고대   효율적

(1) 교실을 청소하려고 책상을 (   )했다.
(2) (   ) 문명은 강 근처에서 시작되었다.
(3) 민정이는 (   )한 크기의 고인돌에 놀랐다.
(4) (   )으로 청소를 하기 위해 각자 할 일을 정했다.
(5) 생태계를 이루고 있는 (   )에는 여러 가지가 있다.

도구를 이용할 때 드는 힘의 크기

막대의 한 점을 받치고 물체를 움직이게 하는 도구를 지레라고 하고, **비스듬한** 면을 빗면이라고 해요. **지레**나 **빗면**과 같은 도구를 사용하면 물체를 직접 들어 올릴 때보다 작은 힘이 들어요. 예를 들어 병따개를 사용하면 작은 힘으로도 병을 딸 수 있고, **경사로**를 이용하면 무거운 물건을 좀 더 쉽게 옮길 수 있어요.

지레에는 다양한 종류가 있어요. 각자가 움직이는 방법은 다르지만, 모두 받침점, 힘점, 작용점이 있어요. 받침점은 지레를 받쳐 주는 부분이고, 힘점은 지레를 사용하는 사람이 힘을 가하는 부분이에요. 또 작용점은 힘이 물체에 작용하는 부분이에요.

- 받침점이 작용점과 힘점 사이에 위치한 지레 (예 가위)

- 작용점이 받침점과 힘점 사이에 위치한 지레 (예 병따개)

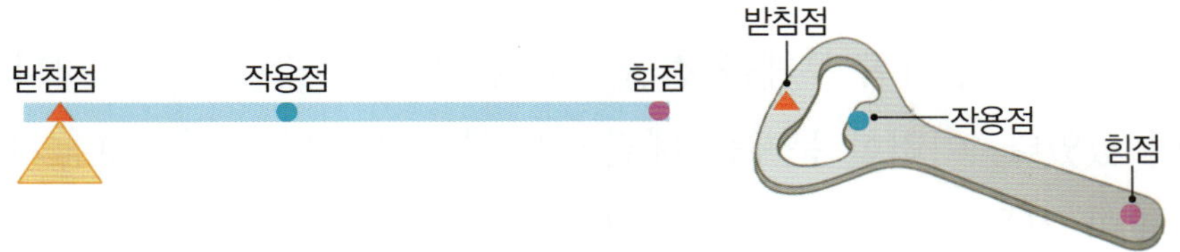

- 힘점이 받침점과 작용점 사이에 위치한 지레 (예 집게)

- **비스듬한** 수평이나 수직이 되지 아니하고 한쪽으로 기운 듯한.
- **경사로** 병원, 전시장, 차고 따위에서 주로 이용하는 경사진 통로.

다음 빈칸에 들어갈 알맞은 용어를 쓰세요.

(1) 

- 뜻: 무거운 물건을 움직이는 데 쓰는 막대기.

(2) 

- 뜻: 비스듬히 기운 면.

04

물체의 무게 비교하기

저울의 역사

지문 분석

글자 수 1002

800 900 1000

① **정의**와 **법**을 담당하는 로마의 여신 유스티티아를 상징하는 정의의 여신상은 눈을 가리고 왼손에는 양팔저울을, 오른손에는 칼을 들고 있는 모습을 하고 있다. 여기서 저울은 어느 쪽으로도 기울지 않은 **평등**을 나타낸다. 이 정의의 여신상이 들고 있는 양팔저울은 언제부터 사용하기 시작했을까?

② 양팔저울은 팔 모양의 긴 막대의 가운데에 받침대를 세우고, 양쪽 끝에 접시를 매달아서 만든다. 그리고 한쪽 접시에는 물건을, 다른 쪽에는 **추**를 올려 **수평**이 될 때의 추의 무게로 물건의 무게를 재는 저울이다. 6,000~7,000년 전의 이집트 무덤에서 저울과 비슷한 물건이 발견되었으며, 이집트 **벽화**에서 양팔저울과 비슷한 그림이 발견되어 이 시기부터 저울을 사용했던 것으로 보인다. 다른 지역에서도 4,000~5,000년 전에 사용한 저울의 일부분과 돌로 만든 추가 **발굴되기도** 했다. 당시 저울은 막대 가운데와 양쪽 끝에 구멍을 뚫고 끈을 매단 후 기둥과 같은 곳에 고정하여 사용하였다.

③ 3,500여 년 전의 이집트의 **유물**이나 기록을 보면 양팔저울의 추의 크기가 1그램보다 적은 것도 있어 무게가 적은 물건의 무게도 잴 수 있었던 것으로 보인다. 그러나 양팔저울은 재는 물건의 무게와 동일한 무게의 추가 필요하며, 양쪽 무게를 견딜 수 있는 튼튼한 막대가 필요하다는 단점이 있었다. 이러한 문제를 해결하기 위해 발명된 것이 '로마 저울'이다. 로마 저울은 막대에 눈금을 매긴 것으로, 하나의 추로 여러 물건의 무게를 잴 수 있다. 이 저울은 물건의 무게에 따라 추의 위치를 이동시켜서 막대의 균형을 이루는 곳의 눈금을 읽어 무게를 재는 방식이었다.

④ 우리나라에서도 약 3,000년 전부터 저울을 사용했다. 삼국시대에는 로마의 저울과 비슷한 저울인 '대저울'을 사용했다. 대저울은 크기에 따라 **약재**나 금, 은 등을 재는 저울과 곡물이나 야채를 재는 저울, 그리고 쌀가마나 돼지 등 가축을 재는 저울 등으로 나뉘었다. 오늘날에도 **전통**시장에서 대저울을 사용하고 있는 것을 볼 수 있다.

- **정의** 진리에 맞는 올바른 도리.

- **법** 모든 국민이 반드시 지켜야 하는, 나라에서 만든 명령이나 규칙.

- **평등**(平 평평할 평, 等 같을 등) 권리, 의무, 자격 등이 차별 없이 고르고 똑같음.

- **추** 저울대 한쪽에 걸거나 저울판에 올려놓는, 일정한 무게의 쇠.

- **수평**(水 물 수, 平 평평할 평) 기울지 않고 평평한 상태.

- **벽화** 건물이나 동굴, 무덤 등의 벽에 그린 그림.

- **발굴되기도** 땅속이나 큰 덩치의 흙, 돌 더미 따위에 묻혀 있는 것이 발견되어 파내지기도.

- **유물** 선대의 인류가 후대에 남긴 물건.

- **약재** 약을 짓는 데 쓰는 재료.

- **전통** 어떤 집단이나 공동체에서 지난 시대부터 전해 내려오면서 고유하게 만들어진 사상, 관습, 행동 등의 양식.

내용 독해

1 **이 글에 대한 설명으로 알맞은 것은 무엇인가요? (   )**

① 저울이 만들어진 과정과 그 가치를 분석하고 있다.
② 저울이 사회에 미친 긍정적인 영향을 소개하고 있다.
③ 이집트 저울의 역사를 시간 순서에 따라 설명하고 있다.
④ 양팔저울의 원리를 밝히고 저울의 역사를 설명하고 있다.
⑤ 저울의 문제점을 말하고 새로운 저울 개발을 주장하고 있다.

2 **이 글의 내용과 일치하지 않는 것은 무엇인가요? (   )**

① 로마 저울은 양팔저울의 단점을 해결하지 못했다.
② 우리나라에서는 약 3,000년 전 대저울을 사용했다.
③ 정의의 여신상은 로마의 여신 유스티티아를 상징한다.
④ 이집트 벽화에서 양팔저울과 비슷한 그림이 발견되었다.
⑤ 로마 저울은 물건의 무게에 따라 추의 위치를 이동시킨다.

3 **양팔저울에 대한 설명으로 알맞은 것은 무엇인가요? (   )**

① 양팔저울은 우리나라에서 처음 발견되었다.
② 양팔저울은 가벼운 물건만 무게를 잴 수 있다.
③ 양팔저울은 정의의 여신상이 왼손에 들고 있는 저울이다.
④ 양팔저울은 삼국시대에 주로 약재나 금, 은 등을 재는 데 사용되었다.
⑤ 양팔저울은 막대에 눈금을 매긴 저울로, 하나의 추로 여러 물건의 무게를 잴
　 수 있다.

4 **이 글에 대한 반응으로 알맞은 것에 ◯표 하세요.**

(1) 저울은 살아있는 동물의 무게를 잴 수는 없을 거야.　　　　　　　　　(   )
(2) 저울은 아주 오래전 양팔저울부터 시작되어 점점 발전해 왔어.　　　　(   )
(3) 오늘날에는 전자저울만 사용되어서 대저울과 같은 저울을 찾을 수 없어.
　　　　　　　　　　　　　　　　　　　　　　　　　　　　　　　　(   )

구조 분석

문단 요약

5 다음은 각 문단의 중심 내용을 정리한 것입니다. 문단의 순서대로 기호를 쓰세요.

> ㉮ 양팔저울의 단점과 로마 저울
> ㉯ 정의의 여신상이 들고 있는 양팔저울
> ㉰ 양팔저울의 원리와 과거 양팔저울의 모양
> ㉱ 과거부터 현재까지 우리나라에서 사용하는 대저울

(　　　　) → (　　　　) → (　　　　) → (　　　　)

핵심 내용

6 빈칸에 들어갈 알맞은 말을 이 글에서 찾아 쓰세요.

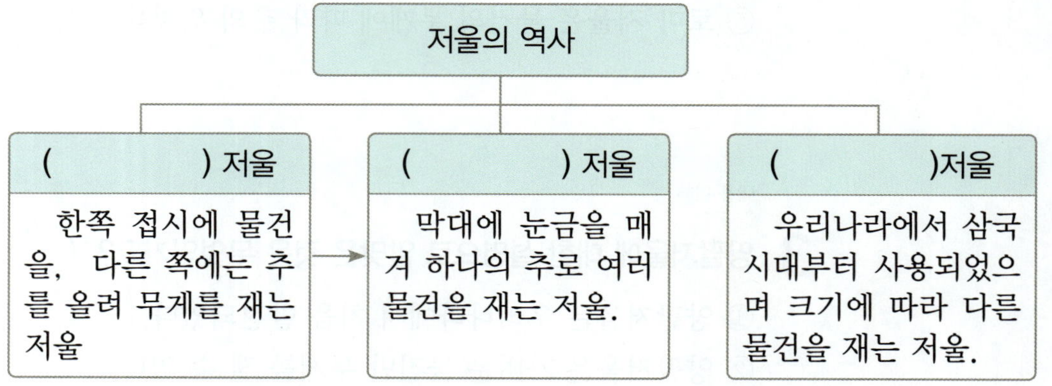

어휘

적용

7 다음 문장에 들어갈 알맞은 낱말에 ○표 하세요.

⑴ 박물관에서 삼국 시대 (유대, 유물)을/를 보고 왔다.

⑵ 그 지역에서는 공룡 화석이 많이 (발굴, 발명)되었다.

⑶ 그는 장애인이 차별 없이 (평등, 평행)해지도록 노력했다.

⑷ 원시인들이 동굴에 그린 (벽화, 대화)에는 주로 사냥감들이 있다.

⑸ 그는 항상 옳고 그름을 따져 (불의, 정의)를 실천하려고 노력한다.

물체의 무게 비교하기

양팔저울에 무게가 같은 물체를 올려놓으면 어느 한쪽으로 기울어지지 않고 균형을 이루어요. 이렇게 평평한 상태를 **수평**이라고 해요.

양팔저울로 두 물체의 무게를 **비교**하려면 받침점이 나무판자의 가운데에 정확히 위치해야 해요. 받침점으로부터 같은 거리에 올려놓을 때 물체의 무게가 같으면 나무판자는 수평이 되고, 무게가 다르면 무거운 물체 쪽으로 나무판자가 기울어져요. 물체의 무게가 다를 때 수평을 잡으려면, 무거운 물체를 가벼운 물체보다 받침점에 더 가까이 두어야 해요.

핵심 용어 다음 빈칸에 들어갈 알맞은 용어를 쓰세요.

(1) ☐☐

수(물 水) 평(평평할 平): 수면처럼 평평함.
- 뜻: 기울지 않고 평평한 상태.

(2) ☐☐

비(견줄 比) 교(견줄 較): 견주어 대어봄.
- 뜻: 함께 놓고 어떤 점이 같고 다른지 살펴봄.

• 무게가 같은 물체로 수평 잡기

• 무게가 다른 물체로 수평 잡기

여러 가지 종류의 저울

기계저울과 전자저울

1 **기계**저울과 **전자**저울은 무게를 재는 도구로, 추를 사용하지 않고 무게를 잴 수 있다는 공통점이 있다. 그러나 기계저울은 용수철이 늘어나거나 줄어들었다가 다시 원래대로 돌아가는 성질을 이용한 것이다. 우리가 실험실에서 자주 사용하는 용수철 저울이 기계저울이다. 저울에 눈금과 숫자가 적혀 있고, 바늘이 달려 있어서 바늘이 가리키는 눈금을 읽어 무게를 잰다. 전자저울은 무게를 전기 신호로 바꾼 후 표시창에 숫자로 무게를 나타낸다. 사람이 올라가면 숫자로 몸무게를 표시해 주는 체중계가 전자저울이다.

2 기계저울은 전기가 필요 없기 때문에 장소에 상관없이 어디에서나 편리하게 사용할 수 있다. 또 기계저울의 **구조**가 **단순하여** 저울을 만드는 **비용**이 적게 들기 때문에 가격이 **저렴하고**, 전자 **장치**를 이용하지 않기 때문에 쉽게 고장이 나지 않는다. 그러나 정확한 무게를 측정하기 어려우며, 바늘이 눈금과 눈금 사이를 가리킬 때 눈금을 읽는 방법에 따라 물건의 무게가 달라질 수 있다. 또 아주 가벼운 물체의 무게에는 바늘이 움직이지 않는다.

3 전자저울은 무게를 정확하게 측정해 주기 때문에 **정밀하게** 무게를 잴 수 있다. 전자저울은 무게의 단위를 바꿔서 무게를 잴 수도 있으며, 무게를 숫자로 표시해 주기 때문에 사용이 편리하다. 또 눈에 보이지 않을 정도로 작은 물체부터 거대한 대형 **화물**까지 무게를 잴 수 있다. 그러나 기계저울보다 만드는 비용이 많이 들어가서 가격이 비싸다. 또 기계저울에 비해 고장이 쉽게 날 수 있다.

4 전자저울에는 '분석 저울'과 '상업용 저울', '화물 무게 **단속** 저울' 등이 있다. 분석 저울은 정밀하게 무게를 재는 데 사용하는 저울로, 연구실에서 주로 사용한다. 상업용 저울은 주로 상품의 무게를 재는 저울로, 흔히 마트에서 볼 수 있다. 화물 무게 단속 저울은 도로 밑에 묻혀 있어서 화물차가 지나가면 자동으로 화물차의 무게를 재는 저울이다. 이 저울로 화물의 무게가 **기준**을 넘었는지 단속한다.

5

10

15

20

25

- **기계** 일정한 일을 하는 도구나 장치.
- **전자** 전기와 자기를 아울러 이르는 말.
- **구조** 부분이나 요소가 어떤 전체를 짜 이룸.
- **단순하여** 복잡하지 않고 간단하여.
- **비용** 어떤 일을 하는 데 드는 돈.
- **저렴하고** 물건 따위의 값이 싸고.
- **장치** 어떤 목적에 따라 기능하도록 기계, 도구 따위를 그 장소에 장착함. 또는 그 기계, 도구.
- **정밀하게** 아주 정교하고 치밀하여 빈틈이 없고 자세하게.
- **화물**(貨 재화 화, 物 만물 물) 운반할 수 있는 물건.
- **단속** 규칙이나 법령, 명령 따위를 지키도록 통제함.
- **기준** 기본이 되는 표준.

1 이 글에서 설명한 내용이 <u>아닌</u> 것은 무엇인가요? (　　　)

① 기계저울과 전자저울의 장점
② 기계저울과 전자저울의 단점
③ 기계저울과 전자저울의 역사
④ 기계저울과 전자저울의 공통점
⑤ 기계저울과 전자저울의 작동 원리

2 이 글의 내용과 일치하지 <u>않는</u> 것은 무엇인가요? (　　　)

① 기계저울은 전기가 필요 없다.
② 전자저울은 무게를 숫자로 표시해 준다.
③ 전자저울은 기계저울보다 고장이 적게 난다.
④ 실험실에서 사용하는 용수철 저울은 기계저울이다.
⑤ 기계저울은 매우 가벼운 물체의 무게를 재는 것이 어렵다.

3 이 글을 통해 답을 알 수 있는 질문이 <u>아닌</u> 것은 무엇인가요? (　　　)

① 전자저울은 누가 발명했나요?
② 전자저울의 작동 원리는 무엇인가요?
③ 전자저울의 종류에는 어떤 것이 있나요?
④ 상업용 저울은 주로 어디에서 사용하나요?
⑤ 기계저울의 가격이 저렴한 까닭은 무엇인가요?

4 전자저울이 사용되는 장소와 상황으로 알맞지 <u>않은</u> 것은 무엇인가요? (　　　)

① 병원 – 환자의 몸무게를 잴 때
② 우체국 – 소포의 무게를 재고 요금을 계산할 때
③ 놀이공원 – 놀이기구의 탑승 대기 시간을 잴 때
④ 주방 – 재료의 양을 정확하게 재서 요리를 할 때
⑤ 마트 – 과일이나 채소의 무게를 재고 가격을 계산할 때

구조 분석

문단 요약

5 다음 빈칸에 들어갈 알맞은 말을 쓰며 이 글의 내용을 정리하세요.

문단	중심 내용
1	기계저울과 전자저울의 (　　　　　　　)과 차이점
2	(　　　　　　　)의 장점과 단점
3	(　　　　　　　)의 장점과 단점
4	다양한 전자저울의 종류

핵심 내용

6 빈칸에 들어갈 알맞은 말을 이 글에서 찾아 쓰세요.

기계저울

- (　　　　)이 저렴함.
- 쉽게 (　　　　)이 나지 않음.
- 정확한 무게 측정이 어려움.

- (　　　　)를 재는 도구임.
- 추를 사용하지 않음.

전자저울

- 정밀한 무게를 잴 수 있음.
- 무게를 (　　　　)로 표시해 줌.
- 가격이 비싸고 고장이 쉽게 날 수 있음.

어휘

적용

7 다음 문장의 빈칸에 들어갈 알맞은 낱말을 보기 에서 찾아 쓰세요.

보기

> 단순　　화물　　정밀　　기계　　전자

⑴ 시험장에서는 (　　　　　) 기기 사용을 금지하고 있다.
⑵ 이 기계는 매우 복잡하고 (　　　　　)하게 만들어졌다.
⑶ 이 영화는 이야기 구조가 (　　　　　)해서 재미가 없다.
⑷ 공장에 (　　　　　)가 한 대 더 생기자 생산량이 늘어났다.
⑸ 이 트럭은 공장에서 만들어진 (　　　　　)을 전국으로 운반한다.

여러 가지 종류의 저울

정답과 해설 **18** 쪽

물체의 **질량**은 무게로 표현하고, 무게를 나타내는 **단위**로 '그램(g)'과 '킬로그램(kg)' 등을 사용해요.

저울에는 여러 가지 종류가 있어요. '양팔저울'은 두 개의 접시를 사용해 양쪽에 물체를 올려놓고 무게를 비교하는 저울이에요. 물체의 무게가 같을 때 저울이 수평을 이루어요. '용수철저울'은 물체의 무게에 따라 용수철이 늘어나거나 줄어드는 원리를 이용한 저울이에요. 물체를 올리면 용수철이 늘어나면서 눈금으로 무게를 표시해 줘요. 주로 물체의 무게를 빠르게 **측정할** 때 사용돼요. '전자저울'은 디지털 방식으로 물체의 무게를 화면에 표시해 주는 저울로, 사용이 간편하고 정확도가 높아요. 이처럼 다양한 저울들이 각각의 특성에 맞게 여러 상황에서 사용되고 있답니다.

핵심 용어 다음 빈칸에 들어갈 알맞은 용어를 쓰세요.

(1) ☐☐

질(바탕 質) 량(헤아릴 量): 물체의 바탕이 되는 양.
- 뜻: 물체를 이루고 있는 물질의 고유한 양.

(2) ☐☐

단(홑 單) 위(자리 位): 기본이 되는 기준.
- 뜻: 사물의 길이, 넓이, 무게 등을 수치로 나타낼 때, 기본이 되는 기준.

양팔저울: 두 무게를 재거나 비교할 때 사용.

용수철저울: 용수철의 원리를 이용한 저울.

전자저울: 무게를 정확하게 잴 때 사용.

● **측정할** 일정한 양을 기준으로 하여 같은 종류의 다른 양의 크기를 잴.

소리가 나는 물체의 특징

목소리의 과학

1 말을 할 때 목에 손을 대면 떨림이 느껴진다. 목소리는 목 안의 **성대**가 떨리면서 생기는 **진동**이기 때문이다. 폐에서 나온 공기가 성대를 지나면서 성대의 진동이 입술을 통해 밖으로 나오는 것이 목소리이다. 목소리는 공기를 타고 우리 귀에 전달된다.

2 사람마다 목소리의 높낮이가 다르다. 그 까닭은 사람마다 성대의 길이와 두께가 다르기 때문이다. 보통 남자는 성대가 굵고 길어서 성대가 떨리는 **진동수**가 적어 목소리가 낮다. 반대로 여자나 아이는 성대가 얇고 짧기 때문에 진동수가 많아 목소리가 높다. 첼로의 굵은 줄이 낮은 소리를 내고, 바이올린의 가는 줄이 높은 소리를 내는 것과 비슷하다. 또 실로폰 음판의 길이가 길수록 음이 낮고, 음판의 길이가 짧을수록 음이 높은 것과 같은 현상이다.

3 또 사람마다 **음색**이 다르다. 목소리의 높낮이와 관계 없이 목소리만으로도 사람을 구분할 수 있게 해 주는 것이 음색이다. 음색이 사람마다 다른 것은 성대의 길이와 두께뿐만 아니라, **발성**과 관련된 신체 구조가 서로 다르기 때문이다. 즉, 입안의 공간의 모양과 크기에 따라 목소리가 떨리는 모양이 달라져 서로 다른 목소리가 되는 것이다. 목소리가 떨리는 모양은 파도처럼 생겼는데, 이를 파형이라 한다. 보통 파형이 **규칙적**으로 생길수록 부드러운 목소리가 된다. 우리가 감기에 걸렸을 때 목소리가 달라지는 것도 콧속의 공간으로 통하는 통로가 막혀 파형이 달라지기 때문이다.

4 사람마다 목소리의 **화음**도 다르다. 성대에서 진동하여 나오는 목소리는 목의 여러 부분에 부딪혀 진동하면 여러 음이 생기게 된다. 이렇게 생겨난 음들을 화음이라고 한다. 사람의 목소리는 화음이 많을수록 듣기 좋은 목소리가 된다. 일반적인 사람은 4~6개의 화음이 나오지만, 성악가들은 12개까지 나온다고 한다. 그래서 성악가의 목소리는 **풍부하고 조화롭게** 들리는 것이다.

- **성대** 목구멍의 가운데에 있는, 내쉬는 숨에 의해 떨려서 소리를 내는 주름 모양의 기관.
- **진동** 흔들려 움직임.
- **진동수** 연속적인 주기 현상에서 단위 시간에 같은 상태가 몇 번이나 반복되는가를 나타내는 양.
- **음색** 소리의 특색.
- **발성** 목소리를 냄. 또는 그 목소리.
- **규칙적** 일정한 질서가 있거나 규칙을 따르는 것.
- **화음**(和 화목할 화, 音 소리 음) 높이가 서로 다른 둘 이상의 음이 함께 어울리는 소리.
- **풍부하고** 넉넉하고 많고.
- **조화롭게** 서로 잘 어울리게.

내용 독해

1 다음 빈칸에 들어갈 알맞은 낱말을 이 글에서 찾아 쓰세요.

> ________는 성대의 진동이 공기를 타고 우리 귀에 전달되는 것으로, 사람마다 높낮이, 음색, 화음이 다르다.

(   )

2 이 글의 내용과 일치하는 것은 무엇인가요? (   )

① 모든 사람의 목소리의 높이는 같다.
② 남성과 여성의 성대 두께는 차이가 없다.
③ 목소리의 음색은 성대 두께로만 결정된다.
④ 성대가 굵고 길면 목소리의 진동수가 적다.
⑤ 성대가 얇고 짧으면 목소리의 화음이 풍부해진다.

3 이 글을 통해 답을 알 수 있는 질문이 <u>아닌</u> 것은 무엇인가요? (   )

① 화음을 내는 방법은 무엇인가요?
② 사람의 목소리는 어떻게 나오나요?
③ 감기에 걸리면 목소리가 달라지는 까닭은 무엇인가요?
④ 사람마다 목소리의 높낮이가 다른 까닭은 무엇인가요?
⑤ 성악가의 목소리가 왜 더 풍부하고 아름답게 들리나요?

4 다음 빈칸에 공통으로 들어갈 알맞은 말을 이 글에서 찾아 쓰세요.

> ________은 두 개 이상의 서로 다른 음이 동시에 어우러져 만들어내는 소리를 말한다. 우리가 피아노나 기타처럼 여러 음이 한꺼번에 나는 악기의 소리를 듣거나, 성악가들이 부르는 노래에서 다양한 음들이 섞여 나오는 것을 경험할 수 있는데, 이것이 바로 ________이다.

(   )

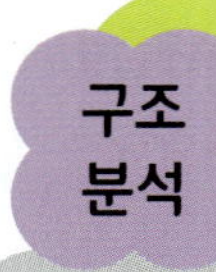

구조 분석

문단 요약

5 다음 빈칸에 들어갈 알맞은 말을 쓰며 이 글의 내용을 정리하세요.

문단	중심 내용
1	(　　　　　)가 만들어지는 과정
2	사람마다 목소리의 (　　　　　)가 다른 까닭
3	사람마다 목소리의 (　　　　　)이 다른 까닭
4	사람마다 (　　　　　)이 달라서 생기는 현상

핵심 내용

6 빈칸에 들어갈 알맞은 말을 이 글에서 찾아 쓰세요.

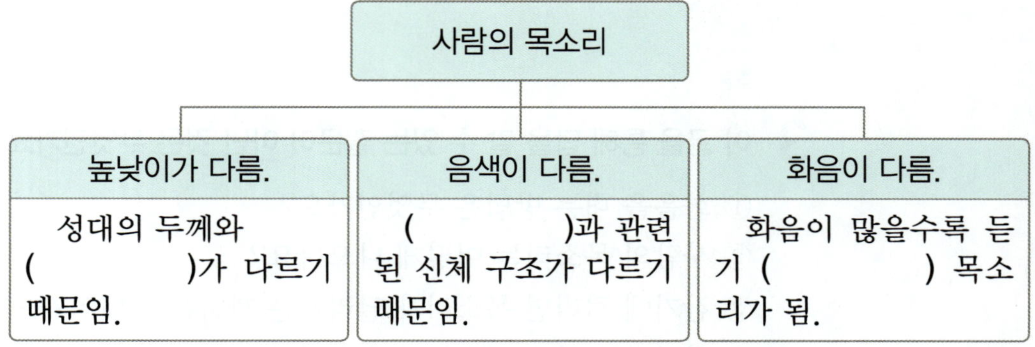

어휘

적용

7 다음 문장에 들어갈 알맞은 낱말에 ◯표 하세요.

⑴ 노래를 많이 불렀더니 (상대, 성대)에 무리가 왔다.

⑵ 다양한 색깔의 꽃들이 아름답게 (조화, 평화)를 이루고 있다.

⑶ 이 악기의 (음색, 음식)은 다른 악기와 구별되는 독특한 특성이 있다.

⑷ 이 지역은 자원이 (거부, 풍부)해서 경제적으로 발전할 가능성이 크다.

⑸ 피아노와 바이올린을 함께 연주하여 아름다운 (화력, 화음)을 만들었다.

소리가 나는 물체의 특징

물체에서 **소리**가 날 때 물체가 떨려요. 이렇게 물체가 떨리는 것을 **진동**이라고 해요. 우리가 소리를 들을 수 있는 까닭은 이 진동이 공기를 통해 우리 귀로 전달되기 때문이에요.

종을 흔들면 종이 진동하면서 그 진동이 공기를 통해 전달되어 소리가 들리게 되어요. 또 북을 치면, **북면**의 가죽이 진동하면서 그 진동이 공기를 통해 퍼져나가 소리가 들리게 되는 것이에요. 만약 공기가 없다면 소리를 전달하는 물질이 없어서 소리가 들리지 않아요.

• 소리가 전달되는 과정

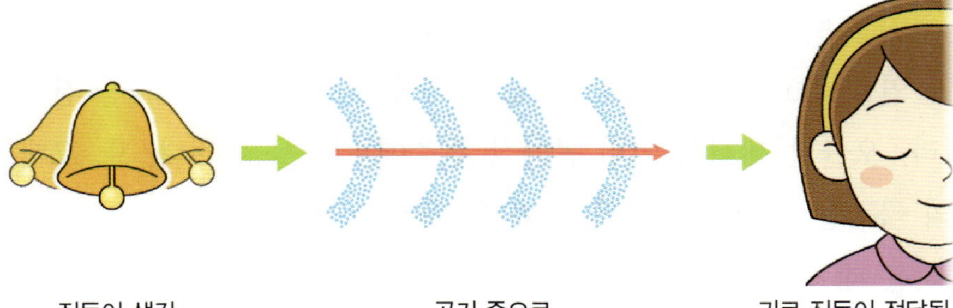

● **북면** 장구나 북에서, 손으로 치는 왼쪽 가죽면.

다음 빈칸에 들어갈 알맞은 용어를 쓰세요.

(1) ☐☐

• 뜻: 물체가 진동하여 생긴 음파가 귀에 들리는 것.

(2) ☐☐

진(떨친 振) 동(움직일 動): 떨리며 움직임.

• 뜻: 흔들려 움직임.

소리의 세기

고대 그리스의 원형 극장

1 얼마 전 텔레비전에서 그리스를 소개하는 프로그램을 보았다. 고대 그리스의 항구 도시인 에피다우로스에 약 2,300여 년 전에 지어진 거대한 **원형 극장**이 인상적이었다. 이 극장은 지금의 극장과 달리 야외에 만들어진 극장으로, 이곳에서 연극, 음악 등을 **공연했다**. 야외에서 공연이 가능했다는 것과 그 크기가 놀라웠다. 이 프로그램을 본 후 아버지께서 고대 그리스의 극장에 대해 좀 더 자세히 설명해 주셨다.

2 세계 최초의 극장으로 **추정되는** 것은 그리스의 수도 아테네에 있는 디오니소스 극장이다. 이 극장은 에피다우로스 극장보다 약 200년 먼저 지어진 극장이다. 디오니소스 극장과 에피다우로스 극장은 모두 관객석이 10,000개가 넘는 거대한 극장이다. 무대는 중앙에 원 모양으로 되어 있으며, 관객석은 돌로 된 **좌석**들이 무대를 둘러싸고 반원 모양의 계단식으로 놓여 있다.

3 고대 그리스의 극장들이 만들어지던 시기에는 마이크와 같이 목소리를 **확대해** 주는 장치가 없었다. 하지만 객석에서 무대로 동전 한 개를 던져도 가장 뒷자리에서 그 소리를 들을 수 있을 만큼 **음향** 효과가 뛰어났다. 그래서 관객들이 배우들의 대사를 잘 들을 수 있었다. 이렇게 소리가 잘 전달되는 까닭은, 계단식 좌석을 대리석으로 만들어서 배우들의 목소리가 좌석에 부딪혀 울렸기 때문이다. 또 **빽빽하게** 앉아있는 관객들의 체온으로 데워진 공기가 위로 올라가서, 배우들의 목소리가 이 공기를 타고 더 멀리 퍼졌기 때문이다.

4 에피다우로스 극장은 오랜 시간 흙 속에 묻혀 있다가 1880년대부터 복원을 하였으며, 세계문화유산으로 등록되었다. 그리고 오늘날에도 이곳에서 공연을 하고 있다. 고대 그리스의 극장은 로마의 원형 극장 **건축**뿐 아니라, 오늘날 세계의 여러 공연장 건축에 영향을 미쳤다. 또 고대 그리스의 극장은 예술적 가치와 함께 음향 효과와 건축물 구조의 관계를 연구하는 데 중요한 가치를 지니고 있다.

- **원형**(圓 둥근 원, 形 형상 형) 둥근 모양.
- **극장** 연극이나 음악, 무용 등을 공연하거나 영화를 상영하기 위하여 무대와 객석 등을 설치한 건물이나 시설.
- **공연했다** 음악, 무용, 연극 등을 많은 사람 앞에서 보였다.
- **추정되는** 미루어져 생각되어 판정되는.
- **좌석**(坐 자리 좌, 席 자리 석) 앉을 수 있게 마련된 자리.
- **확대해** 모양이나 규모 등을 더 크게 해.
- **음향** 물체에서 나는 소리와 그 울림.
- **건축** 집이나 성, 다리 따위의 구조물을 그 목적에 따라 설계하여 흙이나 나무, 돌, 벽돌, 쇠 따위를 써서 세우거나 쌓아 만드는 일.

주제

1 이 글의 주제로 가장 알맞은 것은 무엇인가요? (   )

① 고대 그리스 연극의 특징
② 고대 건축물을 복원하는 방법
③ 소리를 멀리까지 전달하는 방법
④ 고대 그리스의 원형 극장의 특징
⑤ 원형 극장에서 열리는 공연의 종류

내용 이해

2 이 글에서 알 수 있는 내용을 모두 찾아 ○표를 하세요.

(1) 디오니소스 극장의 높이 ( )
(2) 세계 최초의 극장으로 추정되는 곳 ( )
(3) 에피다우로스 극장을 복원하는 방법 ( )
(4) 고대 그리스 극장에서 소리가 잘 전달되는 까닭 ( )

내용 이해

3 이 글의 내용과 일치하지 <u>않는</u> 것은 무엇인가요? (   )

① 에피다우로스 극장의 관객석은 10,000개가 넘는다.
② 고대 그리스의 극장은 좌석이 대리석으로 만들어졌다.
③ 디오니소스는 에피다우로스 극장보다 먼저 지어진 극장이다.
④ 고대 그리스의 극장에는 목소리를 확대해 주는 장치가 있었다.
⑤ 고대 그리스의 극장은 오늘날의 여러 공연장 건축에도 영향을 주었다.

추론

4 이 글을 읽고 나눈 이야기 중 알맞지 <u>않은</u> 것의 기호를 쓰세요.

> ㉮ 에피다우로스 극장은 현재는 더는 볼 수 없다는 것이 안타까워.
> ㉯ 저번 주에 공연을 본 원형 공연장도 고대 그리스의 극장에서 영향을 받은
>   건축물일 수 있어.
> ㉰ 고대 그리스의 극장에서 마이크도 없이 배우의 대사가 멀리 있는 관객에
>   게도 잘 들렸다는 것이 신기해.

(   )

구조 분석

문단 요약

5 다음 질문의 답을 찾을 수 있는 문단을 찾아 선으로 이으세요.

고대 그리스 극장의 가치는 무엇인가요? •   • **1**문단

디오니소스 극장과 에피다우로스 극장의 특징은 무엇인가요? •   • **2**문단

글쓴이가 에피다우로스 극장을 보고 놀란 까닭은 무엇인가요? •   • **3**문단

고대 그리스 극장에서 소리가 잘 전달되는 까닭은 무엇인가요? •   • **4**문단

핵심 내용

6 빈칸에 들어갈 알맞은 말을 이 글에서 찾아 쓰세요.

고대 그리스 극장에서 소리가 잘 전달되는 까닭

(   ) 좌석을 대리석으로 만들어 목소리가 좌석에 부딪히며 울림.

관객들의 (   )으로 인해 데워진 공기를 타고 소리가 멀리 퍼짐.

어휘

적용

7 다음 문장의 빈칸에 들어갈 알맞은 낱말을 보기 에서 찾아 쓰세요.

보기

좌석   극장   건축   음향   공연

⑴ 민지와 나는 새로 개봉한 영화를 보러 (   )에 갔다.
⑵ 새로 개발되는 지역에 건물의 (   ) 공사가 한창이다.
⑶ 뮤지컬 (   )이 끝나자 관객들은 배우에게 큰 박수를 보냈다.
⑷ 이 스피커는 (   ) 기능이 매우 좋아 소리가 풍부하게 들린다.
⑸ 공연장의 수많은 (   )이 가수를 보러 온 사람들로 가득 찼다.

소리의 세기

소리의 크고 작은 정도를 '**소리의 세기**'라고 해요. 소리의 세기는 물체가 얼마나 크게 또는 작게 떨리는지에 따라 달라져요. 즉 진동의 크기에 따라 다른 것이에요. 물체가 크게 떨리면 소리의 세기가 커져서 큰 소리가 나고, 물체가 작게 떨리면 소리의 세기가 작아져서 작은 소리가 나요.

이 진동의 크기를 '**진폭**'이라고도 불러요. 진폭이 클수록 소리가 크고, 진폭이 작을수록 소리가 작아지는 것이에요. 예를 들어, 종을 세게 흔들면 종이 크게 떨리면서 큰 소리가 나고, 종을 약하게 흔들면 종이 작게 떨리면서 작은 소리가 나요. 또한 큰 소리로 말하면 진폭이 크고, 작은 소리로 말하면 진폭이 작아요.

핵심 용어 다음 빈칸에 들어갈 알맞은 용어를 쓰세요.

(1) ☐☐ **의 세기**

- 뜻: 소리의 크고 작은 정도.

(2) ☐☐

진(떨친 振) **폭**(너비 幅): 떨리는 폭.

- 뜻: 흔들려 움직이고 있는 물체가 멈춘 곳 또는 어느 한쪽으로 기울지 않은 곳에서 가장 크게 움직인 곳까지의 거리.

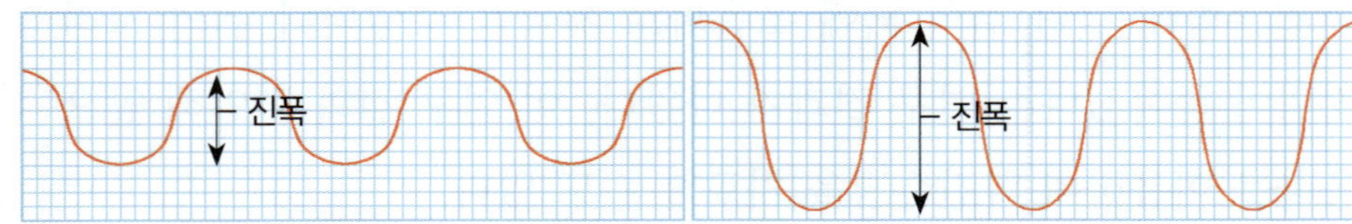

작은 소리: 진폭이 작음.　　　　큰 소리: 진폭이 큼.

소리의 높낮이

들을 수 없는 소리, 초음파

1 1초 동안 진동한 횟수를 진동수라고 하며, 단위는 **헤르츠**를 사용한다. 소리는 물체가 진동하면서 발생하며, 소리마다 진동수가 다르다. 그런데 사람이 들을 수 있는 소리의 진동수는 20헤르츠에서 20,000헤르츠 사이이다. 초음파는 진동수가 20,000헤르츠보다 큰 소리로, 귀로 들을 수 없는 소리이지만 다양한 곳에서 **유용하게** 이용되고 있다. 　5

2 먼저 초음파는 사람의 몸을 검사하는 데 이용되고 있다. 사람의 몸속에 초음파를 보내면 몸속의 여러 **기관**에 **반사되어** 되돌아온다. 이때 컴퓨터를 이용하여 반사되어 돌아오는 신호를 영상으로 만든 것이 초음파 영상이다. 초음파 영상은 사람의 몸속 여러 기관을 검사하는 데에도 사용하지만, **태아**의 모습을 확인할 때에도 사용된다. 초음파 영상은 **실 　10 시간** 검사가 가능하고 다른 검사에 비해 안전하다는 장점이 있다.

3 또 초음파는 물건을 씻을 때도 이용되고 있다. 물속에서 초음파를 발생시키면, 초음파 때문에 물이 **미세하게** 진동하면서 오염 물질을 효과적으로 없애 준다. 그래서 작은 부품이나 복잡한 구조의 물체를 세척할 때 사용한다. 또한 그릇이나 수저, 안경, 칫솔 등의 물건들을 씻을 때 　15 초음파 **세척** 기구를 사용한다.

4 최근에는 초음파를 이용해 뇌와 관련된 **질병**을 치료하는 연구를 하고 있다. 파킨슨병은 뇌가 손상되어 운동 능력이 떨어지는 질병이다. 그런데 파킨슨병에 걸린 쥐의 뇌에 초음파로 자극을 주었더니 쥐의 꼬리의 움직임이 좋아졌다는 연구 결과가 나왔다. 이 연구 결과로 인해 앞으　20 로 초음파를 이용하여 파킨슨병을 치료할 수도 있다.

5 이 밖에도 어업에서 초음파를 이용하고 있다. 초음파를 바닷속에 쏘면 물고기 떼가 있는 곳에서 초음파가 반사되어 물고기 떼가 있는 곳을 찾기 쉽게 해 준다. 이렇게 초음파는 우리 귀에 들리지는 않지만 생활에 많은 도움을 주고 있다. 앞으로도 기술이 더욱 발전하여 초음파를 활용　25 하는 분야가 넓어질 것이다.

- **헤르츠** 진동수의 단위
- **유용**(有 있을 유, 用 쓸 용)**하게** 쓸모가 있게.
- **기관** 일정한 모양과 생리 기능을 가지고 있는 생물체의 부분.
- **반사되어** 빛이나 전파 등이 다른 물체의 표면에 부딪쳐서 나아가던 방향이 반대 방향으로 바뀌어.
- **태아** 어머니 배 속에서 자라고 있는 아이.
- **실시간** 실제 흐르는 시간과 같은 시간.
- **미세하게** 분간하기 어려울 정도로 아주 작게.
- **세척** 깨끗이 씻음.
- **질병** 몸의 온갖 병.

내용 독해

1 이 글에서 가장 중심이 되는 낱말은 무엇인지 쓰세요.

(   )

내용 이해

2 이 글의 내용과 일치하는 것은 무엇인가요? (   )

① 초음파는 진동수가 낮아서 사람이 들을 수 없다.
② 사람 몸을 검사할 때 초음파를 사용하면 위험하다.
③ 초음파는 사람이 들을 수 있는 소리 중 가장 높은 소리이다.
④ 초음파 세척 기구는 물체의 오염 물질을 효과적으로 제거한다.
⑤ 사람의 귀는 진동수가 20,000헤르츠 보다 큰 소리를 들을 수 있다.

내용 이해

3 다음 중 초음파를 활용하는 상황으로 알맞지 <u>않은</u> 것은 무엇인가요? (   )

① 안경을 깨끗하게 세척할 때
② 우리 몸속의 기관을 검사할 때
③ 바닷속의 오염 물질을 없앨 때
④ 아주 작은 기계 부품을 깨끗하게 세척할 때
⑤ 엄마의 몸속에 있는 태아의 모습을 확인할 때

적용

4 다음 기사와 가장 관련이 있는 문단의 번호를 이 글에서 찾아 쓰세요.

> #### 세계 최초 초음파로 우울증 치료 성공
>
> 국내 연구팀이 세계 최초로 초음파를 이용해 우울증을 치료하는 데 성공했습니다. 연구팀이 4명의 우울증 환자에게 초음파를 사용해 뇌 수술을 진행한 결과, 우울 증상이 크게 좋아졌습니다. 이 기술은 수술 부작용이 적고, 환자들이 빠르게 일상생활로 돌아갈 수 있어 앞으로 우울증 치료에 중요한 역할을 할 것으로 기대됩니다.

(   )문단

구조 분석

문단 요약

5 각 문단의 중심 내용을 알맞게 선으로 이으세요.

1문단 •	• 물체를 세척할 때 사용되는 초음파
2문단 •	• 사람의 몸을 검사하는 데 사용되는 초음파
3문단 •	• 뇌와 관련된 질병 치료 연구에도 쓰이는 초음파
4문단 •	• 사람이 들을 수 없는 높은 진동수를 가진 초음파
5문단 •	• 기술의 발전으로 활용 분야가 넓어질 것으로 기대되는 초음파

핵심 내용

6 빈칸에 들어갈 알맞은 말을 이 글에서 찾아 쓰세요.

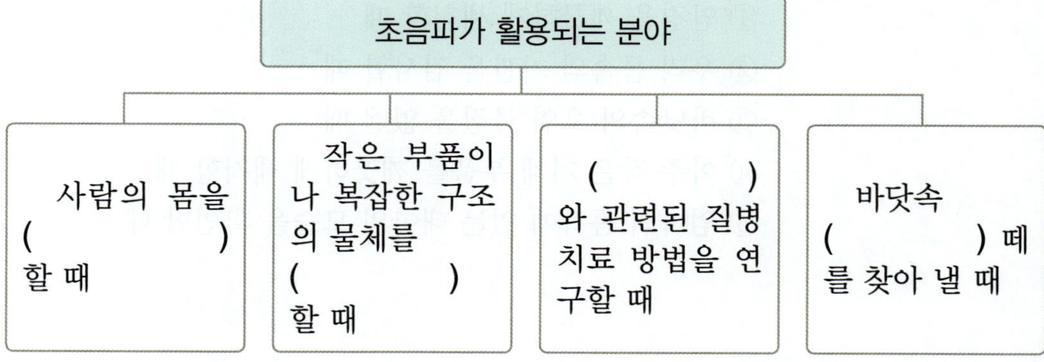

어휘

적용

7 다음 문장의 빈칸에 들어갈 알맞은 낱말을 보기 에서 찾아 쓰세요.

보기

미세　　유용　　반사　　세척　　태아

(1) 강물에 햇빛이 (　　　　)되어 눈이 부셨다.
(2) 이 필터는 (　　　　)한 먼지까지 걸러 낼 수 있다.
(3) 의사는 배 속에 있는 (　　　　)도 건강하다고 했다.
(4) 이 도구는 여러 상황에서 매우 (　　　　)하게 사용할 수 있다.
(5) 식기 사용 후에는 깨끗이 (　　　　)하여 청결을 유지해야 한다.

소리의 높낮이

정답과 해설 **21** 쪽

소리의 높고 낮은 정도를 '**소리의 높낮이**'라고 해요. 소리는 1초 동안 더 많이 진동할수록 높은 소리가 나요. 1초 동안 진동하는 횟수를 '**진동수**'라고 해요. 진동수는 소리를 내는 물체의 특징에 따라 달라져요. 예를 들어 기타를 칠 때 굵은 기타 줄을 튕기면 낮은 소리가 나고, 가느다란 기타 줄을 튕기면 높은 소리가 나요. 또 같은 굵기의 기타 줄이라도 그냥 줄을 튕기면 낮은 소리가 나지만, 한 손으로 줄을 잡아서 줄의 길이를 짧게 하고 튕기면 높은 소리가 나요. 이렇게 소리는 굵거나 길 때 낮은 소리를 내고, 얇거나 짧을 때 높은 소리를 내요.

사람이나 동물은 모두 각각 들을 수 있는 진동수가 정해져 있어요. 사람은 보통 1초에 20,000번까지 진동하는 소리를 들을 수 있어요. 박쥐는 1초에 120,000번까지, 돌고래는 무려 1초에 150,000번까지 진동하는 소리를 들을 수 있답니다.

핵심 용어 다음 빈칸에 들어갈 알맞은 용어를 쓰세요.

(1) **소리의**

☐ ☐ ☐

• 뜻: 소리의 높음과 낮음.

(2)

☐ ☐ ☐

진(떨친 振) **동**(움직일 動) **수**(셀 數): 움직이는 횟수.

• 뜻: 단위 시간 동안 물체가 진동한 횟수.

사람과 동물이 들을 수 있는 최대 진동수

09

지문 분석

글자 수 808
800 900 1000

우주에서 소리를 들을 수 있을까?

1 비행사가 되어 **드넓은** 우주에서 별들 사이를 떠다니고 있다고 상상해 보자. 그런데 갑자기 우주선 밖에서 **경보**가 울린다면, 그 소리를 들을 수 있을까?

2 소리는 물체가 떨리면서 생기고, 이 떨림이 공기, 물, **금속**과 같은 **매질**을 통해 우리의 귀에 전달된다. 지구에서는 소리가 공기나 물 같은 $\quad$ 5
매질을 통해 쉽게 전달되기 때문에 일상생활에서 소리를 들을 수 있다. 누군가 말을 하면 목소리가 주변의 공기를 떨리게 하고, 이 떨림이 우리의 귀에 전달되어 소리로 들리는 것이다. 수영장 물속에서도 바깥의 소리를 들을 수 있는 이유도 물이 소리를 전달하는 매질 역할을 하기 때문이다. $\quad$ 10

3 하지만 우주는 **진공** 상태이다. 진공은 공기나 물 같은 물질이 거의 없는 상태를 의미한다. 우주는 매우 넓고 공기가 거의 없기 때문에, 소리를 전달할 매질이 없다. 그래서 아무리 큰 소리가 나도 그 소리가 전달되지 않는다. 지구에서는 공기를 통해 소리가 전달되어 경보음을 들을 수 있지만, 우주에는 소리를 전달할 매질이 없어 경보음을 들을 수 $\quad$ 15
없는 것이다.

4 그렇다면 우주 비행사들은 어떻게 **소통**을 할까? 우주에서는 **무선 통신**이 사용된다. 무선 통신은 소리가 아닌 **전파**를 이용한다. 전파는 매질이 없어도 전달되며, 빛과 같은 속도로 매우 빠르게 전달된다. 우리가 라디오를 듣거나 텔레비전을 보는 것도 전파 때문이다. 우주 비행사들 $\quad$ 20
은 이러한 전파를 이용해 우주 비행사끼리 또는 지구에 있는 사람과 문자나 영상을 주고받으며 소통한다. 하지만 아무리 빠른 속도로 전파가 이동해도, 우주에서 지구까지 신호를 보내는 데에는 몇 시간이 걸리는 단점이 있다.

- **드넓은** 활짝 트이고 아주 넓은.
- **경보** 위험에 대비하여 주의하고 조심할 수 있도록 미리 알리는 일. 또는 그 보도나 신호.
- **금속** 쇠. 금. 은처럼 열과 전기를 잘 통과시키며 특유의 광택이 있는 단단한 물질.
- **매질** 소리를 전달하는 고체, 액체, 기체 등의 물질.
- **진공**(眞 참 진, 空 빌 공) 물질이 전혀 존재하지 않는 공간.
- **소통** 뜻이 서로 통하여 오해가 없음.
- **무선** 통신이나 방송을 전선 없이 전파로 함.
- **통신**(通 통할 통, 信 믿을 신) 소식을 전함.
- **전파** 물체 안에서 전류가 진동함으로써 밖으로 퍼지는 파동.

글의 특징

1 이 글의 특징으로 알맞은 것은 무엇인가요? (   )

① 우주를 여행한 경험과 느낌을 쓴 글이다.
② 우주가 만들어진 까닭을 설명하는 글이다.
③ 우주 기술을 개발해야 한다고 주장하는 글이다.
④ 우주에서 소리가 전달되지 않는 까닭을 설명하는 글이다.
⑤ 우주 여행에 반대하는 까닭을 논리적으로 전달하는 글이다.

내용 이해

2 이 글의 내용으로 알맞은 것은 무엇인가요? (   )

① 진공 상태에서는 물이 소리를 전달한다.
② 우주에는 공기가 있어 소리가 잘 들린다.
③ 우주 비행사들은 우주에서 소통할 수 있다.
④ 우주에서는 금속이 소리를 전달하는 역할을 한다.
⑤ 지구에서는 매질 역할을 하는 물질을 찾기 어렵다.

추론

3 이 글에 대한 반응으로 알맞은 것의 기호를 쓰세요.

> ㉮ 지구에는 우주와 달리 매질이 있어서 영상은 전달되지 않을 거야.
> ㉯ 우주에서 지구로 소식을 전할 때 우주 비행사들은 전파로 문자나 영상을 보내겠구나.
> ㉰ 진공 상태일 때는 소리를 방해하는 물질들이 없어서 소리가 더욱 빠르게 전달될 수 있어.

(   )

적용

4 다음 빈칸에 들어갈 말을 알맞게 짝 지은 것은 무엇인가요? (   )

> 물 밖에 있는 은아가 말을 하면 은아의 목소리는 [   ]로 전달된 후,
> [   ]로 전달되어 물속에 있는 현호의 귀에 들리게 된다.

① 물 - 물   ② 물 - 공기   ③ 공기 - 물
④ 공기 - 금속   ⑤ 금속 - 공기

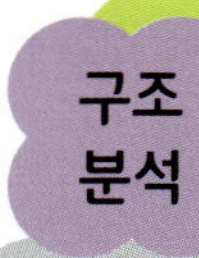

구조 분석

5 다음 빈칸에 들어갈 알맞은 말을 쓰며 이 글의 내용을 정리하세요.

문단	중심 내용
1	우주선 밖의 경보음 소리가 들릴 지 의문을 제기함.
2	지구에서는 공기나 물 등이 매질이 되어 소리를 (　　　　)함.
3	우주는 매질이 없는 (　　　　) 상태라서 소리가 전달되지 않음.
4	우주 비행사들은 (　　　　)를 이용한 무선 통신으로 소통함.

핵심 내용

6 빈칸에 들어갈 알맞은 말을 이 글에서 찾아 쓰세요.

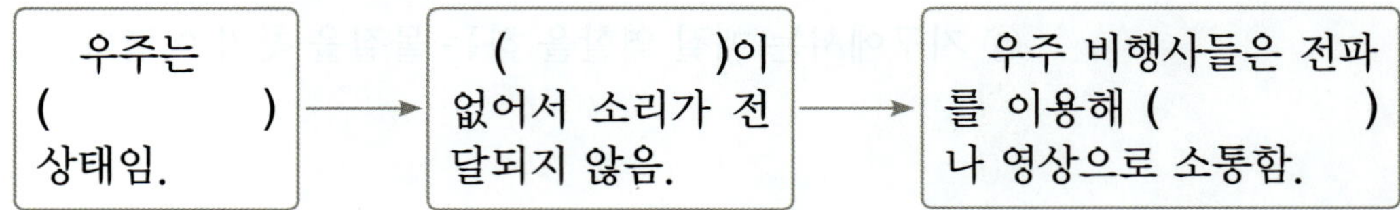

어휘

이해

7 다음 낱말의 뜻을 찾아 선으로 알맞게 이으세요.

(1) 진공　•　　•㉮　소식을 전함.

(2) 금속　•　　•㉯　물질이 전혀 존재하지 않는 공간.

(3) 매질　•　　•㉰　소리를 전달하는 고체, 액체, 기체 등의 물질.

(4) 통신　•　　•㉱　쇠, 금, 은처럼 열과 전기를 잘 통과시키며 특유의 광택이 있는 단단한 물질.

(5) 경보　•　　•㉲　위험에 대비하여 주의하고 조심할 수 있도록 미리 알리는 일. 또는 그 보도나 신호.

소리의 전달과 매질

소리는 기체, 액체, 고체 상태의 물질을 통해 **전달**돼요. 우리가 생활에서 듣는 대부분의 소리는 기체인 공기를 통해 전달되지만, 공기 외에도 액체인 물이나 고체인 사람의 뼈 등을 통해서도 전달된답니다. 이렇게 소리를 전달하는 기체, 액체, 고체 상태의 물질을 '**매질**'이라고 해요.

스피커에서 소리가 나면, 기체인 공기가 매질이 되어 소리를 전달해요. 수중 발레 선수는 액체인 물이 매질이 되어 전달된 소리를 듣고 연기를 해요. **골전도** 이어폰으로 노래를 들으면 고체인 뼈가 매질이 되어 노래가 귀로 전달되어요.

물속에서 소리를 듣는 수중 발레 선수

뼈를 통해 소리를 전달하는 골전도 이어폰

공기를 통해 소리를 전달하는 스피커

핵심 용어 다음 빈칸에 들어갈 알맞은 용어를 쓰세요.

(1) ☐☐

전(전할 傳) 달(통할 達): 전하여 통함.
- 뜻: 신호나 자극 등을 다른 곳에 보내거나 전해지도록 함.

(2) ☐☐

매(매개 媒) 질(바탕 質): 매개하는 바탕이 되는 것.
- 뜻: 소리를 전달하는 고체, 액체, 기체 등의 물질.

● **골전도** 진동이 공기를 통하지 않고 뼈에서 직접 달팽이관으로 전달되어 들리는 일.

지문 분석

글자 수　958
800　900　1000

일상생활에서 들리는 소음

우리에게 도움이 되는 ［　㉠　］

1 우리 주변의 ㉡**불쾌**하고 시끄러운 소리를 소음이라 하고, 그 소음으로 인한 피해를 소음 **공해**라고 한다. 소음이라고 하면 보통 부정적인 소리를 떠올리지만, 모든 소음이 나쁜 것은 아니다. 소음 중에서도 우리에게 도움이 되는 착한 소음이 있다. 바로 '**백색** 소음'이다.

2 백색 소음이라는 말의 **유래**는 '백색광'에서 왔다. 백색광인 햇빛은 한 가지 색으로 보이지만 실제로는 여러 가지 색으로 이루어졌다. 이처럼 백색 소음도 다양한 소리들이 모인 것을 말한다. 우리 주변에서 흔히 들을 수 있는 빗소리, 바람이 부는 소리, 계곡 소리, 파도 소리, 작은 말소리 등이 모두 백색 소음이다. 백색 소음은 일정한 규칙이 없이 소리가 난다는 특징이 있다. 이러한 소리들은 일상에서 듣는 소리이기 때문에 우리에게 **안정감**을 주고, 마음을 편하게 해 준다. 이러한 백색 소음은 여러 상황에서 활용된다.

3 먼저, **집중력**이 필요한 상황에서 사용된다. 실제로 백색 소음을 들으며 공부한 학생의 학습 효과가 좋다는 연구 결과가 있다. 백색 소음을 틀어 놓은 사무실에서 일한 사람의 일의 효과가 더 높았다는 연구 결과도 있다. 이는 백색 소음이 기억력과 집중력을 높여 주기 때문이다.

4 또한 백색 소음은 잠을 자지 못할 때에도 사용된다. 울고 있는 아기에게 엄마의 뱃속에서 들었던 소리와 비슷한 백색 소음을 틀어 주면, 안정을 찾고 잠이 든다. **불면증**이 있는 사람도 백색 소음을 들으면 깊은 잠을 잘 수 있다. 백색 소음이 스트레스를 감소시키고, 마음을 편안하게 해 주기 때문이다.

5 일정한 소리의 진동을 다른 소리의 진동으로 막아서 소리를 없앨 수도 있다. 이때 소리의 진동을 위해 내는 소리도 백색 소음이다. 이런 백색 소음은 은행과 같이 중요한 정보를 말해야 하는 공간에서 활용된다. 중요한 정보가 다른 사람에게 **유출될** 수 있기 때문에, 백색 소음을 틀어서 다른 사람에게는 소리가 안들리게 보호하는 것이다.

- **불쾌하고** 못마땅하여 기분이 좋지 않고.
- **공해**(公 공평할 공, 害 해로울 해) 산업이나 교통의 발달 등으로 사람과 생물의 생활 환경이 입게 되는 여러 가지 피해.
- **백색**(白 흰 백, 色 빛 색) 눈이나 우유의 빛깔과 같이 밝고 선명한 색.
- **유래**(由 말미암을 유, 來 올 래) 사물이나 일이 생겨남. 또는 그 사물이나 일이 생겨난 내력.
- **안정감** 바뀌어 달라지지 않고 일정한 상태를 유지한 느낌.
- **집중력** 마음이나 주의를 집중할 수 있는 힘.
- **불면증** 밤에 잠을 자지 못하는 증상.
- **유출될** 귀한 물건이나 정보 등이 불법적으로 외부로 나가 버리게 될.

제목

1 이 글의 제목으로 ㉠에 들어갈 알맞은 말은 무엇인가요? (   )

① 개인 정보
② 백색 소음
③ 환경 오염
④ 소음 공해
⑤ 자연의 소리

내용 이해

2 이 글의 내용과 일치하는 것은 무엇인가요? (   )

① 소음은 항상 공해를 일으킨다.
② 백색 소음은 일정한 규칙으로 소리가 난다.
③ 백색 소음은 우리에게 들리는 모든 소리이다.
④ 백색 소음의 뜻은 다양한 소리들이 모인 것이다.
⑤ 백색 소음은 스트레스를 주고 마음을 불편하게 한다.

어휘·어법

3 ㉡과 반대되는 뜻을 가진 낱말이 있는 문장에 ○표 하세요.

(1) 약을 꾸준히 먹은 덕분에 동생의 감기가 완쾌되었다.   (   )
(2) 선생님은 항상 중요한 내용을 명쾌하게 알려 주신다.   (   )
(3) 늘 밝은 친구와 대화를 하니 유쾌한 웃음이 끊이지 않았다.   (   )

추론

4 이 글을 통해 답을 알 수 있는 질문은 무엇인가요? (   )

① 백색 소음의 단점은 무엇인가요?
② 백색광을 이루는 색은 몇 가지인가요?
③ 백색 소음은 어떤 상황에서 사용되나요?
④ 중요한 정보 유출의 문제점은 무엇인가요?
⑤ 백색 소음을 처음 발견한 사람은 누구인가요?

**구조
분석**

문단 요약

5 각 문단의 중심 내용으로 알맞은 것에 ◯표, 틀린 것에 ×표를 하세요.

1문단	백색 소음은 우리에게 도움이 되는 소음이다.	( )
2문단	백색 소음의 유래는 백색의 종이에서 왔다.	( )
3문단	백색 소음은 기억력과 집중력을 높여 준다.	( )
4문단	백색 소음은 잠을 방해하는 역할을 한다.	( )
5문단	백색 소음은 은행에서 손님을 편안하게 하는 데 사용된다.	( )

핵심 내용

6 빈칸에 들어갈 알맞은 말을 이 글에서 찾아 쓰세요.

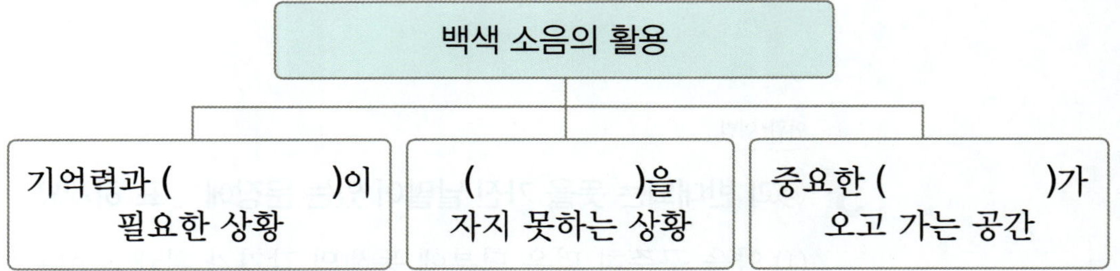

어휘

적용

7 다음 문장에 들어갈 알맞은 낱말에 ◯표 하세요.

(1) 날씨가 너무 더워서 기분이 (불쾌, 상쾌)했다.
(2) 층간 소음은 심각한 (이해, 공해)로 문제가 되고 있다.
(3) 중요한 정보가 (유지, 유출)되지 않도록 조심해야 한다.
(4) 의자가 너무 흔들려서 (불안감, 안정감)을 느낄 수 없었다.
(5) 밤 12시가 넘었지만 (싫증, 불면증) 때문에 잠이 오지 않는다.

비주얼
과학 교과서
개념

　　우리는 자동차가 달리는 소리, 텔레비전 소리, 친구들이 웃는 소리 등 다양한 소리에 둘러싸여 생활해요. 같은 소리라도 어떤 사람에게는 듣기 싫고 불쾌감을 주는 소리일 수 있어요. 이처럼 듣기 싫은 소리를 '**소음**'이라고 해요.

　　소음을 줄이기 위해서는 귀마개를 착용하거나 방음벽을 설치하는 등과 같이 소리의 전달을 막는 방법이 있어요. 이를 '**방음**'이라고 해요. 우리는 생활 속에서 다양한 종류의 방음을 사용하고 있어요.

핵심 용어 다음 빈칸에 들어갈 알맞은 용어를 쓰세요.

(1) ☐☐

소(떠들 騷) 음(소리 音): 시끄러운 소리.
• 뜻: 불규칙하게 뒤섞여 불쾌하고 시끄러운 소리.

(2) ☐☐

방(막을 防) 음(소리 音): 소리를 막음.
• 뜻: 안의 소리가 밖으로 새어 나가거나 밖의 소리가 안으로 들어오지 못하도록 막음.

지구와 우주

학습할 내용

01

대기가 우주로 흩어지지 않는 까닭

지문 분석

글자 수　895

800　900　1000

1 지구를 둘러싸고 있는 모든 공기를 '대기'라고 한다. 우리가 숨을 들이마시거나 내쉴 수 있는 것은 대기가 있기 때문이다. 바람이 불거나 비가 내리는 등의 날씨 **현상**도 대기가 있어서 일어난다. 그렇다면 대기가 우주로 흩어지지 않고 지구에 **머무르는** 까닭은 무엇일까?

2 첫째, 지구의 **중력** 때문이다. 중력은 지구가 지구 위의 물체를 ㉠**끌** **어당기는** 힘을 말한다. 동그란 지구의 모든 곳에서 우리가 서 있을 수 있는 것은 중력 때문이다. 또 공을 던지면 공이 땅으로 떨어지는 것도 중력 때문이다. 중력이 대기도 끌어당겨서 대기가 우주로 흩어지지 않고 지구 주위에 머무르게 되는 것이다. 그러나 달은 중력의 힘의 지구보다 훨씬 약해 달 주변에는 대기가 거의 없다. 또 수성은 중력이 거의 없어 대기가 매우 적다.

3 둘째, 대기의 **탈출** 속도 때문이다. 탈출 속도는 지구에서 쏘아올린 인공위성 등이 지구에서 벗어나기 위해 필요한 빠르기를 말한다. 지구에서 탈출하기 위해서는 물체가 1초에 약 11킬로미터의 속도로 움직여야 한다. 이 속도는 비행기의 속도의 40배가 넘는 것으로 매우 **빠른** 속도이다. 그런데 대기를 이루는 물질은 그렇게 빨리 움직일 수 없기 때문에 대기는 지구를 탈출하지 못하고, 지구에 머무르는 것이다.

4 대기는 지구를 둘러싸고 있고 마치 **온실**의 유리창과 같은 역할을 한다. 그래서 낮 동안 태양으로부터 받은 열이 지구 밖으로 나가는 것을 대기가 막아주어 지구의 온도가 올라가게 된다. 또 밤에도 낮의 온도에 비해 **지나치게** 많이 온도가 떨어지지 않게 해 준다. 즉, 대기가 지구의 온도를 일정하게 유지해 준다. 만약 지구에 대기가 없다면 숨도 쉴 수 없고 지구의 온도에서 견딜 수가 없어 생물은 살 수 없을 것이다. 따라서 대기는 우리가 살아가는 데 꼭 필요한 **요소**이다.

- **현상** 인간이 알 수 있는 사물의 모양과 상태.
- **머무르는** 도중에 멈추거나 일시적으로 어떤 곳에 묵는.
- **중력**(重 무거울 중, 力 힘 력) 지구 위의 물체가 지구로부터 받는 힘.
- **끌어당기는** 끌어서 가까이 오게 하는.
- **탈출** 어떤 상황이나 구속 등에서 빠져나옴.
- **온실**(溫 따뜻할 온, 室 집 실) 광선, 온도, 습도 따위를 조절하여 각종 식물의 재배를 자유롭게 하는 구조물.
- **지나치게** 일정한 한도를 넘어 정도가 심하게.
- **요소** 사물의 성립이나 효력 발생 등에 꼭 필요한 성분. 또는 근본 조건.

내용 독해

목적

1 글쓴이가 이 글을 쓴 목적은 무엇인가요? (   )

① 중력의 원리를 설명하기 위해
② 지구의 온도 변화를 설명하기 위해
③ 대기가 가장 적은 행성을 설명하기 위해
④ 지구에서 우주로 가는 방법을 설명하기 위해
⑤ 지구의 대기가 우주로 흩어지지 않는 이유를 설명하기 위해

내용 이해

2 글의 내용과 일치하는 것은 무엇인가요? (   )

① 대기는 날씨 현상이 일어나는 것을 막는다.
② 지구의 중력은 대기가 우주로 흩어지게 한다.
③ 대기는 지구의 온도를 일정하게 유지해 준다.
④ 대기가 지구에 머무르는 까닭은 대기의 빠른 탈출 속도 때문이다.
⑤ 물체가 지구에서 탈출하기 위해서는 1초에 약 1킬로미터의 속도로 움직여야 한다.

어휘·어법

3 밑줄 친 낱말 중 ㉠과 뜻이 반대되는 것은 무엇인가요? (   )

① 낙엽이 바람에 <u>날아간다</u>.
② 삼촌은 낚싯줄을 힘차게 <u>당겼다</u>.
③ 우리는 기차를 타기 위해 <u>서둘렀다</u>.
④ 우리 가족은 제주도에서 1박 2일을 <u>머물렀다</u>.
⑤ 지영이는 민지의 등을 밀어내면서 <u>빨리</u> 가 보라고 했다.

추론

4 이 글을 읽고 보인 반응으로 알맞지 <u>않은</u> 것의 기호를 쓰세요.

> ㉮ 사과가 땅으로 떨어지는 것도 지구의 중력 때문이구나.
> ㉯ 대기가 우주로 날아가면 지구의 온도는 사람이 살기에 적당하겠어.
> ㉰ 우주선이 지구를 탈출하려면 속력이 1초에 11킬로미터는 넘어야겠네.

(   )

구조 분석

5 각 문단의 중심 내용으로 알맞은 것에 ○표, **틀린** 것에 ×표를 하세요.

1문단	지구를 둘러싸고 있는 공기를 대기라고 한다.	( )
2문단	중력은 지구의 물체를 모두 밀어낸다.	( )
3문단	물체가 지구를 탈출하려면 비행기보다 느린 속도로 움직여야 한다.	( )
4문단	지구에 대기가 머무르고 있어 지구의 온도가 일정하게 유지된다.	( )

6 빈칸에 들어갈 알맞은 말을 이 글에서 찾아 쓰세요.

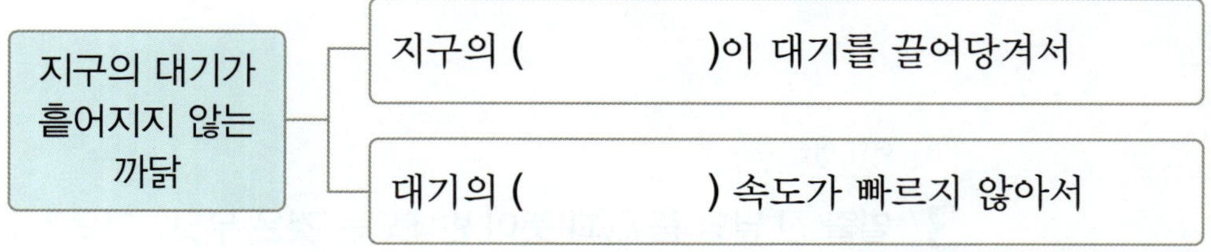

어휘

7 다음 문장의 빈칸에 들어갈 알맞은 낱말을 보기 에서 찾아 쓰세요.

보기
머물렀다 현상 중력 탈출 끌어당겼다

(1) 달에는 ( )이 거의 없다.
(2) 지유는 문이 무거워서 힘껏 ( ).
(3) 우리 가족은 부산에서 2박 3일을 ( ).
(4) 이번 승리로 우리 팀은 꼴찌 ( )에 성공했다.
(5) 열대야 ( )은 밤에 매우 더운 상태를 말한다.

지구와 대기

우리 주위에 공기가 있다는 것은 여러 가지 방법으로 알 수 있어요. 예를 들어, 풍선에 공기를 불어 넣으면 풍선이 부풀어 올라요. 또 바람이 얼굴을 스칠 때나 선풍기에서 나오는 바람을 느낄 때, 우리는 공기를 느낄 수 있어요. 이렇게 **지구**를 둘러싸고 있는 공기를 '**대기**'라고 해요.

우리 눈에는 보이지 않지만 지구의 대기는 생물들이 숨을 쉬고 살아가는 데 꼭 필요하고, 날씨 현상이 일어나게 해요. 또한 대기는 다양한 용도로 사용돼요. 비행기는 공기를 이용해 날아오르고, 물놀이용 튜브는 공기로 부풀려요. 또한, 바람을 통해 풍력 발전기를 돌려 전기를 얻을 수도 있어요. 이렇게 지구의 대기는 우리 생활에 중요한 역할을 해요.

핵심 용어 다음 빈칸에 들어갈 알맞은 용어를 쓰세요.

(1) ☐☐

지(땅 地) 구(공 球): 공처럼 생긴 땅.
• 뜻: 현재 인류가 살고 있는, 태양계의 셋째 행성.

(2) ☐☐

대(큰 大) 기(기운 氣): 크게 둘러싼 공기.
• 뜻: 지구를 둘러싸고 있는 모든 공기.

대기가 생활에 미치는 영향

지구 온난화로 높아지는 해수면

1 지구 온난화는 지구가 점점 따뜻해지는 것을 말한다. 환경 오염으로 발생한 가스가 지구를 온실처럼 둘러싸서, 지구에서 발생하는 열이 지구 밖으로 빠져나가지 못하여 지구의 기온이 점점 올라가는 것이다. 지구 온난화가 일어나면 바닷물의 표면, 즉 **해수면**이 높아지는 문제가 생긴다. 5

2 지구 온난화로 해수면이 높아지는 까닭은 북극과 남극의 **빙하**가 녹기 때문이다. 빙하가 녹아서 바다로 흘러 들어가면, 바닷물의 양이 많아져 해수면이 높아진다. 또한 지구의 온도가 높아지면 바닷물도 따뜻해져서 해수면이 ㉠올라간다. 물은 온도가 올라가면 **부피**가 늘어나므로 해수면이 더욱 올라가는 것이다. 10

3 해수면이 올라가면 여러 가지 문제가 생긴다. 먼저 해수면이 올라가면 **육지**가 물에 잠기게 되어 사람이 살 수 있는 육지의 **면적**이 줄어든다. 남태평양의 투발루는 9개의 섬으로 이루어진 국가이다. 그런데 수십년간 해수면이 높아져서 2개의 섬이 바다에 잠겼으며, 앞으로 모든 섬이 사라질 **위기**에 있다. 우리나라도 서해안과 남해안에 있는 섬들의 해수면이 빠르게 올라가고 있다. 또 해수면이 올라가면 자연 **생태계**에도 큰 영향을 **끼친다**. 물고기와 다른 생물들의 **서식지**가 변하거나 사라질 수 있기 때문이다. 15

4 지구 온난화로 해수면이 올라가는 것을 막기 위해서는 ㉡여러 가지 노력이 필요하다. 지구 대기를 오염시키는 가스의 발생을 줄이기 위해 노력해야 한다. 가정에서는 일상생활에서는 쓰지 않는 전자 제품의 코드 뽑아 두기, 대중교통과 자전거 이용하기, 가까운 거리 걸어다니기, 일회용품 사용 줄이기 등을 실천할 수 있다. 회사나 기업은 **친환경**으로 제품을 생산하기 위해 노력해야 한다. 모두가 지구를 지키기 위해 작은 것부터 실천하는 자세가 필요하다. 20 25

- **해수면**(海 바다 해, 水 물 수, 面 낯 면) 바닷물의 표면.
- **빙하**(氷 얼음 빙, 下 아래 하) 추운 지역에서 눈이 오랫동안 쌓여 만들어진, 육지를 덮고 있는 큰 얼음덩어리.
- **부피** 물체가 차지하는 공간의 크기.
- **육지** 바다를 제외한 지구의 겉면.
- **면적** 면이 차지하는 크기.
- **위기** 위험한 고비나 시기.
- **생태계** 어느 환경에서 여러 생물들이 서로 적응하고 관계를 맺으며 어우러진 자연의 세계.
- **끼친다** 영향, 해, 은혜 등을 당하거나 입게 한다.
- **서식지** 생물 등이 일정한 곳에 자리를 잡고 사는 곳.
- **친환경** 자연환경을 오염시키지 않고 자연 그대로의 환경과 어울리는 일.

내용 독해

1 이 글에 대한 설명으로 알맞은 것은 무엇인가요? (   )

① 지구 온난화의 장점과 단점을 설명하는 글이다.
② 생태계의 서식지를 보호하자고 주장하는 글이다.
③ 지구에서 사라지고 있는 섬의 위치를 안내하는 글이다.
④ 바닷물의 부피가 늘어나는 원리를 과학적으로 설명하는 글이다.
⑤ 해수면 상승의 원인과 문제점, 해결 방안에 대해 설명하는 글이다.

2 이 글의 내용과 일치하지 <u>않는</u> 것은 무엇인가요? (   )

① 빙하가 녹으면 해수면이 올라간다.
② 해수면이 높아지면 육지의 면적이 늘어난다.
③ 지구 온난화는 지구가 점점 따뜻해지는 것을 말한다.
④ 해수면이 높아지면 자연 생태계에 큰 영향을 끼친다.
⑤ 남태평양에 있는 섬나라인 투발루는 점점 사라지고 있다.

3 다음 중 ㉠과 바꾸어 쓸 수 있는 낱말은 무엇인가요? (   )

① 내려간다   ② 사라진다   ③ 높아진다
④ 줄어든다   ⑤ 감소한다

4 다음 중 ㉡에 해당하지 <u>않는</u> 것은 무엇인가요? (   )

① 버스를 타고 도서관에 가기
② 종이컵에 주스를 담아 마시기
③ 친구 집에 갈 때 자전거를 타기
④ 자기 전에 안 쓰는 선풍기 코드를 뽑기
⑤ 화장실에서 손을 씻고 나오면서 불을 끄기

구조
분석

문단 요약

5 각 문단의 중심 내용을 찾아 선으로 알맞게 이으세요.

1 문단 •

2 문단 •

3 문단 •

4 문단 •

• 해수면이 높아지는 까닭

• 지구 온난화를 막기 위한 노력들

• 해수면이 높아지면 생기는 문제들

• 지구 온난화로 해수면이 높아지는 문제가 생김.

핵심 내용

6 빈칸에 들어갈 알맞은 말을 이 글에서 찾아 쓰세요.

해수면이 높아지면 생기는 문제점

사람이 살 수 있는 (　　　　)의 면적이 줄어듦.

물고기나 다른 생물들의 (　　　　)가 변하거나 사라질 수 있음.

어휘

이해

7 다음 낱말의 뜻을 찾아 선으로 알맞게 이으세요.

(1) 부피 •

(2) 면적 •

(3) 서식지 •

(4) 해수면 •

(5) 끼치다 •

• ㉮ 바닷물의 표면.

• ㉯ 면이 차지하는 크기.

• ㉰ 물체가 차지하는 공간의 크기.

• ㉱ 영향, 해, 은혜 등을 당하거나 입게 하다.

• ㉲ 생물 등이 일정한 곳에 자리를 잡고 사는 곳.

지구의 표면

우주에서 지구를 보면 여러 가지 색을 띠는 것을 알 수 있어요. 지구의 색이 여러 가지인 까닭은 지구의 표면의 모습이 다양하기 때문이에요. **표면**은 사물의 가장 바깥쪽을 말해요. 즉, 지구의 표면은 지구의 겉면을 말해요.

지구의 표면에는 넓은 바다, 높은 산, 평평한 들, 산과 산 사이를 흐르는 계곡, 육지를 가로질러 흐르는 강, 육지에 그여있는 물인 호수, 해안가에 진흙이 많은 갯벌 그리고 건조한 지역에 있는 사막과 추운 지역에 있는 빙하가 있어요.

이러한 지구의 표면은 크게 육지와 바다로 **구분할** 수 있어요. 지구의 표면 중 바다를 **제외한** 부분을 육지라고 해요. 바다는 육지보다 더 많은 **면적**을 차지하고 있답니다.

지구의 다양한 표면

핵심 용어 다음 빈칸에 들어갈 알맞은 용어를 쓰세요.

(1) ☐☐

표(겉 表) 면(모습 面): 겉모습.
• 뜻: 사물의 가장 바깥쪽. 또는 가장 윗부분.

(2) ☐☐

면(모습 面) 적(쌓을 積): 쌓인 모습.
• 뜻: 면이 차지하는 크기.

● **구분할** 어떤 기준에 따라 전체를 몇 개의 부분으로 나눌.
● **제외한** 어떤 대상이나 셈에서 뺀.

바닷물의 특징

㉠ 은 왜 짤까?

1 옛날에 한 도둑이 소금을 만드는 요술 맷돌을 훔쳐서 달아나다가 바다에 빠진 이야기가 있다. 그리고 아직도 바다 아래에서 요술 맷돌이 소금을 만들고 있어 바닷물이 짜다는 내용이다. 옛날 사람들도 바닷물이 강이나 호수, 계곡의 물과 다르게 짠맛이 난다는 것을 알고 있었다. 하지만 왜 짠맛이 나는지 알 수 없어 이런 이야기가 생겨난 것이다. 그렇다면 바닷물이 짠 까닭은 무엇일까?

2 바닷물이 짠 까닭은 수백만 년 동안 강이나 호수, 계곡의 물이 바다로 흘러가면서 바위와 흙에 있던 **염분** 등을 녹여 바다로 **운반했기** 때문이다. 바닷물 중 **순수한** 물은 태양열에 의해 **증발하여** 대기 중에서 비나 눈이 되어 육지로 되돌아간다. 하지만 바다로 흘러온 염분은 바다에 그대로 남게 된다. 이 과정에서 바다에 염분이 쌓여 짠 바닷물이 된다. 또한 바닷속의 화산이 폭발하면 **용암** 속에 있던 염분이 바닷물에 녹기 때문에 바닷물에서 짠맛이 나게 된다.

3 바다에서 수영을 하면 강이나 호수보다 우리 몸이 잘 뜬다. 이러한 현상도 염분 때문이다. 액체는 **밀도**가 높을수록 물체를 뜨게 하는 힘이 커지는 성질이 있다. 즉, 바닷물에 섞여 있는 염분 등의 양이 많아서 사람이 잘 뜨는 것이다. 우리나라는 동해나 남해보다 황해의 염분의 밀도가 낮다. 우리나라 대부분의 강과 중국의 큰 강이 황해로 흘러서 염분의 양에 비해 물의 양이 많기 때문이다. 대부분의 호수는 염분이 없지만, 이스라엘에 있는 호수 '사해'는 바다처럼 염분이 있기로 유명하다. 그런데 사해는 사방이 갇혀 있어서 흘러 들어오는 물은 없고, 물이 증발하고 있다. 그래서 염분이 많아 사해에 들어가면 몸이 매우 잘 뜬다.

4 바닷물은 염분 때문에 사람이 마실 수 없다. 사람이 바닷물을 마시게 되면 **혈액**에 염분이 많아지게 된다. 사람의 몸은 염분의 양을 일정하게 유지해야 하기 때문에, 몸속의 염분을 물과 함께 몸 밖으로 내보내게 된다. 이 과정에서 몸의 물이 모두 **빠져나가는** **탈수**가 일어나 위험할 수 있다.

- **염분** 바닷물에 들어있는 소금기.
- **운반했기** 강물이나 바람이 흙, 모래, 자갈 등을 옮겨 날랐기.
- **순수한** 전혀 다른 것의 섞임이 없는.
- **증발하여** 어떤 물질이 액체 상태에서 기체 상태로 변하여.
- **용암** 화산의 분화구에서 분출된 마그마.
- **밀도** 어떤 물질의 단위 부피만큼의 질량.
- **혈액** 사람이나 동물의 몸 안의 혈관을 돌며 산소와 영양분을 공급하고, 노폐물을 운반하는 붉은색의 액체.
- **탈수** 몸속의 수분이 모자라서 일어나는 증상.

제목

1 이 글의 제목으로 어울리도록 ㉠에 들어갈 알맞은 말을 세 글자로 쓰세요.

(   )

내용 이해

2 이 글의 내용과 일치하는 것은 무엇인가요? (   )

① 바닷물에는 염분이 거의 없다.
② 바닷물은 강물보다 마시기 좋다.
③ 바닷물을 마시면 탈수 상태에 빠질 수 있다.
④ 바닷물은 물체를 바닥에 가라앉게 하는 성질이 있다.
⑤ 계곡보다 바닷물에서 우리 몸이 더 쉽게 가라앉는다.

내용 이해

3 바닷물에 염분이 쌓이는 과정으로 알맞지 <u>않은</u> 것은 무엇인가요? (   )

① 비와 강물이 땅의 염분을 바다로 운반한다.
② 바닷물의 물이 증발할 때 염분은 바다에 남는다.
③ 바닷속 생물들이 소금 성분과 미네랄을 운반한다.
④ 바닷속 화산이 폭발할 때 염분이 바닷물에 녹아든다.
⑤ 수백만 년 동안 육지의 염분이 바다로 흘러 들어갔다.

적용

4 이 글의 내용에 알맞게 다음 빈칸에 들어갈 말을 골라 ○표 하세요.

⑴ 바닷물은 강물보다 염분이 (적다, 많다).
⑵ 바닷물은 강물보다 밀도가 (높다, 낮다).
⑶ 황해는 동해나 남해보다 밀도가 (높다, 낮다).
⑷ 액체는 밀도가 (낮을수록, 높을수록) 물체가 잘 뜬다.

문단 요약

5 각 문단의 중심 내용을 정리한 것입니다. 문단의 순서대로 기호를 쓰세요.

> ㉮ 바닷물이 짠 까닭
> ㉯ 바닷물을 마실 수 없는 까닭
> ㉰ 바닷물과 다른 물과의 차이점
> ㉱ 바닷물에서 몸이 잘 뜨는 까닭

㉰ → (　　　　) → (　　　　) → (　　　　)

핵심 내용

6 빈칸에 들어갈 알맞은 말을 이 글에서 찾아 쓰세요.

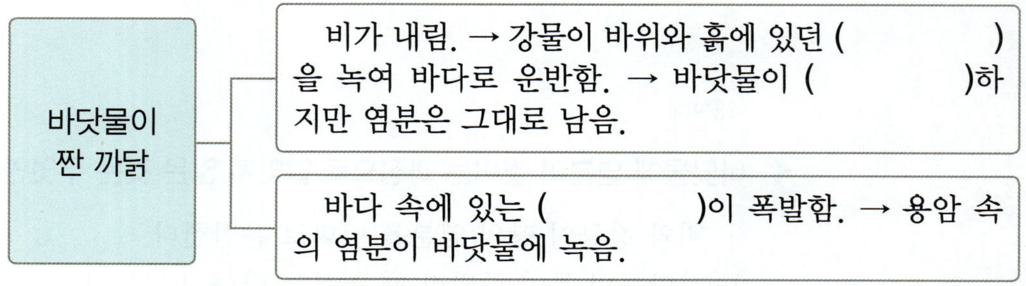

적용

7 다음 문장에 들어갈 알맞은 낱말에 ◯표 하세요.

(1) 강물은 흙과 모래를 강 아래쪽으로 (운반, 운전)한다.
(2) (금액, 혈액)을 검사하여 건강에 문제가 없는지 확인했다.
(3) 방 안에 물그릇을 두면 물이 (증가, 증발)하여 양이 줄어든다.
(4) 바닷물에는 (당분, 염분)이 많이 포함되어 있어서 마실 수 없다.
(5) 더운 날에 땀을 너무 많이 흘리면 (탈락, 탈수) 상태에 빠질 수 있다.

바닷물의 특징

　　바다의 물은 육지의 물과 다르게 소금 등 여러 가지 물질이 녹아 있어서 짠맛이 나요. 육지에 내린 빗물은 바다로 가면서 지표면의 여러 물질을 녹이며 흘러가요. 또한 바다 속에 있는 화산이 폭발하면 여러 가지 물질이 바닷물에 녹아요. 이러한 여러 물질들이 모여서 바닷물에서 짠맛이 나게 돼요.

　　지구에 있는 물 중에서 가장 많은 양을 차지하고 있는 것이 바닷물이에요. 바닷물은 지구 전체 물의 약 97퍼센트를 차지하고 있어요. 바다의 물을 제외한 나머지 물을 육지의 물이라고 해요. 이 물은 바닷물과 달리 염분이 없어서 짠맛이 나지 않아요. 육지의 물은 빙하와 같은 얼음, 눈, **지하수** 등이 대부분이어서 우리가 사용할 수 있는 강이나 호수의 물은 매우 적은 양을 차지합니다.

핵심 용어 다음 빈칸에 들어갈 알맞은 용어를 쓰세요.

(1) ☐☐의 물

- 뜻: 바다에 괴어 있는 짠물. = 바닷물

(2) ☐☐의 물

육(뭍 陸) 지(땅 地): 바다가 아닌 부분

- 뜻: 강이나 호수 등과 같이 염분이 없는 물.

바다의 물: 지표면의 여러 물질이 흘러 들어가고, 화산 폭발로 여러 물질이 녹아 짠 맛이 남.

육지의 물: 우리가 사용할 수 있는 육지의 물은 지구에서 매우 적은 양을 차지함.

● **지하수** 땅속에 고여 있는 물.

바닷가 지형

프랑스 에트르타의 절벽과 해변

1 프랑스를 대표하는 화가 클로드 모네의 작품 중 '에트르타 절벽의 일몰'이라는 그림이 있다. 이 그림은 프랑스 에트르타의 아름다운 해변에서 바라보는 **웅장한** 다몽 절벽을 그린 것이다. 다몽 절벽은 아치 모양으로 가운데가 뚫려 있어 코끼리가 서 있는 듯한 모습을 하고 있는 **침식 지형**이다. 다몽 절벽 옆의 해변은 작은 자갈이 깔려 있고 파도가 잔잔한 **퇴적** 지형이다. 에트르타의 바닷가는 **자연 경관**이 뛰어나 많은 예술가들이 이 곳에서 **영감**을 받아 작품을 만들었다고 한다.   5

2 침식 지형은 에트르타의 다몽 절벽처럼 하천, 파도, 바람 등에 의해 바위나 돌 등이 깎여서 만들어진 것이다. 다몽 절벽은 바다쪽으로 **돌출되어** 있는데, 이렇게 절벽처럼 바다로 돌출되어 뾰족한 땅을 '곶'이라고 한다. 곶이 만들어지는 방법은 다양하다. 먼저 육지가 점점 가라앉거나 바다의 표면인 해수면이 **상승하면서** 산줄기가 바다와 맞닿아 만들어진다. 또 다른 지형보다 단단한 암석으로 구성된 땅이 파도에 의한 침식의 영향을 덜 받아 만들어지기도 한다. 반대로 파도가 다른 곳보다 잔잔해서 곶이 만들어지기도 한다.   10   15

3 에트르타의 다몽 절벽의 옆은 바닷가가 육지 쪽으로 휘어 들어가면서 평평한 해변이 길게 펼쳐진다. 이렇게 해변이 평평한 까닭은 부서진 돌이 운반되다가 쌓여서 만들어진 퇴적 지형이기 때문이다. 해변처럼 바다가 육지 쪽으로 휘어 들어와 있는 지형을 '만'이라고 한다. 대부분의 만은 **움푹** 들어가고 평평하기 때문에 파도가 **잔잔하여** 해수욕장으로 이용된다. 에트르타의 해변도 다몽 절벽을 보면서 수영을 즐길 수 있는 **명소**이다.   20

4 오랜 시간이 지나면 에트르타의 다몽 절벽이나 해변이 사라질 수도 있다. 곶은 앞으로 돌출되어 파도에 의한 침식 작용이 활발하게 일어나고, 만은 반대로 퇴적 작용이 활발하게 일어나 해안이 **단조롭게** 변하면서 사라지기 때문이다. 반대로 또 다른 지역에서는 침식 작용과 퇴적 작용으로 새로운 지형이 생길 수도 있다.   25

- **웅장한** 규모 등이 거대하고 성대한.
- **침식** 비, 하천, 빙하, 바람 등의 자연 현상이 땅이나 돌 등을 깎는 일.
- **지형** 땅의 생긴 모양.
- **퇴적** 흙이나 죽은 생물의 뼈 등이 물이나 바람, 빙하 등에 의해 운반되어 일정한 곳에 쌓이는 일.
- **자연 경관** 사람의 손을 더하지 않은 자연 그대로의 모습.
- **영감** 창조적인 활동과 관련한 기발하고 좋은 생각.
- **돌출되어** 쑥 내밀거나 불거져.
- **상승하면서** 낮은 데서 위로 올라가면서.
- **움푹** 가운데가 우묵하게 푹 들어간 모양.
- **잔잔하여** 바람이나 물결 등이 가라앉아 잠잠하여.
- **명소**(名 이름 명, 所 바 소) 경치나 고적, 산물 등으로 널리 알려진 곳.
- **단조롭게** 단순하고 변화가 없어 새로운 느낌이 없게.

글의 특징

1 이 글에 대한 설명으로 알맞은 것은 무엇인가요? (　　　　)

① 바닷가 생태계를 지켜야 한다고 주장하고 있다.
② 바닷가에서 할 수 있는 활동을 비교하며 설명했다.
③ 바닷가 주변 관광지의 역사에 대해 시간순으로 설명했다.
④ 유명한 관광지를 예로 들어 침식과 퇴적 지형을 설명했다.
⑤ 바닷가 지형의 아름다움을 감상하는 다양한 방법을 소개했다.

내용 이해

2 이 글을 통해 알 수 있는 내용을 모두 찾아 ○표 하세요.

(1) 침식과 퇴적의 뜻　　　　　　　　　　　　　　　　　　（　　　）
(2) 에트르타의 해변의 길이　　　　　　　　　　　　　　　（　　　）
(3) 바닷가에 있는 지형의 종류　　　　　　　　　　　　　（　　　）
(4) 바닷가에 있는 곶이 만들어지는 과정　　　　　　　　（　　　）

내용 이해

3 이 글의 내용과 일치하지 <u>않는</u> 것은 무엇인가요? (　　　　)

① 바닷가 지형은 시간이 지나면 변한다.
② 바닷가 지형은 침식과 퇴적에 의해 만들어진다.
③ 프랑스 에트르타의 해변은 유명한 퇴적 지형이다.
④ 침식은 물에 의해 땅에 모래와 흙이 쌓이는 것을 뜻한다.
⑤ 프랑스의 다몽 절벽은 파도와 바람에 의해 만들어진 절벽이다.

추론

4 이 글에 대한 반응으로 알맞은 것은 무엇인가요? (　　　　)

① 퇴적이 일어난 곳은 관광 명소가 될 수 없어.
② 바닷가 지형은 한번 생기면 모양이 바뀌지 않아.
③ 곶은 작은 자갈이나 모래가 많이 쌓여져 있을 거야.
④ 에트르타의 해변과 다몽 절벽은 생기는 과정이 비슷하구나.
⑤ 다몽 절벽이 코끼리 모양인 것은 긴 시간 파도와 바람에 의해 깎였기 때문이야.

문단 요약

5 다음 빈칸에 들어갈 알맞은 말을 쓰며 이 글의 내용을 정리하세요.

문단	중심 내용
1	에트르타의 바닷가의 (　　　　　) 지형과 퇴적 지형
2	절벽과 같은 침식 지형인 (　　　　)이 만들어지는 과정
3	해변과 같은 퇴적 지형인 (　　　　)의 특징
4	바닷가 지형은 침식과 퇴적 작용으로 계속 변하고 있음.

핵심 내용

6 빈칸에 들어갈 알맞은 말을 이 글에서 찾아 쓰세요.

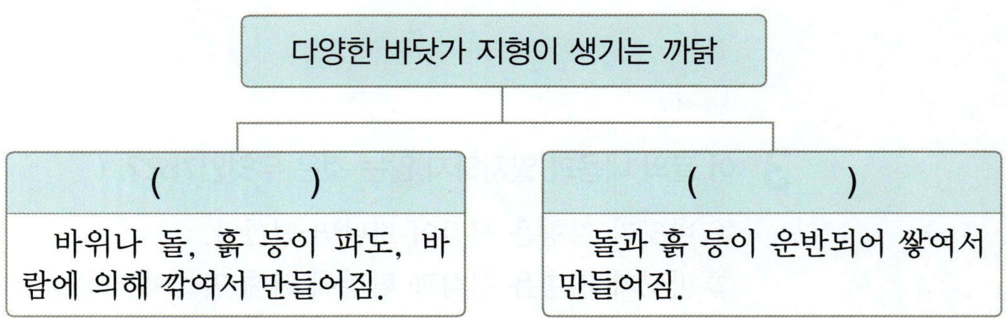

적용

7 다음 문장에 들어갈 알맞은 낱말에 ○표 하세요.

⑴ 거대한 건축물은 그 규모가 매우 (성장, 웅장)하다.

⑵ 저 높은 산에는 경치가 아름다운 (명성, 명소)이/가 있다.

⑶ 새로운 작품을 만들어 내려면 기발한 (소감, 영감)이 필요하다.

⑷ 이곳은 물살이 느려서 모래나 흙이 흘러와 (퇴적, 퇴치)되는 곳이다.

⑸ 경사가 급한 계곡은 다른 곳보다 더 빠르게 (침묵, 침식) 작용이 일어난다.

바닷가 지형

바닷가에서는 다양한 지형을 볼 수 있어요. 바닷물에 깎여 만들어진 구멍난 바위, 커다란 절벽, 기둥처럼 생긴 바위, 바닷물이 모래를 쌓아 만든 모래 해변, 바닷물이 **고운** 흙을 쌓아 만든 갯벌 등이 있어요.

이러한 지형은 바닷물의 침식, 운반, 퇴적 작용으로 만들어져요. 땅의 표면인 지표의 바위나 돌, 흙 등이 깎이는 것을 '**침식** 작용'이라고 해요. 돌과 흙 등을 운반하는 것을 '**운반** 작용', 그리고 운반된 돌과 흙 등이 쌓이는 것을 '**퇴적** 작용'이라고 해요.

이러한 침식, 운반, 퇴적 작용은 아주 오랜 시간에 걸쳐 바닷가의 다양한 지형들을 만들고 있답니다.

• 침식 작용으로 만들어진 지형

파도와 바람에 깎여 만들어진 바위의 구멍

파도와 바람에 깎여 만들어진 절벽

• 퇴적 작용으로 만들어진 지형

모래가 쌓여 만들어진 모래 해변

고운 흙이 쌓여 만들어진 갯벌

● **고운** 가루나 알갱이 등이 매우 잘은.

핵심 용어 다음 빈칸에 들어갈 알맞은 용어를 쓰세요.

(1) ☐☐ **작용**

침(적실 浸) **식**(갉아먹을 蝕): 물에 적시어 깎음.

• 뜻: 비, 하천, 빙하, 바람 등의 자연 현상이 지표를 깎는 일.

(2) ☐☐ **작용**

운(움직일 運) **반**(옮길 搬): 움직여 옮김.

• 뜻: 강물이나 바람 등이 흙, 모래, 자갈 등을 옮겨 나름.

(3) ☐☐ **작용**

퇴(흙무더기 堆) **적**(쌓을 積): 흙이 쌓임.

• 뜻: 돌과 흙 등이 물이나 빙하, 바람 등의 작용으로 운반되어 일정한 곳에 쌓이는 일.

지문 분석

글자 수 938
800 900 1000

밀물과 썰물

밀물과 썰물을 이용한 조력 발전소

1 **밀물**은 바닷물이 **해안**으로 밀려 들어오면서 해수면이 높아지는 현상이고, **썰물**은 바닷물이 해안에서 빠져나가 해수면이 낮아지는 현상이다. 밀물과 썰물은 하루에 두 번씩 발생한다. 이렇게 규칙적으로 발생하는 밀물과 썰물을 이용하여 에너지를 만드는 발전소가 있다. 바로 조력 발전소이다. 5

2 조력 발전소를 만들기 위해서는 그 지역의 밀물과 썰물의 높이 차이가 2미터보다 커야 하고 해안이 육지 방향으로 들어가 있어야 한다. 세계에서 이런 조건을 만족하는 해안은 우리나라의 서해안을 포함하여 몇 군데 되지 않는다. 특히 우리나라의 서해안은 밀물과 썰물의 높이 차이가 무려 4미터를 넘을 정도로 크고, 지형이 **복잡하여** 조력 발전소를 세 10 우기에 좋은 환경이다. 조력 발전소는 바다에 **댐**을 만들고, 밀물 때 댐의 바깥쪽 해수면이 안쪽보다 높아져 안쪽으로 바닷물이 밀려 들어오는 힘을 이용한다. 이를 위해 썰물 때는 댐 안의 바닷물을 밖으로 내보내어 댐 안의 해수면의 높이를 낮게 만든다.

3 태양빛을 이용한 태양광 발전소, 바람을 이용한 풍력 발전소 등은 15 태양의 힘으로 에너지를 만든다. 그런데 조력 발전소는 지구와 달의 힘을 이용하여 에너지를 만든다. 밀물과 썰물은 지구와 달이 서로 끌어당기는 힘으로 만들어지는 **자연 현상**이기 때문이다. 1966년에 프랑스에서 세계 최초로 이러한 지구와 달의 힘을 이용한 조력 발전소를 만들었다. 그리고 우리나라에서는 시화호 조력 발전소를 만들어 2011년부터 20 에너지를 생산하고 있다. 시화호 조력 발전소에서 만드는 에너지양은 전 세계의 조력 발전소 중 가장 많은 양을 **기록하고** 있다.

4 조력 발전소는 밀물과 썰물의 차를 이용하기 때문에 재생 가능한 에너지이며, 에너지를 만드는 과정에서 환경을 오염시키는 물질이 배출되지 않아서 친환경 에너지이다. 또한 수력 발전소에 비해 생태계에 끼치 25 는 영향도 매우 적은 특징을 가지고 있다.

- **밀물** 바닷물이 주기적으로 밀려 들어와서 해수면이 높아지는 현상.
- **해안**(海 바다 해, 岸 언덕 안) 바다와 육지가 맞닿은 부분.
- **썰물** 바닷물이 주기적으로 밀려나가서 해수면이 낮아지는 현상.
- **복잡하여** 복작거리어 혼잡스러워.
- **댐** 강이나 바닷물을 막아 물의 양을 조절하고 발전을 하기 위하여 쌓은 둑.
- **자연 현상** 인간의 의지와 관계없이 자연계에 나타나는 현상.
- **기록하고** 성적이나 결과 등을 수치로 나타내고.

1 이 글의 중심 내용은 무엇인가요? (   )

① 우리나라 서해안의 특징
② 조력 발전소의 특징과 원리
③ 재생 가능한 에너지의 종류
④ 지구와 달이 끌어당기는 힘의 크기
⑤ 세계의 조력 발전소의 에너지 생산량

2 이 글의 내용과 일치하는 것은 무엇인가요? (   )

① 조력 발전소는 생태계에 영향을 전혀 미치지 않는다.
② 서해안은 밀물과 썰물의 차이가 크고 지형이 복잡하다.
③ 밀물은 바닷물이 빠져나가 해수면이 낮아지는 현상이다.
④ 풍력 발전소는 지구와 달의 힘을 이용하여 에너지를 만든다.
⑤ 밀물과 썰물의 높이 차이가 작을수록 조력 발전소를 세우기 좋다.

3 이 글을 통해 답을 알 수 있는 질문을 모두 찾아 ○표 하세요.

(1) 조력 발전소를 세우기 좋은 국가는 몇 개인가요?   (   )
(2) 세계 최초의 조력 발전소는 어느 나라에 있나요?   (   )
(3) 시화호 조력 발전소의 에너지 생산량은 얼마인가요?   (   )
(4) 지구와 달이 끌어당기는 힘으로 생기는 자연 현상은 무엇인가요? (   )

4 ㉠이 무엇인지 알맞은 낱말을 이 글에서 찾아 빈칸을 완성하세요.

> 햇빛이나 바람, 비, 바닷물, 파도 등은 시간이 지나도 없어지지 않고 계속 사용이 가능하다. 그래서 이러한 자연 환경을 이용하여 만드는 에너지가 있다. ㉠이 에너지는 환경을 오염시키지 않는 친환경 에너지이다

(   ) 가능한 에너지

구조 분석

5 각 문단의 중심 내용을 알맞게 선으로 이으세요.

1 문단	•		•	친환경 에너지인 조력 발전소
2 문단	•		•	밀물과 썰물을 이용한 조력 발전소
3 문단	•		•	지구와 달의 힘을 이용한 조력 발전소
4 문단	•		•	조력 발전소를 세우기 위한 조건과 원리

6 빈칸에 들어갈 알맞은 말을 이 글에서 찾아 쓰세요.

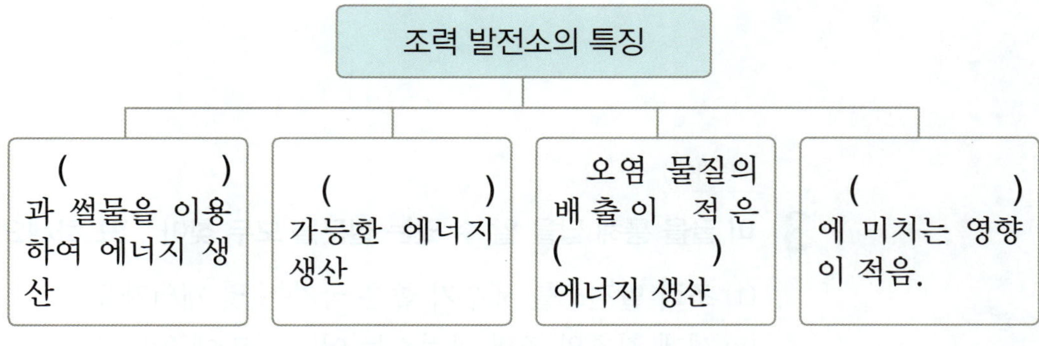

어휘

7 다음 문장의 빈칸에 들어갈 알맞은 낱말을 보기 에서 찾아 쓰세요.

보기

밀물 썰물 복잡 댐 기록

⑴ (   ) 때가 되자 넓은 갯벌이 드러났다.

⑵ 할머니 댁에 가는 길이 (   )하여 길을 헤맸다.

⑶ 배구 선수인 그는 올해 가장 좋은 성적을 (   )했다.

⑷ 가뭄이나 홍수에 대비하기 위해 새로 (   )을 지었다.

⑸ (   ) 때가 되어 바다에 바닷물이 차야 배를 띄울 수 있다.

밀물과 썰물

정답과 해설 **28** 쪽

'**밀물**'은 바닷물이 해안으로 밀려 들어와 물의 높이가 점점 높아지는 현상을 가리키며, '**썰물**'은 반대로 바닷물이 해안에서 멀어지면서 물의 높이가 낮아지는 현상을 의미해요. 이러한 현상을 '조석'이라고 해요.

조석 현상에 의해 하루 중 바닷물이 가장 높아졌을 때를 '만조'라고 하고, 가장 낮아졌을 때를 '간조'라고 해요. 만조와 간조는 **주기적**으로 반복되며, 해안선의 모습에 큰 영향을 미쳐요. 만조와 간조는 각각 하루에 2회 정도씩 일어나며, 매일 약 50분씩 늦어져요.

이렇게 만조와 간조가 일어나는 까닭은 지구와 달이 서로를 강하게 끌어당기기 때문이에요. 달이 지구 둘레를 회전할 때 달과 가깝게 있는 곳의 바닷물이 달 쪽으로 쏠리면서 만조가 일어나고, 그렇지 않은 쪽에서는 간조가 일어나요. 이때 균형을 맞추기 위해 달과 가장 먼 부분에서도 만조가 일어나요.

핵심 용어 다음 빈칸에 들어갈 알맞은 용어를 쓰세요.

(1) ☐☐
- 뜻: 바닷물이 주기적으로 밀려 들어와서 해수면이 높아지는 현상. 또는 그 바닷물.

(2) ☐☐
- 뜻: 바닷물이 주기적으로 밀려 나가서 해수면이 낮아지는 현상. 또는 그 바닷물.

• 지구와 달이 서로 끌어당기는 힘에 의해 생기는 만조와 간조

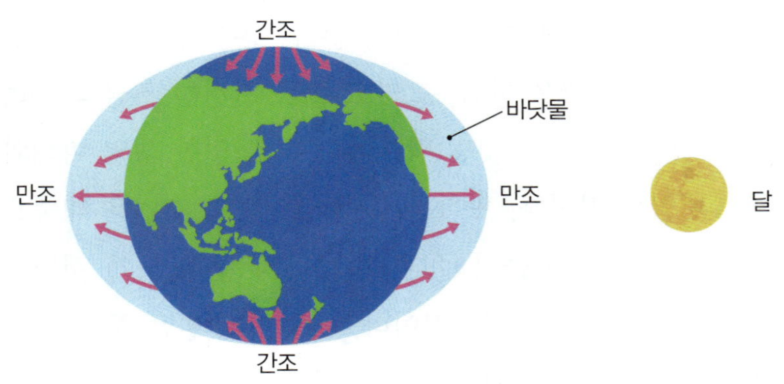

• 만조와 간조의 해수면 차이

● **주기적** 일정한 간격을 두고 되풀이하여 진행되거나 나타나는 것.

지문 분석

글자 수 917

800 900 1000

소중한 갯벌을 지키자

1 우리나라 서해안 갯벌은 세계 5대 갯벌 중 하나로, 유네스코 세계 자연 유산에 등록되어 그 중요성을 인정받고 있다. 그런데 갯벌을 개발하며 갯벌의 생태계가 **파괴되고** 환경이 오염되고 있다. 갯벌은 여러 가지 소중한 **가치**를 지니고 있어서 이를 알고, 우리의 갯벌을 **보전해야** 한다.

2 첫째, 갯벌은 여러 생물이 살아갈 수 있는 **터전**이 된다. 소라, 굴, 바지락, 새우 같은 생물들이 갯벌에서 살아간다. 또한 갯벌은 **철새**가 알을 낳고 새끼를 기르는 데 좋은 환경이 된다. 갯벌은 철새들이 쉬고 먹이를 찾는 중요한 장소이기 때문이다. 갯벌이 사라지면 이 생물들이 살 곳을 잃게 되고, 생물의 종류가 줄어들게 된다. 5

3 둘째, 갯벌은 바다를 깨끗하게 만든다. 갯벌에 사는 작은 생물들이 육지에서 나오는 오염 물질을 분해해 물을 깨끗하게 만들어 준다. 바지락 한 마리는 한 시간에 약 1리터, 즉 작은 물병 2개만큼의 물을 깨끗하게 할 수 있다. 갯벌이 사라지면 갯벌에 사는 생물들도 함께 사라져 환경 오염이 심해질 수 있다. 10

4 셋째, 갯벌은 홍수와 태풍의 **피해**를 줄여 준다. 홍수가 일어나면 깊은 갯벌은 물을 저장하는 역할을 한다. 그리고 물을 천천히 조금씩 흘려보내서 홍수량을 조절할 수 있다. 갯벌 덕분에 홍수로 인한 생명 피해와 재산 피해를 줄일 수 있는 것이다. 또한 태풍이 일어나면 갯벌은 태풍으로 인한 높은 파도를 약하게 만들어 준다. 먼바다의 큰 파도가 갯벌로 다가오면서 점점 그 세기가 약해지는 것이다. 이렇게 갯벌은 홍수와 태풍으로부터 우리를 지켜주는 **방파제** 역할을 한다. 15

5 따라서 우리는 이러한 갯벌의 가치를 알고, 갯벌을 지켜야 한다. 갯벌을 보호하면 우리의 자연을 지킬 수 있다. 이는 다음 **세대**에게 건강한 환경을 물려주는 길이기 때문에, 아름답고 소중한 갯벌을 지키기 위해 모두가 함께 노력해야 한다. 20, 25

- **파괴되고** 때려 부수거나 깨뜨려 무너뜨리고.
- **가치** 사물이 지니고 있는 쓸모.
- **보전해야** 온전하게 보호하여 유지해야.
- **터전** 생활의 근거지가 되는 곳.
- **철새** 철을 따라 이리저리 옮겨 다니며 사는 새.
- **피해** 생명이나 신체, 재산, 명예 등에 손해를 입음.
- **방파제** 항구로 밀려드는 물결을 막기 위해 바다에 쌓은 둑.
- **세대**(世 세대 세, 代 대신할 대) 부모가 속한 시대와 그 자녀가 속한 시대의 차이인 약 30년 정도 되는 기간.

내용
독해

1 이 글에서 글쓴이의 주장은 무엇인가요? (   )

① 갯벌을 활발하게 개발해야 한다.
② 우리의 갯벌을 세계에 알려야 한다.
③ 갯벌에 사는 철새를 보호해야 한다.
④ 갯벌의 가치를 알고 갯벌을 지켜야 한다.
⑤ 갯벌에 사는 생물을 전시하는 박물관을 만들어야 한다.

2 이 글의 내용과 일치하는 것은 무엇인가요? (   )

① 갯벌은 태풍의 피해를 크게 만든다.
② 갯벌은 철새들이 살 수 없는 곳이다.
③ 갯벌은 생물의 종류를 줄이는 역할을 한다.
④ 갯벌에 사는 작은 생물은 오염 물질을 분해한다.
⑤ 홍수가 일어나면 갯벌은 파도를 일으키는 역할을 한다.

3 글쓴이가 말한 갯벌을 지켜야 하는 까닭으로 알맞지 <u>않은</u> 것에 ×표 하세요.

(1) 갯벌은 바다를 깨끗하게 만들어 준다.   (   )
(2) 갯벌은 여러 생물이 살아가는 터전이다.   (   )
(3) 갯벌은 홍수와 태풍의 피해를 줄여 준다.   (   )
(4) 갯벌을 개발하면 지역을 관광지로 만들 수 있다.   (   )

4 다음 중 글쓴이와 생각이 같은 친구는 누구인지 쓰세요.

> 민서: 소중한 갯벌을 보전해야 해. 갯벌이 없어진다면 바다 생물들이 살기
>   힘들어지고, 환경 오염도 심해질 거야.
> 정혁: 갯벌은 생물 뿐만 아니라 어민들도 살아가는 중요한 터전이야. 그래서
>   갯벌을 개발하면 어민들에게도 좋은 일이 될 거야.
> 소정: 나는 갯벌을 개발해서 새로운 땅을 만드는 것이 중요하다고 생각해.
>   개발된 땅에 농사를 짓거나 공장을 지을 수 있기 때문이야.

(   )

구조 분석

문단 요약

5 다음 빈칸에 들어갈 알맞은 말을 쓰며 이 글의 내용을 정리하세요.

문단	중심 내용
1	소중한 가치가 있는 (　　　　)을 보전해야 함.
2	갯벌은 여러 생물들이 살아가는 (　　　　)임.
3	갯벌은 바다를 깨끗하게 만들어 줌.
4	갯벌은 (　　　　)와 태풍의 피해를 줄여 줌.
5	갯벌의 가치를 알고 모두가 함께 갯벌을 지켜야 함.

핵심 내용

6 빈칸에 들어갈 알맞은 말을 이 글에서 찾아 쓰세요.

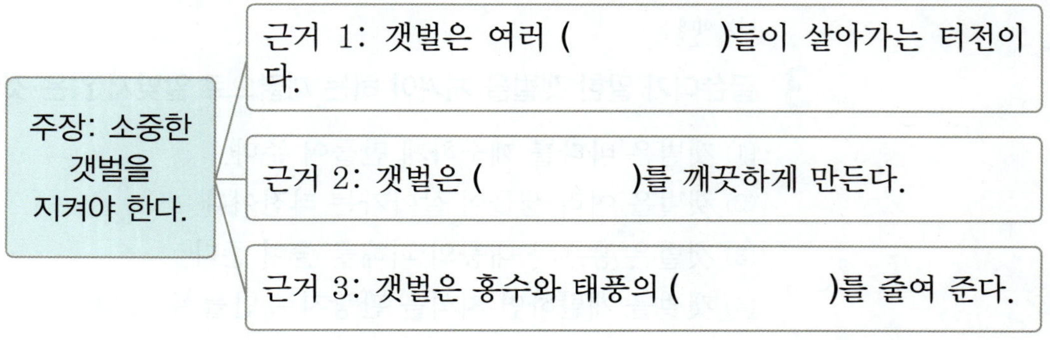

어휘

적용

7 다음 문장의 빈칸에 들어갈 알맞은 낱말에 ○표 하세요.

(1) 우리 마을은 폭설로 큰 (피해, 오해)를 입었다.
(2) 이 책은 역사적인 (가상, 가치)이/가 매우 높다.
(3) 하천을 잘 (보전, 보상)한 덕분에 하천이 오염되지 않았다.
(4) 이 산은 오래전에 많은 사람이 사는 (터전, 터득)이었다고 한다.
(5) 거대한 태풍이 지나가면서 집과 건물들이 심하게 (파견, 파괴)되었다.

갯벌의 가치와 생태계

정답과 해설  29 쪽

우리나라의 서해안과 남해안에서는 썰물 때 바닷물이 빠져나가면 넓은 **갯벌**을 볼 수 있어요. 갯벌은 다양한 **생물**들의 터전이 되고, 오염 물질을 깨끗하게 하며 홍수와 태풍의 피해를 줄여 주는 등 **생태계**에서 중요한 역할을 해요.

갯벌에는 다양한 생물들이 살아요. 먼저 갯벌에는 밤고동, 왕좁쌀무늬고동처럼 표면을 기어다니는 생물이 있어요. 또 칠게, 갯지렁이, 말뚝망둥어 등과 같이 갯벌의 표면에 구멍을 파고 생활하는 생물이 있어요. 밖으로 나오지 않고, 갯벌 깊은 곳에 구멍을 파고 사는 생물도 있어요. 갯지렁이와 대부분의 조개가 이러한 생물에 해당돼요.

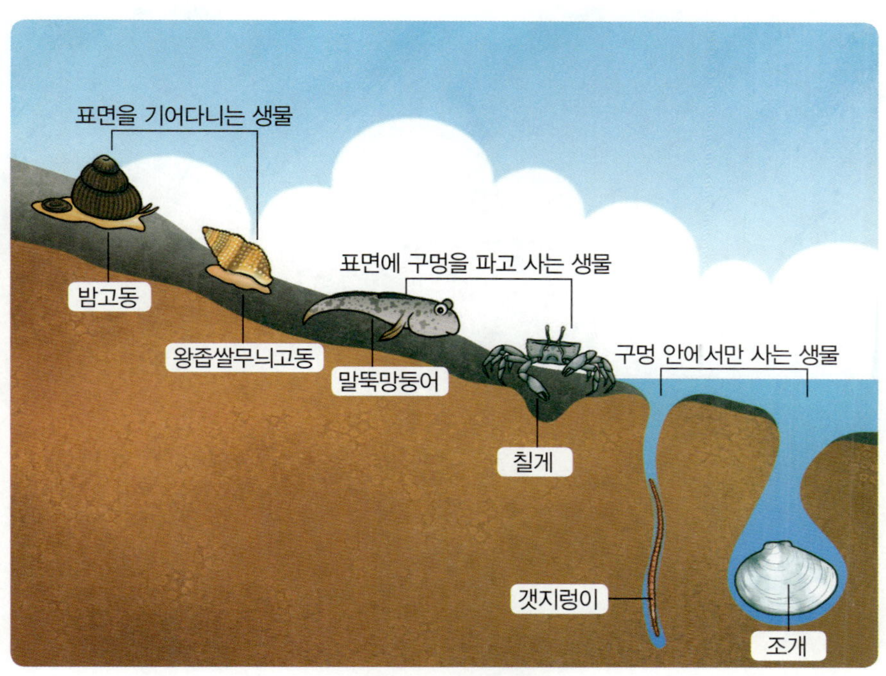

갯벌에 사는 다양한 생물

핵심 용어 다음 빈칸에 들어갈 알맞은 용어를 쓰세요.

(1) ☐☐
- 뜻: 밀물 때는 물에 잠기고 썰물 때는 물 밖으로 드러나는 모래 점토질의 평탄한 땅.

(2) ☐☐
생(날 生) 물(만물 物): 살아있는 모든 것.
- 뜻: 생명이 있는 동물과 식물.

● **생태계** 일정한 지역이나 환경에서 여러 생물들이 서로 적응하고 관계를 맺으며 어우러진 자연의 세계.

과학과 사회

우리 주변의 감염병

감염병 위험을 높이는 폭염

1 최근 **폭염**이 계속되면서 흔히 '더위 먹는다'라고 표현하는 일사병과 열사병 같은 질병이 늘어나고 있습니다. 여름철에는 이 외에도 조심해야 할 질병이 있는데요, 바로 오염된 물이나 식품으로 인한 **감염병**입니다. 오늘은 폭염과 감염병의 **관계**에 대해 알아보겠습니다.

2 무더위가 계속되면서 물이나 음식을 통한 감염병 환자가 급증하고 있습니다. 살모넬라균과 같은 세균에 의한 감염증으로 식중독 환자의 발생이 늘어나고 있으며, 특히 여러 명이 한꺼번에 감염되는 사례도 늘어나고 있습니다. 이러한 감염병은 오염된 물이나 음식을 통해 세균이 우리 몸에 들어와 발생합니다. 감염병에 걸리면 **복통**, 설사, **구토** 등의 증상이 나타납니다.

3 여름철에 특히 감염병 발생 위험이 커지는 까닭은 높은 온도와 **습한** 환경으로 인해 세균이 늘어나기 때문입니다. 세균은 온도가 높고 습한 환경을 좋아해 여름철에 더욱 활발히 늘어납니다. 특히 바다의 온도가 올라가게 되면 바다에 사는 세균도 늘어나 물고기나 조개류를 오염시킵니다. 그래서 이를 익히지 않고 먹을 경우 감염병에 걸리기 쉽습니다.

4 모든 질병은 **예방**이 가장 중요합니다. 감염병을 예방하려면 식사하기 전 반드시 손을 깨끗이 씻어야 합니다. 흐르는 물에 30초 이상 비누로 손을 씻어야 감염병의 원인이 되는 세균을 제거할 수 있습니다. 또한, 음식을 충분히 익혀 먹고 물을 끓여 마셔야 합니다. 만약 감염병에 걸렸다면 빠르게 **의료 기관**을 방문해 **진료**를 받고, 완전히 낫기 전에는 다른 사람과의 **접촉**을 피하는 것이 좋습니다. 예방 수칙을 잘 지키고, 건강 관리에 더욱 신경 써서 건강한 여름을 보내시길 바랍니다.

- **폭염** 매우 심한 더위.
- **감염병** 병원체인 미생물이 생물체에 옮아 증식하여 일으키는 병을 통틀어 이르는 말.
- **관계** 둘 이상의 사람, 사물, 현상 등이 서로 관련을 맺음. 또는 그런 관련.
- **복통** 복부에 일어나는 통증을 통틀어 이르는 말.
- **구토** 먹은 음식을 토함.
- **습한** 메마르지 않고 물기가 축축한.
- **예방** 질병이나 재해 등이 일어나기 전에 미리 대처하여 막는 일.
- **의료 기관** 의료 행위를 목적으로 하는 기관. 병원, 한의원, 치과 등이 포함됨.
- **진료** 의사가 환자를 진찰하고 치료하는 일.
- **접촉** 서로 맞닿음.

1 글쓴이가 이 글을 쓴 목적은 무엇인가요? (   )

① 감염병의 치료 방법을 설명하기 위해
② 일사병과 열사병을 예방하는 방법을 알리기 위해
③ 바다의 온도 상승이 생태계에 미치는 영향을 설명하기 위해
④ 여름철 식중독 발생 원인을 연구 결과와 함께 소개하기 위해
⑤ 폭염과 감염병의 관계를 설명하고 예방법과 대처법을 알리기 위해

2 이 글의 내용과 일치하는 것은 무엇인가요? (   )

① 감염병은 여름철에만 발생한다.
② 감염병에 걸리면 손 씻기만으로 치료가 가능하다.
③ 바다의 온도가 올라가면 세균의 활동이 줄어든다.
④ 여름철 감염병은 여러 명이 한꺼번에 감염되기도 한다.
⑤ 감염병 예방을 위해 음식을 익히지 않고 먹는 것이 좋다.

3 여름철 감염병을 예방하는 방법으로 알맞은 것을 모두 고르세요. (   )

① 물을 끓여 마시기
② 뜨거운 음식을 식혀 먹기
③ 바닷물을 충분히 섭취하기
④ 물고기나 조개류 먹지 않기
⑤ 식사하기 전에 비누로 손 씻기

4 이 글을 읽고 여름철 감염병에 대해 올바르게 이해한 것의 기호를 쓰세요.

> ㉮ 여름철 감염병을 예방하려면 익히지 않은 생선회를 먹는 것이 좋겠어.
> ㉯ 겨울보다 여름에 오염된 물이나 식품으로 인한 감염병 환자가 늘어나겠네.
> ㉰ 감염병에 걸리면 완전히 낫기 전에 다른 사람들과 만나서 치료 방법을 알
> 아봐야겠어.

(   )

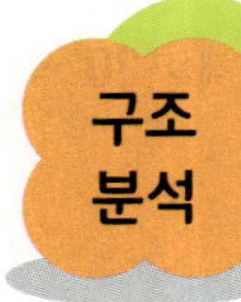

문단 요약

5 다음 빈칸에 들어갈 알맞은 말을 쓰며 이 글의 내용을 정리하세요.

문단	중심 내용
1	(　　　　　)에 조심해야 할 질병
2	폭염으로 인해 급증한 (　　　　　) 환자
3	여름철에 감염병 발생 위험이 커지는 까닭
4	감염병을 (　　　　)하는 방법과 대처하는 방법

핵심 내용

6 빈칸에 들어갈 알맞은 말을 이 글에서 찾아 쓰세요.

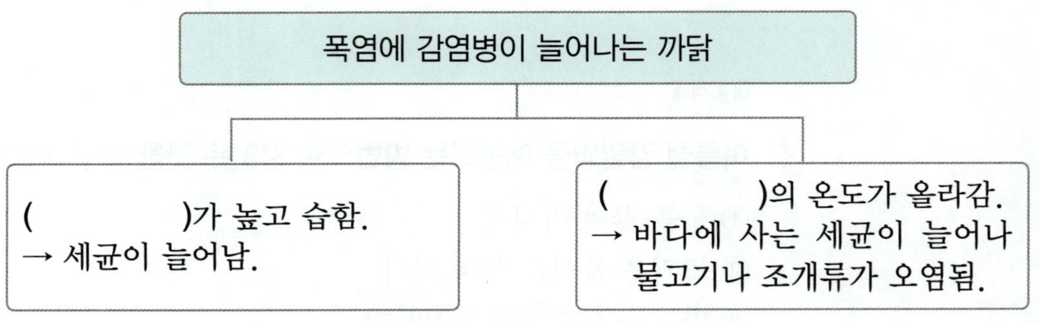

적용

7 다음 문장에 들어갈 알맞은 낱말에 ○표 하세요.

(1) 손 씻기는 질병의 (예방, 처방)에 중요한 역할을 한다.

(2) 진우는 머리가 아파서 병원에서 (진로, 진료)를 받았다.

(3) 여름철 (폭설, 폭염)을 피하기 위해 많은 사람들이 피서를 떠난다.

(4) 감염병이 다 낫기 전까지 다른 사람과의 (접수, 접촉)을/를 피했다.

(5) 나와 지성이는 아주 오래 전부터 깊은 (관계, 관찰)을/를 맺어 왔다.

우리 주변의 감염병

정답과 해설 **30** 쪽

감염병은 바이러스, 세균, 곰팡이 등이 사람이나 동물의 몸에 들어와 질병을 일으키는 것을 말해요. 감염병은 공기, 물, 음식, 접촉, 곤충 등을 통해 감염될 수 있어요. 바이러스에는 코로나 바이러스, 인플루엔자 바이러스 등이 있고, 감염을 일으키는 **세균**에는 결핵균, 대장균 등이 있어요. 또한 곰팡이는 피부 감염, 폐 감염, 식중독 등을 일으킬 수 있어요.

감염병은 기침이나 재채기를 통해 공기 중으로 전파돼요. 또 바이러스 등에 감염된 물건을 직접 만지거나 감염된 음식을 먹었을 때에도 걸려요. 따라서 감염병 예방을 위해서는 각자의 **위생** 관리가 중요해요. 손을 자주 씻고, 마스크를 착용하며, 안전한 음식과 깨끗한 물을 섭취하는 것이 예방에 도움이 된답니다. 또 예방 접종을 하여 **면역력**을 키우는 것도 효과적이에요.

• 감염병의 사례

바이러스 – 코로나 바이러스에 감염됨.

세균 – 대장균에 의해 식중독에 걸림.

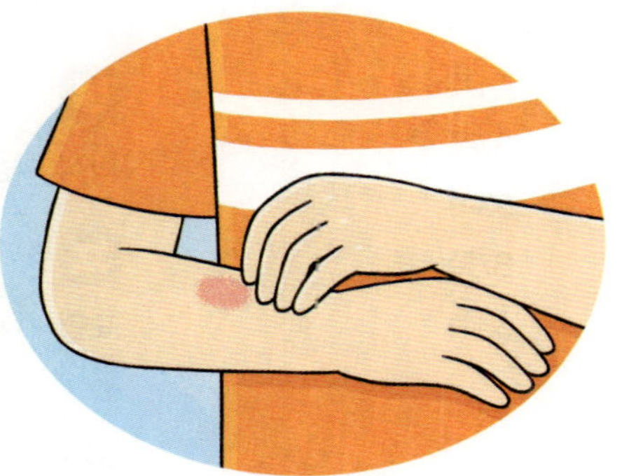

곰팡이 – 곰팡이에 의해 피부염에 걸림.

● **위생** 건강에 이롭거나 도움이 되도록 조건을 갖추거나 대책을 세우는 일.
● **면역력** 몸 밖에서 들어온 병균을 이겨 내는 힘.

핵심 용어 다음 빈칸에 들어갈 알맞은 용어를 쓰세요.

(1) ☐☐☐

감(느낄 感) **염**(옮을 染) **병**(질병 病): 옮아서 생기는 병

• 뜻: 인간 및 동물의 몸에 감염 물질이 들어와 공중 보건에 위험이 될 수 있는 병.

(2) ☐☐

세(가늘 細) **균**(균 菌): 아주 작은 균

• 뜻: 사람들을 병에 걸리게 하거나 음식을 썩게 하는 아주 작은 생물.

동아출판 초등 무료 스마트러닝

동아출판 초등 **무료 스마트러닝**으로 쉽고 재미있게!

과목별·영역별 특화 강의

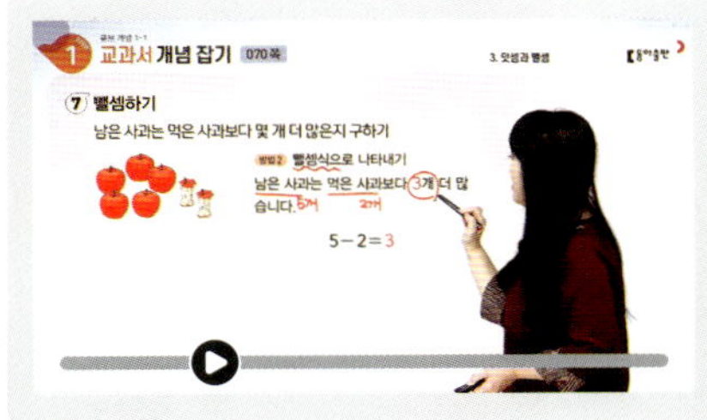

수학 개념 강의

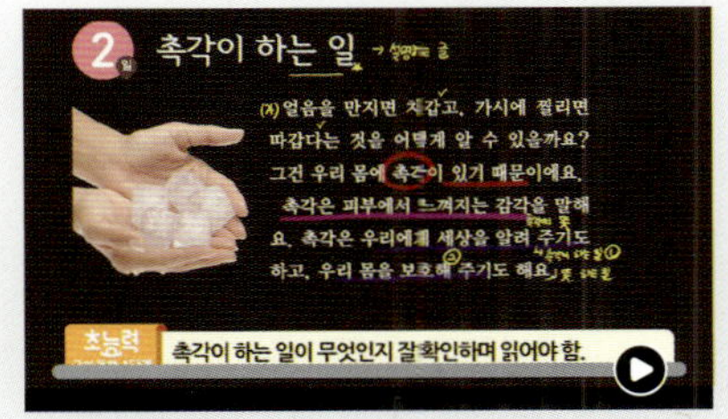

국어 독해 지문 분석 강의

구구단 송

그림으로 이해하는 비주얼씽킹 강의

과학 실험 동영상 강의

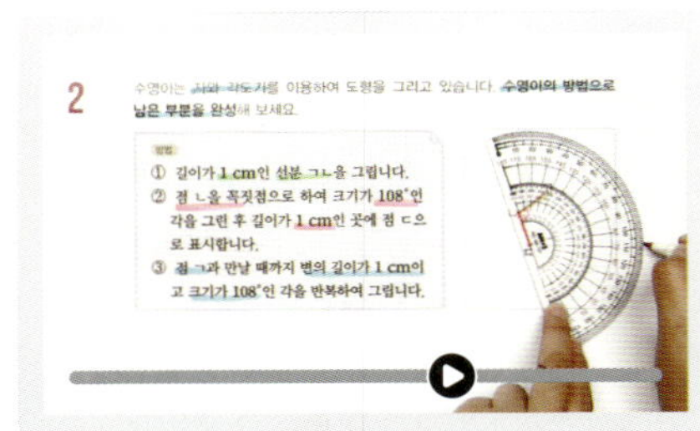

과목별 문제 풀이 강의

서비스 제공 교재   큐브 | 백점 과학 | 빠작 초등 국어 | 초능력 | 초고필 | 하이탑 초등 과학

과학 교과 연계 비문학 독해 특화 훈련서

초등 비문학 독해

통합과학

3학년

정답과 해설

- **글의 종류** 설명하는 글
- **글의 특징** 메타 물질의 뜻과 특징 및 여러 분야에서의 활용 가능성에 대해 설명하는 글입니다.
- **주제** 메타 물질의 특징과 활용 가능성

017~018 쪽

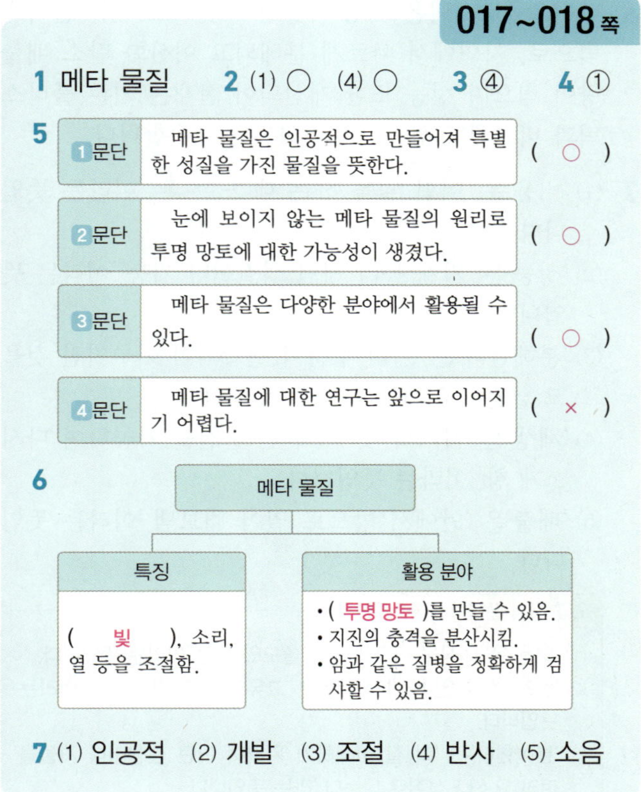

1 메타 물질　**2** (1) ○　(4) ○　**3** ④　**4** ①

5

1문단	메타 물질은 인공적으로 만들어져 특별한 성질을 가진 물질을 뜻한다.	(○)
2문단	눈에 보이지 않는 메타 물질의 원리로 투명 망토에 대한 가능성이 생겼다.	(○)
3문단	메타 물질은 다양한 분야에서 활용될 수 있다.	(○)
4문단	메타 물질에 대한 연구는 앞으로 이어지기 어렵다.	(×)

6

메타 물질
- 특징: (빛), 소리, 열 등을 조절함.
- 활용 분야:
  - (투명 망토)를 만들 수 있음.
  - 지진의 충격을 분산시킴.
  - 암과 같은 질병을 정확하게 검사할 수 있음.

7 (1) 인공적　(2) 개발　(3) 조절　(4) 반사　(5) 소음

1 이 글은 메타 물질이 가진 특징과 여러 분야에서의 활용될 수 있다는 것을 설명하고 있습니다.

2 1문단에서 메타 물질의 뜻을 설명하였고, 3문단에서 메타 물질이 사용되는 다양한 분야를 설명했습니다.

3 메타 물질을 이용해 투명 망토를 만들 수 있음을 1문단을 통해 알 수 있습니다.

오답 풀이

① 메타 물질의 메타는 '넘어서다', '뛰어넘다'라는 뜻입니다. (1문단)
② 전 세계 과학자들이 30년 동안 투명 메타 물질을 만들려고 노력했다고 했으므로, 메타 물질을 만드는 것은 어렵다는 것을 알 수 있습니다. (2문단)
③ 메타 물질은 빛, 소리, 열 등을 조절할 수 있습니다. (3문단)
⑤ 메타 물질이 한 가지 물질로 이루어졌다는 내용은 이 글에서 찾을 수 없습니다. 메타 물질은 인공적으로 만들어졌습니다. (1문단)

4 메타는 '넘어서다', '뛰어넘다'라는 뜻으로, 메타 물질은 자연에 있는 물질이 아니라 인공적으로 만들어져 특별한 성질을 가진 물질을 뜻합니다.

5 1문단은 메타 물질의 뜻, 2문단은 투명 망토에 대한 가능성을 열어준 메타 물질에 대한 연구, 3문단은 다양한 분야에서 사용될 수 있는 메타 물질, 4문단은 메타 물질이 사용되려면 많은 연구가 필요하다고 설명하고 있습니다. 4문단에서 과학자들이 메타 물질에 대한 연구를 꾸준히 이어가고 있다고 했습니다.

6 메타 물질은 인공적으로 만들어 낸 물질로, 빛이나 소리, 열 등을 조절할 수 있는 성질이 있습니다. 메타 물질은 아직 과학자들이 연구 중이지만 활용될 수 있는 분야가 많습니다.

7 (1) '인공적'은 '사람의 힘으로 만든 것.'이라는 뜻입니다.
(2) '개발'은 '새로운 물건을 만들거나 새로운 생각을 내놓음.'이라는 뜻입니다.
(3) '조절'은 '균형에 맞게 바로잡거나 상황에 알맞게 맞춤.'이라는 뜻입니다.
(4) '반사'는 '빛이나 전파 등이 다른 물체에 부딪쳐서 나아가던 방향이 반대 방향으로 바뀜.'이라는 뜻입니다.
(5) '소음'은 '불쾌하고 시끄러운 소리.'라는 뜻입니다.

오답 어휘 설명

(1) '대표적'은 '어떤 집단이나 분야를 대표할 만큼 가장 두드러지거나 뛰어난 것.'을 뜻합니다.
(2) '개화'는 '풀이나 나무의 꽃이 핌.'이라는 뜻입니다.
(3) '조종'은 '비행기나 배 같은 기계를 다루어 움직이게 함.'이라는 뜻입니다.
(4) '반복'은 '같은 일을 되풀이 함.'이라는 뜻입니다.
(5) '소재'는 '어떤 것을 만드는 데 바탕이 되는 재료.'라는 뜻입니다.

비주얼 과학 교과서 개념　**019 쪽**

(1) 물체　(2) 물질

(1) '모양이 있고 공간을 차지하는 것.'을 '물체'라고 합니다.
(2) '물체를 만드는 재료.'를 '물질'이라고 합니다.

- **글의 종류** 설명하는 글
- **글의 특징** 이 글은 환경 문제를 해결하기 위해 등장한 바이오플라스틱의 장점에 대해 설명하고 있습니다.
- **주제** 바이오플라스틱의 장점

021~022 쪽

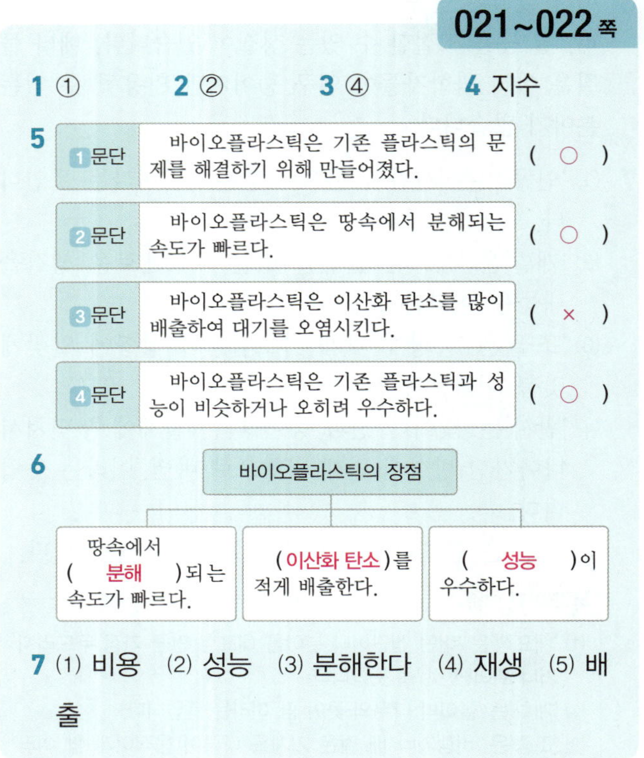

1 이 글은 바이오플라스틱의 장점을 설명하기 위해 쓴 글입니다.

2 3문단에서 바이오플라스틱은 만드는 과정에서 이산화 탄소를 사용하여 기존 플라스틱보다 이산화 탄소를 적게 배출한다고 하였습니다. 그래서 환경을 살리는 플라스틱으로 불립니다.

> **오답 풀이**
> ① 바이오플라스틱은 자연에서 가져온 재료로 만들어져 재생이 가능합니다. (1, 2문단)
> ③ 바이오플라스틱은 땅속에서 분해되는 속도가 빨라서 쓰레기를 처리하는 비용을 줄일 수 있습니다. (2문단)
> ④ 바이오플라스틱은 만드는 과정에서 지구 온난화의 원인인 이산화 탄소를 적게 배출하여 대기를 오염시키지 않습니다. (3문단)
> ⑤ 바이오플라스틱은 땅속에서 몇 달 만에 분해됩니다. (2문단)

3 4문단에서 옥수수에서 추출한 바이오플라스틱으로 만든 비닐봉지가 쉽게 찢어지는 등의 문제가 발생하였다고 하였습니다.

4 바이오플라스틱에 대해 긍정적으로 생각하는 사람은 민수, 현우이고, 바이오플라스틱에 대해 부정적으로 생각하는 사람은 지수이므로, 의견이 다른 사람은 지

수입니다.

5 1문단은 기존 플라스틱의 문제점과 바이오플라스틱의 등장, 2문단은 재생 가능한 자원으로 만들어져 쉽게 분해되는 바이오플라스틱, 3문단은 이산화 탄소 배출이 적은 바이오플라스틱, 4문단은 바이오플라스틱의 우수한 성능에 대해 설명하고 있습니다.

6 바이오플라스틱은 재생 가능한 자원으로 만든 플라스틱으로, 자연에서 빠르게 분해되고 이산화 탄소 배출량이 적으며 성능 또한 개선되어 현재는 기존 플라스틱과 비교해도 성능이 비슷하거나 우수합니다.

7 (1) '비용'은 '어떤 일을 하는 데 드는 돈.'이라는 뜻입니다.
(2) '성능'은 '기계 등이 지닌 성질이나 기능.'이라는 뜻입니다.
(3) '분해한다'는 '여러 부분이 결합되어 이루어진 것을 그 낱낱으로 나눈다.'라는 뜻입니다.
(4) '재생'은 '낡거나 못 쓰게 된 물건을 가공하여 다시 쓰게 함.'이라는 뜻입니다.
(5) '배출'은 '안에서 밖으로 밀어 내보냄.'이라는 뜻입니다.

> **오답 어휘 설명**
> (1) '이용'은 '대상을 필요에 따라 쓸모있게 씀.'이라는 뜻입니다.
> (2) '성격'은 '개인이 가지고 있는 고유의 성질이나 품성.'이라는 뜻입니다.
> (3) '분석한다'는 '더 잘 이해하기 위하여 어떤 현상이나 사물을 여러 요소나 성질로 나눈다.'라는 뜻입니다.
> (4) '재배'는 '식물을 심어 가꿈.'이라는 뜻입니다.
> (5) '배치'는 '사람이나 물건을 일정한 자리에 알맞게 놓음.'이라는 뜻입니다.

비주얼 과학 교과서 개념 **023 쪽**

(1) 촉감   (2) 광택

(1) '외부의 자극이 피부 감각을 통하여 전해지는 느낌.'을 '촉감'이라고 합니다.

(2) '빛의 반사로 물체의 표면에서 반짝거리는 빛.'을 '광택'이라고 합니다.

- **글의 종류** 생활문(대화문)
- **글의 특징** 이 글은 불은 '플라즈마'라는 물질의 네 번째 상태라는 것을 대화를 통해 설명하는 글입니다.
- **주제** 불의 상태와 플라즈마의 뜻

025~026 쪽

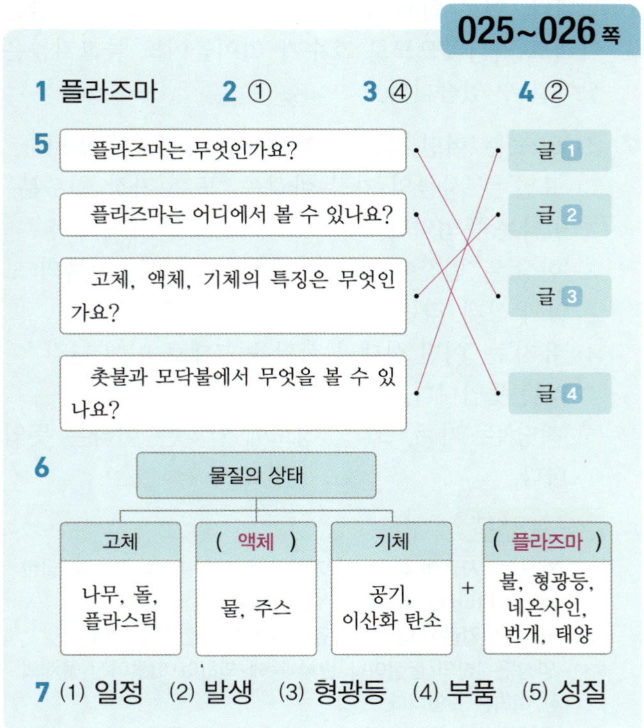

1 이 글은 불의 상태가 고체, 액체, 기체가 아닌 플라즈마라는 사실을 설명하기 위해 쓴 글입니다.

2 글 3에서 선생님이 플라즈마는 매우 뜨겁다고 설명하였습니다.

오답 풀이

② 거대한 태양에서 플라즈마를 볼 수 있다고 했습니다. (글 4)
③ 기체는 모양과 부피 모두 일정하지 않다고 했습니다. (글 2)
④ 플라즈마는 반도체, 에너지 기술, 환경 기술, 농업 등에 활용된다고 했습니다. (글 4)
⑤ 플라즈마는 생활 속 형광등, 네온사인, 번개, 태양에서 볼 수 있다고 했습니다. (글 4)

3 모양이 일정하지 않지만 부피는 일정한 액체에 해당하는 물질은 '우유'입니다.

오답 풀이

①, ⑤ 돌, 플라스틱은 고체입니다.
② 불은 플라즈마입니다.
③ 공기는 기체입니다.

4 끓는 물은 뜨겁지만 플라즈마가 아닌 액체입니다. 액체는 모양이 일정하지 않지만 부피가 일정합니다. 불이 나면 뜨거운 가스의 움직임이 생기는데, 이것이 플

라즈마입니다.

오답 풀이

① 콜라는 액체로, 모양이 일정하지 않지만 부피는 일정합니다. (글 2)
③ 금속은 고체로, 단단하고 모양과 부피가 변하지 않습니다. (글 2)
④ 거대한 태양은 플라즈마입니다. (글 4)
⑤ 플라즈마는 스마트폰의 중요한 부품에 사용됩니다. (글 4)

5 글 1에서는 촛불이나 모닥불에서 볼 수 있는 불의 상태가 무엇인지 질문을 하고 있습니다. 글 2에서는 고체, 액체, 기체의 각각의 특징을 설명하였고, 글 3에서 불은 플라즈마라는 상태라고 설명했습니다. 글 4에서는 플라즈마를 볼 수 있는 것과 다양한 활용 분야를 설명했습니다.

6 물질의 상태에는 고체, 액체, 기체가 있고, 불은 네 번째 상태인 플라즈마라는 상태입니다. 고체에는 나무, 돌, 플라스틱 등이 있고, 액체에는 물, 주스 등이 있으며, 기체에는 공기, 이산화 탄소 등이 있습니다.

7 (1) '일정'은 '어떤 것의 크기, 모양, 범위, 시간 등이 하나로 정해져 있음.'이라는 뜻입니다.
(2) '발생'은 '어떤 일이나 사물이 생겨남.'이라는 뜻입니다.
(3) '형광등'은 '유리로 된 관 안쪽 벽에 형광 물질을 바른 등.'이라는 뜻입니다.
(4) '부품'은 '기계 등의 전체 중 어느 한 부분을 이루는 물건.'이라는 뜻입니다.
(5) '성질'은 '사물이나 현상이 가지고 있는 고유의 특성.'이라는 뜻입니다.

비주얼 과학 교과서 개념　**027 쪽**

(1) 고체　(2) 액체　(3) 기체

(1) '일정한 모양과 부피가 있으며 쉽게 변형되지 않는 물질의 상태.'를 '고체'라고 합니다.
(2) '일정한 부피는 가졌으나 일정한 형태를 가지지 못한 물질.'을 '액체'라고 합니다.
(3) '일정한 모양이나 부피가 없고 널리 퍼지려는 성질이 있어 자유롭게 떠다니는 물질.'을 '기체'라고 합니다.

- **글의 종류** 설명하는 글
- **글의 특징** 꽁꽁 얼어붙은 호수에서도 물고기들이 살아갈 수 있는 까닭을 설명한 글입니다.
- **주제** 추운 겨울이 되어도 호수의 아래쪽이 얼지 않는 까닭

029~030 쪽

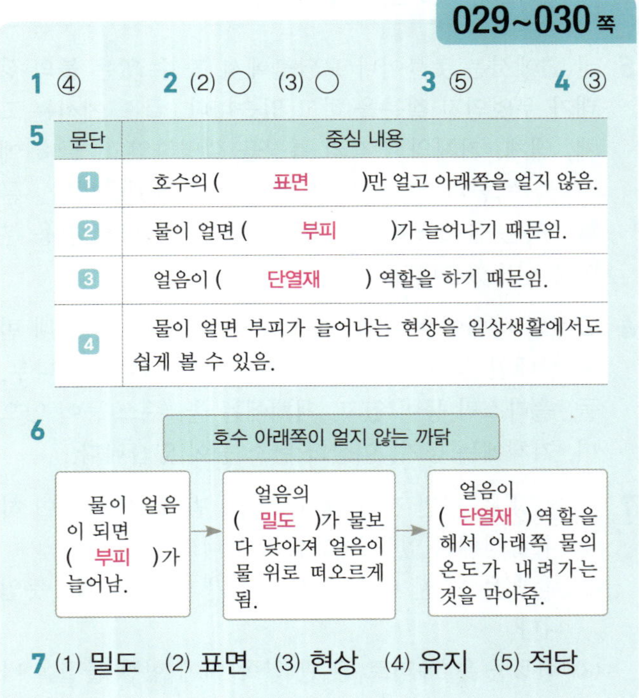

1 ④   **2** (2) ○   (3) ○   **3** ⑤   **4** ③

5

문단	중심 내용
1	호수의 (표면)만 얼고 아래쪽을 얼지 않음.
2	물이 얼면 (부피)가 늘어나기 때문임.
3	얼음이 (단열재) 역할을 하기 때문임.
4	물이 얼면 부피가 늘어나는 현상을 일상생활에서도 쉽게 볼 수 있음.

6

호수 아래쪽이 얼지 않는 까닭

물이 얼음이 되면 (부피)가 늘어남.	→	얼음의 (밀도)가 물보다 낮아져 얼음이 물 위로 떠오르게 됨.	→	얼음이 (단열재) 역할을 해서 아래쪽 물의 온도가 내려가는 것을 막아줌.

7 (1) 밀도   (2) 표면   (3) 현상   (4) 유지   (5) 적당

1 이 글은 추운 겨울에도 호수의 아래쪽이 얼지 않는 까닭에 대해 설명하는 글입니다.

2 물은 0도에서 얼음으로 변한다고 **2**문단에서 설명하였습니다. 그리고 **4**문단에서 물이 얼며 부피가 늘어나는 여러 가지 현상을 설명하였습니다.

3 추운 겨울이 되면 호수의 표면은 얼고 아래쪽 물은 얼지 않습니다.

4 냄비에 물을 끓이면 물의 양이 점점 줄어드는 것은 물이 수증기가 되는 현상입니다. 따라서 ③은 알맞지 않습니다.

오답 풀이

① 물이 얼어 빙하가 되고, 물보다 밀도가 낮은 빙하가 바다 위에 뜹니다.
② 물이 얼며 부피가 늘어나기 때문에 아이스팩이 커집니다.
④ 물이 얼며 부피가 늘어나기 때문에 플라스틱 물병을 얼리면 부풀어 오릅니다.
⑤ 수도관 안의 물이 얼며 부피가 늘어나기 때문에 수도관이 터집니다.

5 **1**문단에서는 호수의 표면만 얼고 아래쪽은 얼지 않는 것을 말하였고, **2**문단에서는 그 첫 번째 까닭으로

물이 얼면 부피가 늘어나기 때문이라고 하였습니다. **3**문단에서는 두 번째 까닭으로 얼음이 단열재 역할을 하기 때문이라고 말하였고, **4**문단에서는 일상생활에서 볼 수 있는 물이 얼며 부피가 늘어나는 현상을 설명하였습니다.

6 물이 얼음으로 변하면서 부피가 커지고 밀도가 작아집니다. 이로 인해 호수 위로 얼음이 떠오르고, 물은 아래로 가라앉으므로 호수가 얼어붙어도 물고기들은 살아갈 수 있습니다.

7 (1) '밀도'는 '어떤 사물의 빽빽한 정도.'라는 뜻입니다.
(2) '표면'은 '사물의 가장 바깥쪽. 또는 가장 윗부분.'이라는 뜻입니다.
(3) '현상'은 '인간이 알아서 깨달을 수 있는 사물의 모양과 상태.'라는 뜻입니다.
(4) '유지'는 '어떤 상태나 상황을 그대로 이어 나감.'이라는 뜻입니다.
(5) '적당'은 '기준, 조건, 정도에 알맞은.'이라는 뜻입니다.

오답 어휘 설명

(1) '정도'는 '사물의 성질이나 가치를 좋고 나쁨이나 더하고 덜한 정도로 나타내는 분량이나 수준.'이라는 뜻입니다.
(2) '표정'은 '얼굴에 나타나는 감정의 상태.'라는 뜻입니다.
(3) '영상'은 '빛의 굴절이나 반사 등에 의하여 이루어진 물체의 상.'이라는 뜻입니다.
(4) '유행'은 '일시적으로 많은 사람의 인기를 끌며 널리 퍼짐.'이라는 뜻입니다.
(5) '담당'은 '어떤 일을 맡음.'이라는 뜻입니다.

비주얼 과학 교과서 개념   **031 쪽**

(1) 부피   (2) 무게

(1) '넓이와 높이를 가진 물건이 공간에서 차지하는 크기.'를 '부피'라고 합니다.

(2) '물건의 무거운 정도.'를 '무게'라고 합니다.

- **글의 종류** 설명하는 글
- **글의 특징** 서로 비슷하게 생긴 동물들을 비교하여 각각의 특징과 차이점을 설명하는 글입니다.
- **주제** 생김새는 비슷하지만 다른 동물들의 구별 방법

035~036 쪽

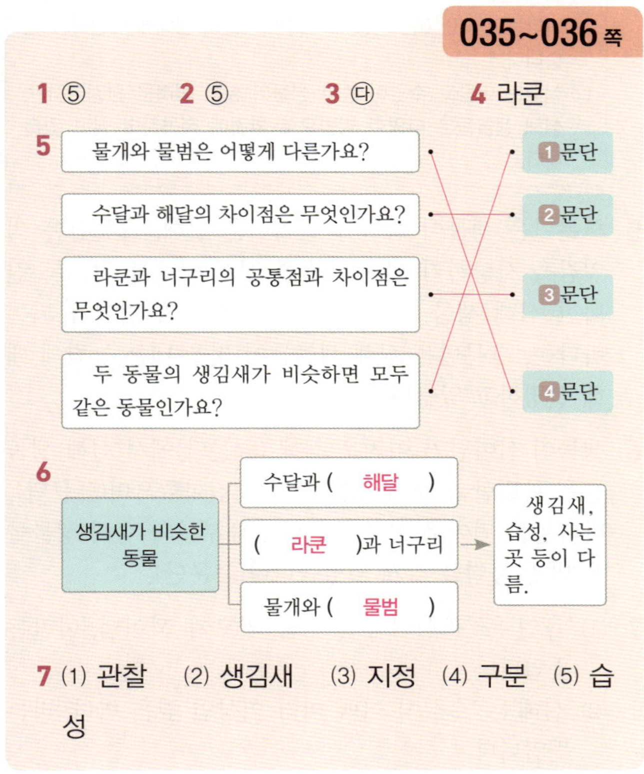

1 이 글은 생김새가 비슷하지만 서로 다른 동물들의 공통점과 차이점에 대해 설명하고 있습니다.

2 수달은 땅에 살지만 물속을 좋아하고, 해달은 주로 바다에 삽니다.

> **오답 풀이**
> ① 물개의 귀에는 작은 귓바퀴가 있지만, 물범은 없습니다.
> ② 물개는 앞다리가 길어서 육지에서 몸을 세우거나 앞다리와 뒷다리를 사용해 걸을 수 있습니다.
> ③ 라쿤은 꼬리에 줄무늬가 있고, 너구리는 없습니다.
> ④ 수달은 우리나라의 천연기념물로 지정되어 있습니다. 하지만 해달은 우리나라에서 찾아보기 어렵습니다.

3 4문단에서 물범은 물속에서는 발이 지느러미 역할을 해서 수영을 하지만, 앞다리가 짧아 육지에서는 배를 땅에 대고 몸을 끌면서 이동한다는 내용을 찾을 수 있습니다.

> **오답 풀이**
> ㉮ 꼬리에 줄무늬가 있는 동물은 라쿤입니다.(3문단)
> ㉯ 수달은 우리나라 천연기념물로 네 다리로 수영을 합니다.(2문단)

4 눈 주변에 검은 무늬가 있고, 꼬리에 줄무늬가 있으며, 발가락이 5개이고 손을 잘 사용한다는 내용을 통해 빈칸에 들어갈 동물이 라쿤이라는 것을 알 수 있습니다.

5 1문단은 생김새가 비슷하지만 서로 다른 동물들에 대해 설명하고 있습니다. 2문단은 수달과 해달의 공통점과 차이점, 3문단은 라쿤과 너구리의 공통점과 차이점, 4문단은 물개와 물범의 공통점과 차이점을 설명하고 있습니다.

6 수달과 해달, 라쿤과 너구리, 물개와 물범은 비슷하게 생겼지만 생김새, 습성, 사는 곳 등이 다른 동물입니다. 이 글은 각각의 동물의 공통점과 차이점을 비교하여 설명하고 있습니다.

7 (1) '관찰'은 '사물이나 현상을 주의하여 자세히 살펴봄.'이라는 뜻입니다.
(2) '생김새'는 '생긴 모양새.'라는 뜻입니다.
(3) '지정'은 '가리키어 확실하게 정함.'이라는 뜻입니다
(4) '구분'은 '일정한 기준에 따라 전체를 몇 개로 갈라 나눔.'이라는 뜻입니다
(5) '습성'은 '같은 종류의 동물에서 공통되는 생활 방식이나 행동 양식.'이라는 뜻입니다.

> **오답 어휘 설명**
> (1) '진찰'은 '의사가 여러 가지 방법으로 환자의 병이나 증상을 살핌.'이라는 뜻입니다.
> (2) '쓰임새'는 '쓰임의 정도나 쓰이는 바.'라는 뜻입니다.
> (3) '지적'은 '꼭 집어서 가리킴.'이라는 뜻입니다.
> (4) '구비'는 '있어야 할 것을 빠짐없이 다 갖춤.'이라는 뜻입니다.
> (5) '습득'은 '학문이나 기술 따위를 배워서 자기 것으로 함.'이라는 뜻입니다.

비주얼 과학 교과서 개념   **037 쪽**

(1) 분류   (2) 관찰

(1) '종류에 따라서 가름.'을 '분류'라고 합니다.

(2) '사물이나 현상을 주의하여 자세히 살펴봄.'을 '관찰'이라고 합니다.

- **글의 종류** 설명하는 글
- **글의 특징** 심해 생물들이 가혹한 심해 환경에서 살아남은 방법에 대해 설명한 글입니다.
- **주제** 심해 생물들이 심해에서 살아남는 방법

039~040 쪽

1 심해　　**2** ③　　**3** ②　　**4** (3) ×

5

문단	중심 내용
1	(심해)는 생물이 살아가기 어려움.
2	심해 생물은 먹잇감을 (사냥)하기 위해 신체 구조가 특이하게 변화함.
3	대부분의 심해 생물은 (바다눈)을 먹고 자람.
4	많은 심해 생물들은 몸에서 (빛)을 내는 능력이 있음.

6

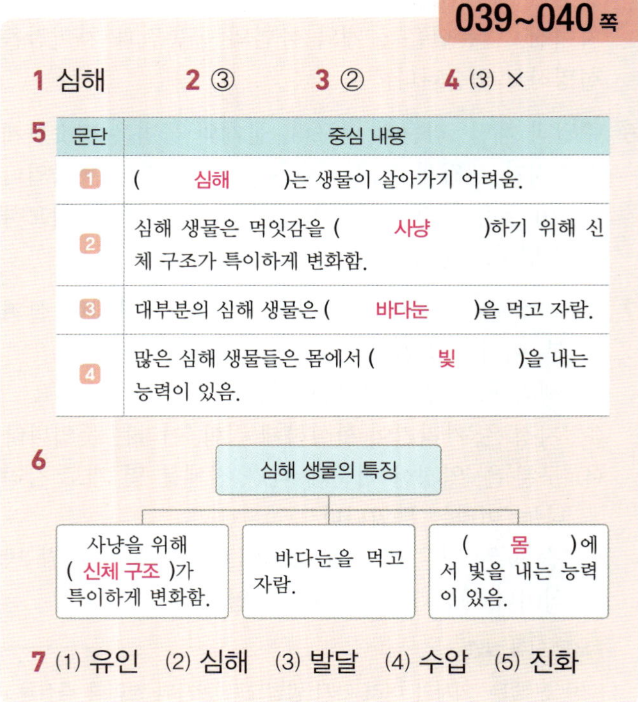

7 (1) 유인　(2) 심해　(3) 발달　(4) 수압　(5) 진화

1 이 글은 심해에서 살아남은 심해 생물의 특징을 설명한 글입니다.

2 3문단에서 심해 생물들은 바다 표면 근처에 사는 생물이 죽어서 내리는 바다눈을 먹고 자란다고 하였습니다.

> **오답 풀이**
> ① 심해는 햇빛이 없어서 생물이 살기 어렵고, 먹이가 부족합니다. (1, 2문단)
> ② 많은 심해 생물들이 빛을 내는 방법이 다릅니다. (4문단)
> ④ 심해는 수압이 매우 높고 온도가 낮아 생물이 살기 어렵습니다. (1문단)
> ⑤ 심해 생물은 심해 환경에 적응하기 위해 신체 구조가 특이하게 변화했습니다. 따라서 얕은 바다에 사는 생물과 신체 구조가 다릅니다. (2문단)

3 세다리 물고기는 길게 발달한 세 개의 지느러미를 이용해 바닥에 서 있습니다.

> **오답 풀이**
> ① 빛을 내는 액체를 뿜는 것은 심해 오징어입니다.(4문단)
> ③ 크고 날카로운 이빨을 가진 것은 심해 아귀입니다.(2문단)
> ④ 입과 소화 기관이 몇 배로 늘어나는 것은 풍선장어입니다. (2문단)
> ⑤ 큰 눈으로 먹이를 찾는 것은 올빼미물고기입니다.(2문단)

4 스스로 빛을 내는 능력이 있는 생물의 빛은 먹이를 유인하거나 포식자로부터 자신을 지키는 데 사용된다고 하였으므로 알맞지 않은 것은 (3)입니다.

> **오답 풀이**
> (1) 바다눈은 바다 표면 근처에 사는 생물이 죽어서 분해되거나 덩어리가 되어 바닷속으로 가라앉는 것을 말합니다. 대부분의 심해 생물이 바다눈을 먹고 자랍니다. 또한 큰 고래가 죽어서 바다눈이 되면 5년 이상 고래의 바다눈이 심해에 내린다고 했습니다.
> (2) 심해는 어둡고 수압이 높아 생물이 살기 어려운 환경이지만, 심해 생물들은 다양한 방법으로 환경에 적응하며 살고 있습니다.

5 1문단은 생물이 살아가기 어려운 심해, 2문단은 먹잇감을 사냥하기 위해 특별한 신체 구조를 갖도록 진화한 심해 생물, 3문단은 심해 생물의 먹이가 되는 바다눈, 4문단은 심해 생물들이 빛을 내는 능력에 대해 설명하고 있습니다.

6 생물이 살아남기 어려운 심해 (1문단)에서 심해 생물들은 특별한 신체 구조를 갖도록 진화했으며(2문단), 바다눈을 먹이로 삼고(2문단), 대부분의 심해 생물들은 발광 능력을 갖게 되었습니다(3문단).

7 (1) '유인'은 '관심이나 흥미를 일으켜 꾀어냄.'이라는 뜻입니다.
(2) '심해'는 '수심이 이백 미터 이상인 깊은 바다.'라는 뜻입니다.
(3) '발달'은 '몸, 마음, 지능 등이 성장하거나 성숙함.'이라는 뜻입니다.
(4) '수압'은 '물의 압력.'이라는 뜻입니다.
(5) '진화'는 '생물이 생명이 생긴 후부터 조금씩 발전해 가는 현상.'이라는 뜻입니다.

비주얼 과학 교과서 개념　　**041 쪽**

(1) 환경　　(2) 적응

(1) '생물에게 영향을 주는 자연적 조건이나 사회적 상황.'을 '환경'이라고 합니다.
(2) '생물이 주위 환경에 적합하도록 모습이 변화하거나 그런 과정.'을 '적응'이라고 합니다.

- **글의 종류** 설명하는 글
- **글의 특징:** 이 글은 타이탄 아룸의 개화 소식을 전하며 이 식물의 특징을 설명하는 글입니다.
- **주제:** 타이탄 아룸의 특징

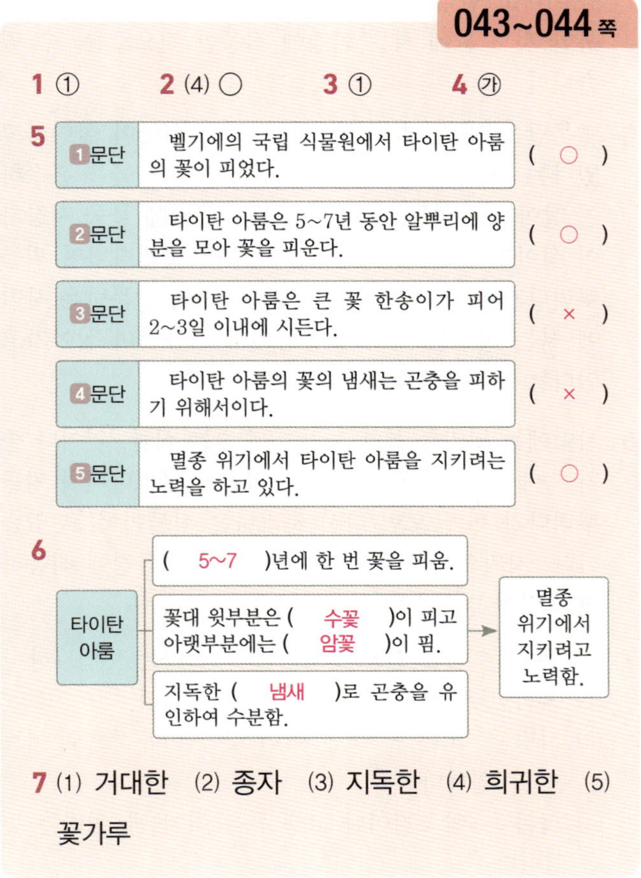

043~044 쪽

1 ① **2** (4) ○ **3** ① **4** ㉠

5

1문단	벨기에의 국립 식물원에서 타이탄 아룸의 꽃이 피었다.	(○)
2문단	타이탄 아룸은 5~7년 동안 알뿌리에 양분을 모아 꽃을 피운다.	(○)
3문단	타이탄 아룸은 큰 꽃 한송이가 피어 2~3일 이내에 시든다.	(×)
4문단	타이탄 아룸의 꽃의 냄새는 곤충을 피하기 위해서이다.	(×)
5문단	멸종 위기에서 타이탄 아룸을 지키려는 노력을 하고 있다.	(○)

6

타이탄 아룸
(**5~7**)년에 한 번 꽃을 피움.
꽃대 윗부분은 (**수꽃**)이 피고 아랫부분에는 (**암꽃**)이 핌.
지독한 (**냄새**)로 곤충을 유인하여 수분함.
→ 멸종 위기에서 지키려고 노력함.

7 (1) **거대한** (2) **종자** (3) **지독한** (4) **희귀한** (5) **꽃가루**

1 이 글은 세상에서 제일 크고 냄새나는 꽃인 타이탄 아룸의 특징에 대해 설명하고 있습니다.

2 4문단에서 꽃이 피면 악취가 멀리 퍼지는데, 이 냄새는 곤충을 끌어들여 꽃가루를 옮기도록 하는 역할을 한다고 하였습니다.

(1) 2문단에서 타이탄 아룸은 보통 5~7년에서 10년에 한 번 정도 꽃을 피운다고 했습니다.
(2) 3문단에서 타이탄 아룸은 큰 꽃 한송이처럼 보이지만 수백 송이의 작은 꽃이 모인 뭉치라고 했습니다.
(3) 5문단에서 타이탄 아룸은 매우 희귀한 식물이라고 했습니다.

3 2, 3문단에서 타이탄 아룸은 5~7년에 한 번 꽃을 피우고, 꽃은 2~3일 이내에 시든다고 했습니다.

4 2문단에서 타이탄 아룸은 큰 알뿌리에 5~7년 정도 양분을 모으는 것은 꽃을 피우기 위해서라고 했습니다.

㉣ 타이탄 아룸은 지독한 냄새를 더 멀리 퍼지게 하기 위해 열을 냅니다.
㉤ 타이탄 아룸은 곤충을 유인하기 위해 지독한 냄새를 내뿜습니다.

5 1문단은 타이탄 아룸의 개화 소식과 특징, 3문단은 타이탄 아룸이 꽃을 피우는 과정, 3문단은 수백 송이의 작은 꽃으로 이루어진 타이탄 아룸의 꽃의 모양, 4문단에서는 타이탄 아룸의 수분 과정, 5문단에서는 멸종 위기에 놓인 타이탄 아룸에 대해 설명했습니다.

6 타이탄 아룸은 5~7년에 한 번 꽃을 피우고, 그 꽃의 꽃대 윗부분은 수꽃, 아랫부분은 암꽃의 형태를 갖고 있습니다. 또한 지독한 냄새로 곤충을 유인하여 수분을 합니다.

7 (1) '거대한'은 '엄청나게 큰.'이라는 뜻입니다.
(2) '종자'는 '식물에서 나는 씨앗.'이라는 뜻입니다.
(3) '지독한'은 '맛이나 냄새 등이 해롭거나 참기 어려울 정도로 심한.'이라는 뜻입니다.
(4) '희귀한'은 '많이 없거나 쉽게 만날 수 없어서 매우 특이하거나 귀한.'이라는 뜻입니다.
(5) '꽃가루'는 '꽃의 수술에 붙어 있다가 암술로 운반되어 씨를 맺게 하는 가루.'라는 뜻입니다.

(1) '거뜬한'은 '다루기가 편하고 손쉬운.'이라는 뜻입니다.
(2) '종지'는 '간장, 고추장 등을 담아서 상에 놓은 작은 그릇.'이라는 뜻입니다.
(3) '지루한'은 '시간이 오래 걸리거나 같은 상태가 오래 계속되어 따분하고 싫증이 난.'이라는 뜻입니다.
(4) '희미한'은 '빛, 색깔, 모습 따위가 흐리고 어렴풋함.'이라는 뜻입니다.
(5) '꽃다발'은 '여러 송이의 꽃을 하나로 묶은 것.'이라는 뜻입니다.

비주얼 과학 교과서 개념 **045 쪽**

(1) **잎** (2) **광합성**

(1) '즐기 끝이나 둘레에 붙어 있으며 녹색의 납작한 모양을 한 식물의 영양 기관.'을 '잎'이라고 합니다.

(2) '녹색 식물이 빛을 이용하여 이산화탄소와 물로 필요한 영양분을 만드는 과정.'을 '광합성'이라고 합니다.

- **글의 종류** 설명하는 글
- **글의 특징** 사막에서 살아남은 다양한 식물들의 생존 방법을 설명하는 글입니다.
- **주제** 사막 식물들이 살아가는 방법

047~048 쪽

1 (2) ○　　**2** ⑤　　**3** (3) ○　　**4** ⑤

5

문단	중심 내용
①	덥고 건조한 (**사막**)의 환경을 극복하여 사는 식물들.
②	(**뿌리**)가 발달하여 물을 흡수하며 살아가는 식물.
③	(**줄기**)나 (**잎**)에 물을 저장하여 살아가는 식물.
④	(**바람**)에 굴러다니다가 비가 오면 다시 자라는 식물.
⑤	사막의 환경에 (**적응**)하며 살아가는 식물들.

6

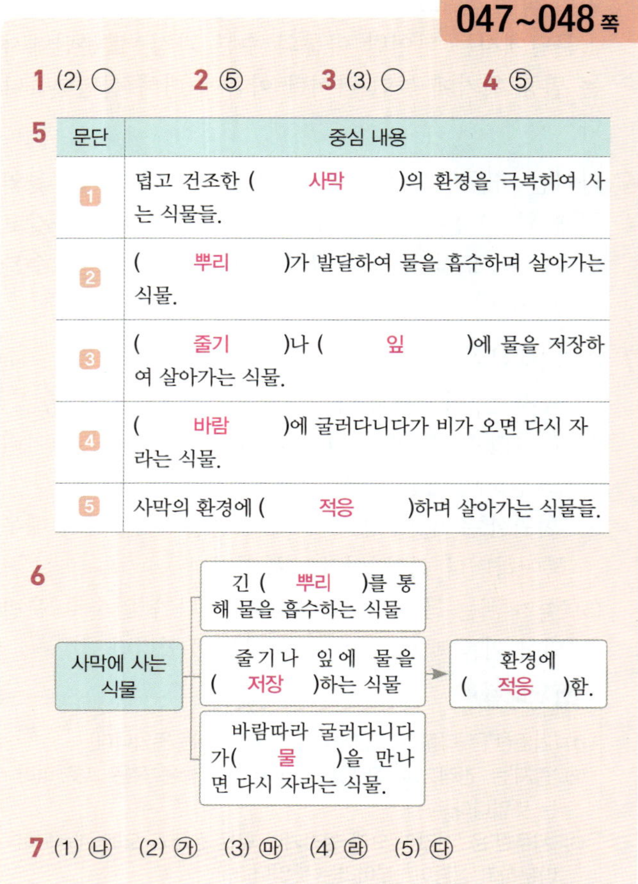

7 (1) ㉴　(2) ㉮　(3) ㉱　(4) ㉰　(5) ㉲

1 이 글은 사막에 사는 식물의 구체적인 예를 들어서 어떻게 사막의 환경에 적응하며 사는지 설명하고 있습니다.

2 ②문단에서 메스키트는 뿌리를 땅속 60미터까지 뻗어 물을 흡수하기 때문에 사막에서도 살아남을 수 있다고 하였습니다.

> **오답 풀이**
> ① 포아풀은 긴 뿌리를 계속 뻗어 물을 흡수합니다. (②문단)
> ② 비가 오면 녹색 줄기를 뻗는 것은 회전초입니다. (④문단)
> ③ 잎이 가시로 변한 것은 선인장입니다. (③문단)
> ④ 사막의 식물이 햇빛 없이 살 수 있다는 내용은 이 글에 없습니다.

3 ③문단에서 선인장을 줄기에 물을 저장했다고 했습니다. 따라서 비가 내리지 않아도 줄기에 저장한 물로 살 수 있습니다. 또한 선인장은 줄기에 저장한 물의 증발을 막기 위해 여러 줄기가 하나로 합쳐져 굵은 줄기로 자랍니다.

> **오답 풀이**
> (1) 사막의 식물은 사는 데 물이 필요 없는 것이 아니라, 다양한 방법으로 물이 없는 환경을 극복하며 살고 있습니다.
> (2) 회전초는 물이 부족하면 공처럼 굴러다니며 씨를 뿌리며 살아갑니다.

4 이 글에서 생물이 주변 환경에 맞추어 변화한 것을 '적응'이라고 한다고 했으므로, 부레옥잠의 잎자루가 볼록한 것도 물에 사는 환경에 적응한 것으로 볼 수 있습니다.

5 ①문단은 매우 덥고 건조한 사막에 식물이 살아가고 있다는 것을, ②문단은 뿌리와 발달하여 물을 흡수하여 살아가는 식물, ③문단은 줄기나 잎에 물을 저장하여 살아가는 식물, ④문단은 바람에 굴러다니며 씨를 뿌리다가 비가 오면 다시 자라는 식물, ⑤문단은 사막에 사는 식물은 사막의 환경에서 적응하며 살아가고 있다는 것을 설명하고 있습니다.

6 사막에는 뿌리를 통해 물을 흡수하는 식물, 잎이나 줄기 속에 물을 저장하는 식물, 바람에 굴러다니며 씨를 뿌리다가 비가 오면 다시 자라나는 식물이 살고 있습니다. 사막의 식물들은 이렇게 사막의 환경에 적응하며 다양한 방식으로 살아갑니다.

7 (1) '흡수'는 '물을 안으로 빨아들임.'이라는 뜻입니다.
(2) '혹독한'은 '몹시 심한.'이라는 뜻입니다.
(3) '사방'은 '모든 곳 또는 여러 곳을 비유적으로 이르는 말.'입니다.
(4) '극복'은 '악조건이나 고생 등을 이겨 냄.'이라는 뜻입니다.
(5) '덤불'은 '어수선하게 엉클어진 수풀.'이라는 뜻입니다.

비주얼 과학 교과서 개념　　**049 쪽**

(1) 나무　　(2) 풀

(1) '단단한 줄기에 가지와 잎이 달린, 여러 해 동안 자라는 식물.'을 '나무'라고 합니다.
(2) '줄기가 연하고, 대개 한 해를 지내면 죽는 식물.'을 '풀'이라고 합니다.

- **글의 종류** 설명하는 글
- **글의 특징** 이 글은 꿀벌 무리의 중심인 여왕벌의 한살이에 대해 설명하는 글입니다.
- **주제:** 여왕벌의 일생

051~052쪽

1 여왕벌　　**2** ⑤　　**3** ㈏, ㈎, ㈑

4 (1) ○ (3) ○

5

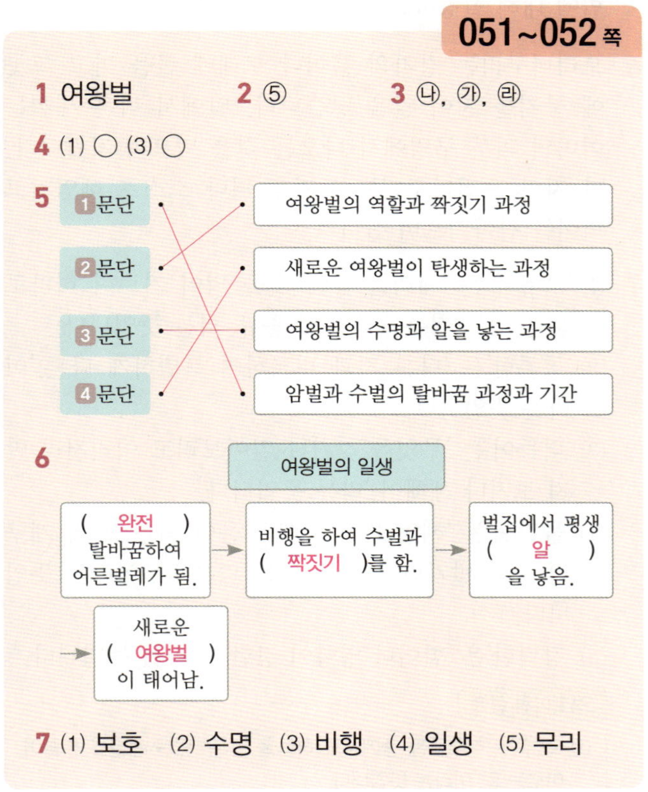

6

7 (1) **보호**　(2) **수명**　(3) **비행**　(4) **일생**　(5) **무리**

1 이 글은 여왕벌의 한살이를 설명한 글입니다. 따라서 가장 중심이 되는 낱말은 여왕벌입니다.

2 시간이 지나 여왕벌이 알을 낳는 힘이 부족해지면 새로운 여왕벌에게 벌집을 물려 줍니다.

> **오답 풀이**
> ① 여왕벌은 수컷과 짝짓기를 통해 자신이 평생 알을 낳을 수 있는 정자를 몸 안에 저장합니다.
> ② 여왕벌은 짝짓기를 할 때 일벌의 보호를 받으며 비행을 합니다. 여왕벌이 먼저 날아오르면, 수벌들이 뒤를 쫓아 날아갑니다.
> ③ 여왕벌은 하루 약 2,000개, 평생 동안 수만 개 이상의 알을 낳습니다.
> ④ 여왕벌은 암컷 꿀벌 중에서 유일하게 알을 낳는 벌입니다.

3 여왕벌은 알에서 태어나 애벌레, 번데기를 거쳐 어른벌레가 된 후, 수벌과 짝짓기를 합니다. 그리고 평생 알을 낳습니다. 이후 알을 낳는 힘이 부족해지면 일벌들은 다음 여왕벌을 탄생시키기 위해 알을 기르고, 새 여왕벌이 선택됩니다.

4 2문단에서 여왕벌이 짝짓기를 하는 방법을 설명하였습니다. 또 3문단에서 여왕벌이 하루에 약 2,000개

의 알을 낳는다고 설명하였습니다.

> **오답 풀이**
> ② 여왕벌이 되는 꿀벌의 생김새는 이 글에 나오지 않습니다.
> ④ 여왕벌이 짝짓기를 하는 데 걸리는 시간은 이 글에 나오지 않습니다.

5 1문단에서 암벌과 수벌의 탈바꿈 과정과 기간을 설명하였고, 2문단에서 여왕벌의 짝짓기 방법을 설명했습니다. 3문단에서는 평생 알을 낳는 여왕벌의 역할을 설명했고, 4문단에서는 여왕벌이 알을 낳는 힘이 부족해지면 새로운 여왕벌이 탄생한다고 말했습니다.

6 꿀벌은 알, 애벌레, 번데기를 거쳐 어른벌레가 되는 완전 탈바꿈을 합니다. 암벌은 21일만에 어른벌레가 되고, 이 중에서 한 마리만 여왕벌이 됩니다. 여왕벌은 수벌과 하늘에서 짝짓기를 하여 평생 알을 나을 수 있는 정자를 몸에 저장합니다. 이후 벌집에 돌아와 일생 동안 알을 낳습니다. 시간이 지나 알을 낳는 힘이 부족해지면 새로운 여왕벌이 선택됩니다.

7 (1) '보호'는 '위험하거나 곤란하지 않게 지키고 보살핌.'이라는 뜻입니다.
(2) '수명'은 '사람이나 동식물이 살아 있는 기간.'이라는 뜻입니다.
(3) '비행'은 '하늘로 날아가거나 날아다님.'이라는 뜻입니다.
(4) '일생'은 '세상에 태어나서 죽을 때까지의 동안.'이라는 뜻입니다.
(5) '무리'는 '여러 사람이나 동물, 사물 등이 함께 모여 있는 것.'이라는 뜻입니다.

비주얼 과학 교과서 개념　　**053쪽**

(1) 완전　　(2) 불완전

(1) '곤충이 알, 애벌레, 번데기의 과정을 모두 거쳐 어른벌레로 모습이 바뀌는 것.'을 '완전 탈바꿈'이라고 합니다.

(2) '곤충이 번데기로 바뀌는 과정을 거치지 않고 어른벌레로 모습이 바뀌는 것.'을 '불완전 탈바꿈'이라고 합니다.

- **글의 종류** 설명하는 글
- **글의 특징** 이 글은 독특한 오리너구리의 특징을 소개하고, 오리너구리의 한살이에 대해 설명하고 있습니다.
- **주제** 오리너구리의 한살이

055~056쪽

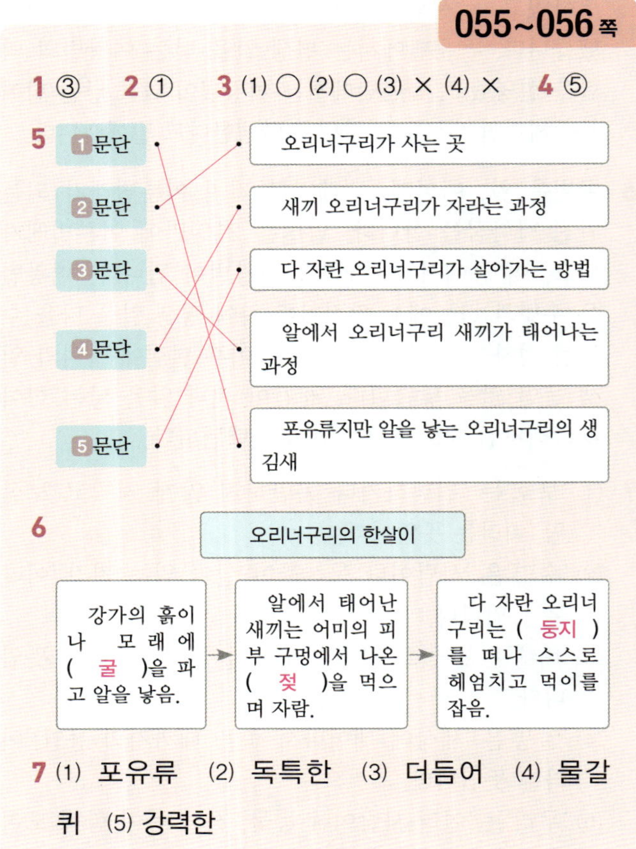

1 ③　**2** ①　**3** (1) ○ (2) ○ (3) × (4) ×　**4** ⑤

5
- 1문단 — 포유류지만 알을 낳는 오리너구리의 생김새
- 2문단 — 오리너구리가 사는 곳
- 3문단 — 알에서 오리너구리 새끼가 태어나는 과정
- 4문단 — 새끼 오리너구리가 자라는 과정
- 5문단 — 다 자란 오리너구리가 살아가는 방법

6 오리너구리의 한살이

강가의 흙이나 모래에 (굴)을 파고 알을 낳음.	→	알에서 태어난 새끼는 어미의 피부 구멍에서 나온 (젖)을 먹으며 자람.	→	다 자란 오리너구리는 (둥지)를 떠나 스스로 헤엄치고 먹이를 잡음.

7 (1) 포유류　(2) 독특한　(3) 더듬어　(4) 물갈퀴　(5) 강력한

1 이 글은 오리너구리의 특징과 오리너구리가 태어나고 자라는 방식을 설명하기 위해 쓴 글입니다.

2 1문단에서 오리너구리는 알을 낳는 동물이라고 하였습니다.

오답 풀이
② 오리너구리는 물속과 땅위에서 생활합니다. (2문단)
③ 오리너구리의 새끼는 털이 없습니다. (3문단)
④ 오리너구리는 젖꼭지가 없습니다. (4문단)
⑤ 암컷 오리너구리가 굴 안에 둥지를 지으며 알을 낳는 준비를 합니다. (2문단)

3 '강력한'은 '힘이나 영향이 강한.'이라는 뜻입니다. 따라서 '강한' 또는 '튼튼한'과 바꾸어 쓸 수 있습니다.

오답 풀이
(3) '연약한'은 '무르고 약한.'이라는 뜻입니다.
(4) '가냘픈'은 '몸이나 팔다리 등이 몹시 가늘고 연약한.'이라는 뜻입니다.

4 이 글에서 오리너구리가 얼마나 살 수 있는지에 대한 내용은 찾을 수 없습니다.

5 1문단은 포유류지만 알을 낳는 오리너구리의 생김새, 2문단은 오리너구리가 사는 곳, 3문단은 오리너구리가 알을 낳는 과정, 4문단은 오리너구리가 자라는 과정, 5문단은 다 자란 오리너구리가 살아가는 방법에 대해 설명하고 있습니다.

6 오리너구리는 강가의 흙이나 모래에 굴을 파고 그곳에 둥지를 지어 알을 낳습니다. 알에서 나온 새끼는 어미의 피부 구멍에서 나오는 젖을 먹으며 자랍니다. 다 자란 오리너구리는 둥지를 떠나 스스로 헤엄치고 먹이를 잡아먹으며 삽니다.

7 (1) '포유류'는 '새끼를 낳아 젖을 먹여 기르며 허파로 숨을 쉬는 척추동물의 한 종류.'라는 뜻입니다.
(2) '독특한'은 '다른 것과 비교하여 특별하게 다른.'이라는 뜻입니다.
(3) '더듬어'는 '무엇을 찾거나 알아보려고 이리저리 만져 보거나 헤매어.'라는 뜻입니다.
(4) '물갈퀴'는 '헤엄을 치는 데 도움이 되는 오리, 개구리 등의 발가락 사이에 있는 엷은 막.'이라는 뜻입니다.
(5) '강력한'은 '힘이나 영향이 강한.'이라는 뜻입니다.

오답 어휘 설명
(1) '조류'는 '척추동물 중에서도 하늘을 날 수 있는 동물을 통틀어 이르는 말.'이라는 뜻입니다.
(2) '영특한'은 '보통 사람과 다르게 매우 뛰어나고 훌륭한.'이라는 뜻입니다.
(3) '더하여'는 '보태어 늘리거나 많게 하여.'라는 뜻입니다.
(4) '물갈이'는 '자기가 사는 곳이 아닌 다른 지역이나 나라 등의 물이 몸에 맞지 않아 탈이 나는 일.'이라는 뜻입니다.
(5) '강조한'은 '어떤 것을 특히 두드러지게 하거나 강하게 주장한.'이라는 뜻입니다.

비주얼 과학 교과서 개념　**057쪽**

(1) 알을 낳는　　(2) 새끼를 낳는

(1) '알에서 깨어 나와 자라는 동물.'을 '알을 낳는 동물'이라고 합니다.
(2) '어미의 몸 안에서 어느 정도 자라서 태어난 동물을 통틀어 이르는 말.'을 '새끼를 낳는 동물'이라고 합니다.

- **글의 종류** 설명하는 글
- **글의 특징** 싹을 트기 가장 좋은 온도를 감지하는 물질이 씨앗 속에 있다는 것을 설명하는 글입니다.
- **주제** 씨앗이 싹 트기 좋은 온도를 감지하는 방법

059~060쪽

1 ⑤　　**2** (2) ○ (3) ○　　**3** ③　　**4** ③

5

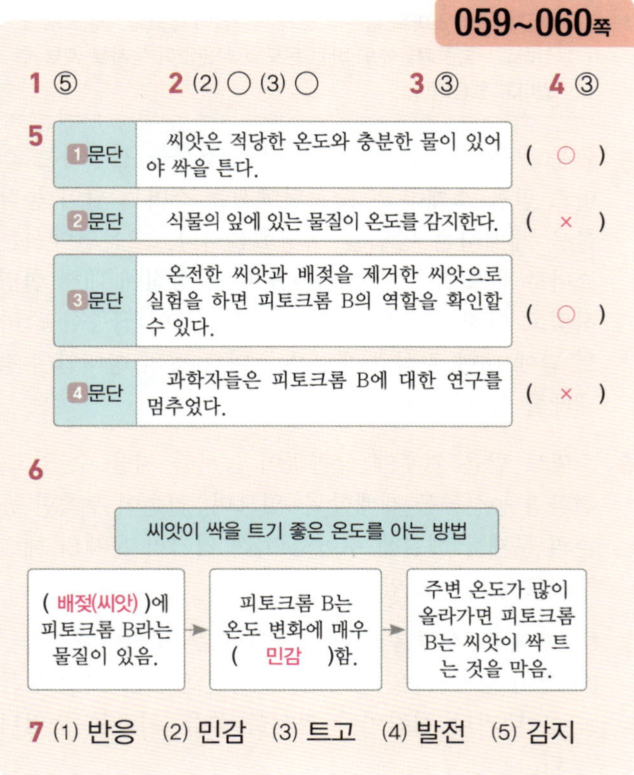

1문단	씨앗은 적당한 온도와 충분한 물이 있어야 싹을 튼다.	(○)
2문단	식물의 잎에 있는 물질이 온도를 감지한다.	(×)
3문단	온전한 씨앗과 배젖을 제거한 씨앗으로 실험을 하면 피토크롬 B의 역할을 확인할 수 있다.	(○)
4문단	과학자들은 피토크롬 B에 대한 연구를 멈추었다.	(×)

6

7 (1) 반응　(2) 민감　(3) 트고　(4) 발전　(5) 감지

1 이 글은 씨앗에 있는 배젖이라는 곳에 씨앗이 싹 트기 좋은 온도를 감지하는 물질이 있다는 것을 설명하는 글입니다. 따라서 이 글의 제목은 '씨앗 속의 온도계'가 알맞습니다.

2 (2) 1문단에서 씨앗이 싹을 트려면 적당한 온도와 충분한 물이 있어야 한다고 했습니다.
(3) 3문단에서 씨앗의 배젖이라는 곳에 있는 피토크롬 B라는 물질이 온도를 감지한다고 했습니다.

3 2문단에서 씨앗 속의 배젖에 있는 피토크롬 B라는 물질이 주변의 온도를 감지한다고 했습니다.

4 이 글에서 씨앗이 싹을 트는 온도가 몇 도인지는 설명하지 않았습니다.

5 1문단은 씨앗은 적당한 온도와 충분한 물이 있어야 싹을 튼다는 내용입니다. 2문단은 씨앗의 배젖에 있는 물질이 싹을 트기 좋은 온도를 감지한다는 내용입니다. 3문단은 온전한 씨앗과 배젖을 제거한 씨앗으로 실험을 하면 피토크롬 B의 역할을 확인할 수 있다는 내용입니다. 4문단은 과학자들이 피토크롬 B를 이용한 연구를 진행하고 있으며 이는 농업을 발전시킬 수 있다는 내용입니다.

6 씨앗의 배젖에 있는 물질인 피토크롬 B는 온도에 매우 민감하여, 주변 온도가 올라가면 이를 감지하여 씨앗이 싹 트는 것을 막습니다.

7 (1) '반응'은 '어떤 자극에 대하여 일정한 동작이나 태도를 보임.'이라는 뜻입니다.
(2) '민감'은 '자극에 빠르게 반응을 보이거나 쉽게 영향을 받음.'이라는 뜻입니다.
(3) '트고'는 '식물의 싹, 순 등이 나오고.'라는 뜻입니다.
(4) '발전'은 '더 좋은 상태나 더 높은 단계로 나아감.'이라는 뜻입니다.
(5) '감지'는 '느끼어 앎.'이라는 뜻입니다.

비주얼 과학 교과서 개념　　**061쪽**

(1) 싹　　(2) 발아

(1) '씨, 줄기, 뿌리 등에서 처음 돋아나는 어린잎이나 줄기.'를 '싹'이라고 합니다.
(2) '씨앗에서 싹이 나옴.'을 '발아'라고 합니다.

- **글의 종류** 신문 기사
- **글의 특징** 이 글은 스마트 팜의 특징과 스마트 팜으로 농사를 지었을 때의 장점을 설명하고 있습니다.
- **주제** 스마트 팜의 특징과 스마트 팜으로 농사를 지었을 때의 장점

063~064쪽

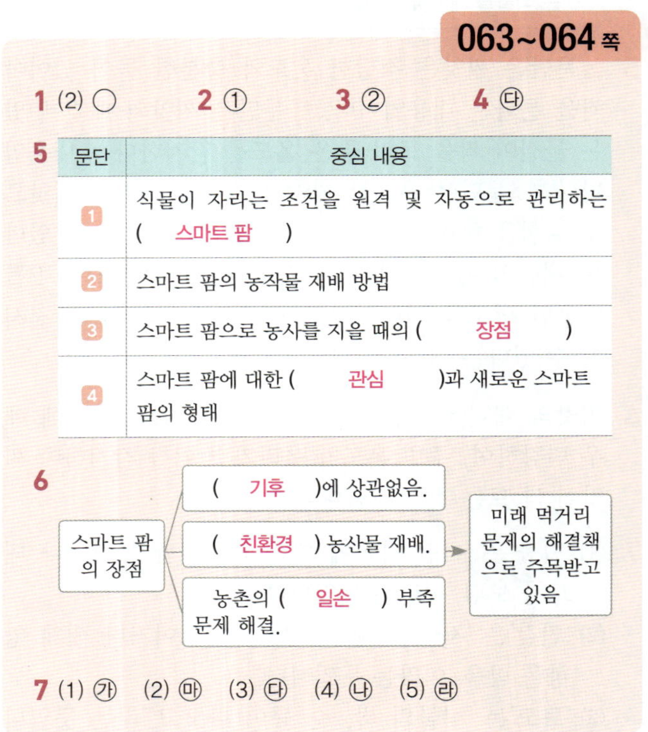

1 (2) ○　　**2** ①　　**3** ②　　**4** ㉰

5

문단	중심 내용
1	식물이 자라는 조건을 원격 및 자동으로 관리하는 (스마트 팜)
2	스마트 팜의 농작물 재배 방법
3	스마트 팜으로 농사를 지을 때의 (장점)
4	스마트 팜에 대한 (관심)과 새로운 스마트 팜의 형태

6

스마트 팜의 장점	(기후)에 상관없음.	미래 먹거리 문제의 해결책으로 주목받고 있음
	(친환경) 농산물 재배.	
	농촌의 (일손) 부족 문제 해결.	

7 (1) ㉮　(2) ㉺　(3) ㉰　(4) ㉯　(5) ㉱

1 이 글은 미래 먹거리 문제를 해결해 주는 스마트 팜에 대한 정보를 전달하기 위해 썼습니다.

2 3문단에서 스마트 팜은 기후에 상관없이 농사를 지을 수 있어서 가뭄이나 홍수, 태풍 등의 피해를 막고 안전하게 농사를 지을 수 있다고 설명했습니다.

오답 풀이

② 본격적인 인공 지능 시대를 맞아 스마트 팜이 많은 관심을 받고 있으며, 최근 들어 다양한 식품 회사가 스마트 팜에 투자하고, 농민들이 스마트 팜 관련 교육에 관심이 급증했다고 설명하고 있습니다.
③ 스마트 팜은 농약 없이 농사가 가능해서 친환경 농사를 지을 수 있습니다.
④ 스마트 팜은 자동으로 농장을 관리하고 농작물을 재배할 수 있습니다.
⑤ 스마트 팜은 자동으로 농장을 관리하고 기후에 상관없이 농사를 지을 수 있어서, 일손이 부족한 농촌의 문제를 해결해 줍니다.

3 스마트 팜은 기후에 영향을 받지 않아서 농사를 안전하게 지을 수 있습니다. 이 때문에 생산량을 늘리고 농산물을 안정적으로 재배할 수 있으므로, '따라서'가 가장 잘 어울립니다.

4 2문단에서 스마트 팜은 추운 겨울에도 바깥 온도와 상관없이 스마트 팜 안의 온도를 일정하게 유지한다고 했으므로, ㉰는 이 글의 내용과 알맞지 않은 내용입니다.

오답 풀이

㉮ 2문단에서 스마트 팜은 자동으로 물을 주거나, 정해진 시간에 물을 줄 수 있다고 했습니다.
㉯ 2문단에서 스마트 팜은 장소와 상관없이 습도를 자동으로 조절하고, 추운 겨울에도 바깥 온도와 상관없이 농사를 지을 수 있다고 했습니다.

5 1문단에서는 식물이 잘 자라는 조건을 관리하는 스마트 팜을 소개하고, 2문단에서는 스마트 팜이 농작물을 재배하는 방법을 설명했습니다. 3문단에서는 스마트 팜으로 농사를 지었을 때의 장점에 대해 설명하였고 마지막 4문단에서는 최근 들어 급증한 스마트 팜에 대한 관심과 새로운 스마트 팜의 형태인 수경 재배를 설명했습니다.

6 스마트 팜은 기후에 상관없이 농사를 지을 수 있고, 친환경 농산물을 재배할 수 있으며, 일손이 부족한 농촌의 문제를 해결해 주어서 미래 먹거리 문제의 해결책으로 주목받고 있습니다.

7 (1) '재배'는 '식물을 심어 가꿈.'이라는 뜻입니다.
(2) '투자'는 '이익을 얻기 위해 어떤 일이나 사업에 돈을 대거나 시간이나 정성을 쏟음.'이라는 뜻입니다.
(3) '유지'는 '어떤 상태나 상황 등을 그대로 이어 나감.'이라는 뜻입니다.
(4) '생산량'은 '어떠한 것이 일정한 기간 동안 만들어지는 수량.'이라는 뜻입니다.
(5) '안정적'은 '바뀌어 달라지지 않고 일정한 상태를 유지하게 되는 것.'이라는 뜻입니다.

비주얼 과학 교과서 개념　　**065쪽**

(1) 온도　　(2) 햇빛

(1) '따뜻하고 차가운 정도. 또는 그것을 나타내는 수치.'를 '온도'라고 합니다.
(2) '해의 빛.'을 '햇빛'이라고 합니다.

- **글의 종류** 설명하는 글
- **글의 특징** 세계에서 가장 오래 사는 나무인 브리슬콘 소나무의 성장 과정과 특징에 대해 설명하고 있습니다.
- **주제** 가장 오래 사는 브리슬콘 소나무의 성장 과정과 특징

067~068쪽

1 브리슬콘 소나무 **2** ⑤
3 ③ **4** ①, ⑤

5

문단	중심 내용
1	(한살이) 과정이 매우 느린 브리슬콘 소나무
2	세계에서 가장 오래된 (브리슬콘) 소나무
3	주변 환경에 맞춰 (천천히) 자라는 브리슬콘 소나무
4	(환경)에 적응하며 살아가는 브리슬콘 소나무
5	소중한 (자연유산)인 브리슬콘 소나무

6

브리슬콘 소나무

소개	특징	가치
• 종류: (여러해)살이 식물 • 가장 오래된 나무의 나이: 4,800살이 넘음. • 사는 곳: 미국 캘리포니아 (화이트 산)	• 매우 천천히 자람. • 뿌리와 기둥이 단단함. • 끈끈한 (수액)이 나옴. • 북쪽 기슭에서 자람.	• 산사태를 막아줌. • 기후 변화 연구에도 도움을 줌.

7 (1) 건조 (2) 생명력 (3) 침입 (4) 견뎌서 (5) 해충

1 이 글은 브리슬콘 소나무의 성장 과정과 특징에 대해 설명한 글입니다.

2 4문단에서 브리슬콘 소나무는 천천히 자라기 때문에 뿌리와 기둥이 단단하다고 하였습니다. 그래서 브리슬콘 소나무는 강한 바람에도 견딜 수 있습니다.

오답 풀이
① 브리슬콘 소나무는 나무껍질에서 수액이 나와서 해충에 잘 견딜 수 있습니다. (4문단)
② 브리슬콘 소나무의 뿌리는 두껍고 천천히 자랍니다. (4문단)
③ 브리슬콘 소나무는 매우 천천히 자라서, 한 해에 1밀리미터도 되지 않을 만큼 적게 자란다고 하였습니다. (3문단)
④ 브리슬콘 소나무는 춥고 건조한 환경에서 자랍니다. (3문단)

3 이 글에서 브리슬콘 소나무가 자라기 좋은 온도는 설명하고 있지 않습니다.

오답 풀이
① 2문단에서 브리슬콘 소나무가 미국 캘리포니아 화이트산에 산다고 설명했습니다.
② 2문단에서 가장 나이가 많은 브리슬콘 소나무는 4,800살이 넘었다고 했습니다.
④ 3문단과 4문단에서 브리슬콘 소나무는 주변 환경에 맞춰 천천히 자라고 환경에 적응하며 살아간다고 했습니다.
⑤ 4문단에서 브리슬콘 소나무의 두꺼운 뿌리와 단단한 기둥 때문에 강한 바람에도 견딜 수 있다고 설명했습니다.

4 5문단에서 브리슬콘 소나무의 나이테를 보면 그동안 지구의 기후 변화를 알 수 있다고 하였습니다. 또한 죽은 후에도 튼튼한 뿌리가 산사태를 막아 줍니다.

5 1문단은 한살이 과정이 매우 느린 브리슬콘 소나무, 2문단은 세상에서 가장 오래된 브리슬콘 소나무, 3문단은 주변 환경에 맞춰 매우 천천히 자라는 브리슬콘 소나무, 4문단은 환경에 적응하며 살아가는 브리슬콘 소나무, 5문단은 소중한 자연유산인 브리슬콘 소나무에 대해 설명하고 있습니다.

6 이 글은 여러해살이 식물인 브리슬콘 소나무의 특징에 대해 설명한 글입니다.

7 (1) '건조'는 '말라서 물기나 습기가 없음.'을 뜻합니다.
(2) '생명력'은 '생물이 살아가는 힘.'이라는 뜻입니다.
(3) '침입'은 '침범하여 들어가거나 들어옴.'이라는 뜻입니다.
(4) '견뎌서'는 '사람이나 생물이 어려운 환경에서 죽지 않고 버티면서 살아 나가는 상태가 되서.'를 뜻합니다.
(5) '해충'은 '인간의 생활에 해를 끼치는 벌레를 통틀어 이르는 말.'을 뜻합니다.

비주얼 과학 교과서 개념 **069쪽**

(1) 한해 (2) 여러해

(1) '한 해 동안 싹이 트고, 자라고, 꽃이 피고, 열매를 맺는 한살이를 거치고 죽는 식물.'을 '한해살이 식물'이라고 합니다.

(2) '여러 해 동안 살면서 싹이 트고, 자라고, 꽃이 피고 열매를 맺는 한살이를 반복하는 식물.'을 '여러해살이 식물'이라고 합니다.

01 우주에서 일어나는 몸의 변화

- **글의 종류** 설명하는 글
- **글의 특징** 중력이 거의 없는 우주 환경에서 일어나는 몸의 변화와 이를 막기 위한 방법에 대해 설명한 글입니다.
- **주제** 우주에 오래 머무르면 우리 몸에 생기는 일

073~074 쪽

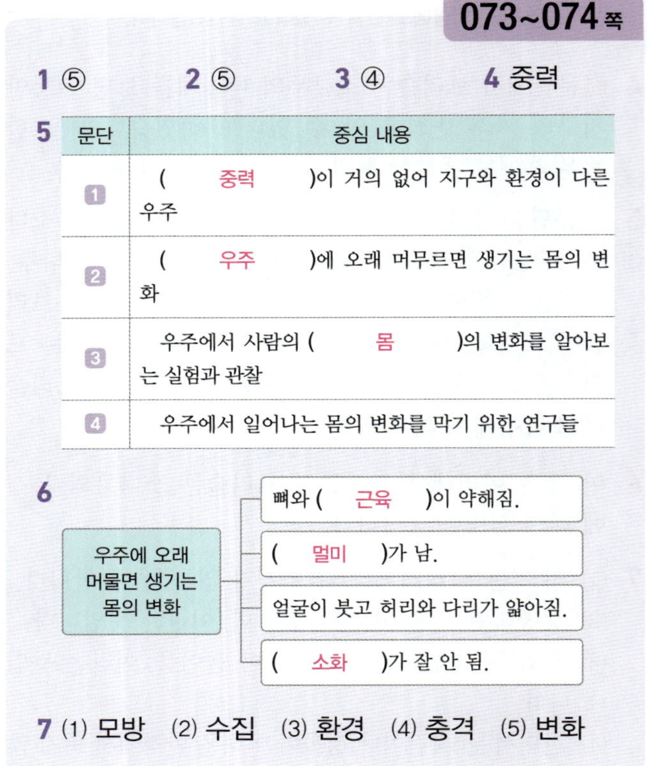

1 ⑤　　**2** ⑤　　**3** ④　　**4** 중력

5

문단	중심 내용
1	(　중력　)이 거의 없어 지구와 환경이 다른 우주
2	(　우주　)에 오래 머무르면 생기는 몸의 변화
3	우주에서 사람의 (　몸　)의 변화를 알아보는 실험과 관찰
4	우주에서 일어나는 몸의 변화를 막기 위한 연구들

6

우주에 오래 머물면 생기는 몸의 변화
- 뼈와 (　근육　)이 약해짐.
- (　멀미　)가 남.
- 얼굴이 붓고 허리와 다리가 얇아짐.
- (　소화　)가 잘 안 됨.

7 (1) 모방　(2) 수집　(3) 환경　(4) 충격　(5) 변화

1 이 글은 중력이 거의 없는 우주 환경에서 일어나는 몸의 변화와 이를 막기 위해 개발된 연구에 대해 설명한 글입니다.

2 **3**문단에서 과학자들이 보낸 근육 칩은 국제 우주 정거장에서 일주일 동안 우주의 환경으로 보내는 실험을 했다고 하였습니다.

> **오답 풀이**
> ①, ③ **1**문단에서 중력 덕분에 공기가 지구에 머물러 우리가 숨을 쉴 수 있고, 땅에 서 있을 수 있습니다.
> ② 이 글은 우주에서 먹는 특별한 음식에 대해서는 설명하지 않았습니다.
> ④ **2**문단에서 우주처럼 중력이 거의 없는 환경에서는 우리의 근육이 빠르게 약해진다고 하였습니다.

3 **4**문단에서 우주에서 근육이 약해지는 것을 막아 주는 약을 개발했다고 했습니다.

> **오답 풀이**
> ① 중력이 없으면 근육이 빠르게 약해집니다.
> ② 우주에서는 근육과 뼈가 약해지며, 전신이 붓고, 소화가 제대로 되지 않는 등의 몸의 변화가 일어납니다.

③ 우주에서 일어나는 몸의 변화를 알기 위해 근육 칩을 우주로 보냈습니다.
⑤ 과학자들은 우주에서 건강하게 생활하는 방법을 계속 연구하고 있습니다.

4 중력은 지구와 물체가 서로 끌어당기는 힘으로, 공을 던지면 다시 땅으로 떨어지는 것은 지구의 중력 때문에 일어나는 현상입니다.

> **오답 풀이**
> 중력은 지구와 물체가 서로 당기는 힘입니다. 중력 때문에 우리가 땅에 서 있을 수 있고, 물건들이 공중에 떠다니지 않고 바닥에 놓여 있게 됩니다. 공을 던지면 공이 다시 땅으로 떨어지는데, 이러한 현상도 바로 중력 때문입니다.

5 **1**문단은 지구와 달리 중력이 거의 없는 우주의 환경, **2**문단은 우주에 오래 머무를 때 일어나는 몸의 변화, **3**문단은 우주에서 몸의 변화를 알아보기 위한 실험과 관찰, **4**문단은 과학자들이 우주에서 일어나는 몸의 변화를 최대한 막기 위한 방법들을 연구하고 있다고 설명하고 있습니다.

6 우주에 오래 머물면 뼈와 근육이 약해지고, 속이 울렁거리며 멀미가 납니다. 또한 얼굴은 붓고 허리와 다리는 얇아지며 소화가 잘 안 됩니다. 이는 모두 우주에 중력이 거의 없기 때문에 일어나는 변화입니다.

7 (1) '모방'은 '다른 것을 본뜨거나 남의 행동을 흉내 냄.'이라는 뜻입니다.
(2) '수집'은 '취미나 연구를 위해 물건이나 자료 등을 찾아서 모음.'이라는 뜻입니다.
(3) '환경'은 '생물이 살아가는 데 영향을 주는 자연 상태나 조건.'이라는 뜻입니다.
(4) '충격'은 '물체에 급격하게 가해지는 힘.'이라는 뜻입니다.
(5) '변화'는 '무엇의 모양이나 상태, 성질 등이 달라짐.'이라는 뜻입니다.

비주얼 과학 교과서 개념　　**075 쪽**

(1) 힘　　(2) 중력

(1) '정지하고 있는 물체를 움직이게 하고, 또 움직이고 있는 물체의 속도를 변화시키거나 아주 정지시키는 작용.'을 '힘'이라고 합니다.
(2) '지구가 지구 위의 물체를 끌어당기는 힘.'을 '중력'이라고 합니다.

02 자동차 범퍼의 비밀

· **글의 종류** 설명하는 글
· **글의 특징** 이 글은 자동차 사고 시 충격을 흡수하고 탑승자를 보호하는 범퍼에 대해 설명하는 글입니다.
· **주제** 자동차 범퍼가 잘 찌그러지도록 만들어진 까닭

077~078 쪽

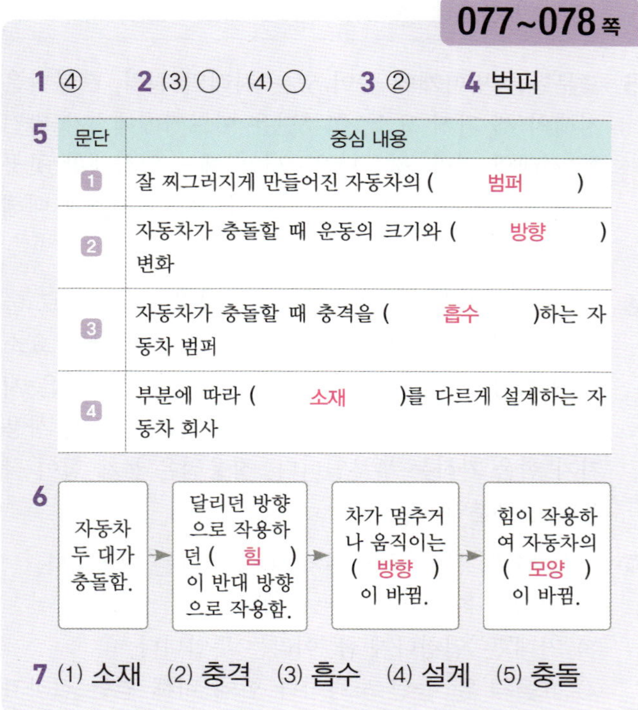

1 ④ **2** (3) ○ (4) ○ **3** ② **4** 범퍼

5

문단	중심 내용
1	잘 찌그러지게 만들어진 자동차의 (범퍼)
2	자동차가 충돌할 때 운동의 크기와 (방향) 변화
3	자동차가 충돌할 때 충격을 (흡수)하는 자동차 범퍼
4	부분에 따라 (소재)를 다르게 설계하는 자동차 회사

6 자동차 두 대가 충돌함. → 달리던 방향으로 작용하던 (힘)이 반대 방향으로 작용함. → 차가 멈추거나 움직이는 (방향)이 바뀜. → 힘이 작용하여 자동차의 (모양)이 바뀜.

7 (1) 소재 (2) 충격 (3) 흡수 (4) 설계 (5) 충돌

1 이 글은 자동차가 충돌할 때 충격을 줄여 주는 범퍼에 대해 설명한 글입니다.

2 **2**문단에서 자동차가 충돌하면 탑승자는 자동차가 달리던 방향으로 움직이려 한다고 하였고, **3**문단에서 자동차 범퍼를 잘 찌그러지도록 만들어진 까닭을 설명하였습니다.

> **오답 풀이**
> (1) 이 글에서 자동차 사고를 막는 방법은 설명하지 않았습니다.
> (2) 이 글에서 자동차 범퍼를 만드는 과정은 설명하지 않았습니다.

3 **3**문단에서 물체에 힘이 작용하면 물체의 모양이 바뀐다고 설명하였습니다.

> **오답 풀이**
> ① 안전띠는 탑승자를 잡아 주어 보호하는 역할을 합니다.
> ③ 충돌 사고가 나면 자동차 앞뒤에 가장 큰 충격이 가고, 자동차 안쪽에는 큰 충격이 전달되지 않습니다.
> ④ 자동차 범퍼는 충격을 받으면 잘 찌그러지도록 만들어졌습니다.
> ⑤ 자동차 회사는 자동차 앞뒤 범퍼와 나머지 부분의 소재를 다르게 설계합니다.

4 자동차의 범퍼는 자동차의 앞뒤에 위치한 부분으로, 충돌 시 충격을 흡수하여 차 내부에 있는 탑승자를 보호하는 역할을 합니다.

5 **1**문단에서 자동차 범퍼가 잘 찌그러지게 만들어졌다는 것을 밝혔고, **2**문단에서 자동차가 충돌할 때 운동의 크기와 방향 변화를 설명하였으며, **3**문단에서 자동차 범퍼를 잘 찌그러지게 만든 까닭이 충격을 흡수하기 위해서라고 설명하였습니다. **4**문단에서는 자동차 회사들이 부분별로 소재를 다르게 하여 자동차를 설계하고 있다고 설명했습니다.

6 자동차 두 대가 충돌하면 서로 힘을 받아 운동의 크기와 방향이 변합니다. 그리고 힘이 작용하여 자동차의 모양이 바뀌게 됩니다.

7 (1) '소재'는 '어떤 것을 만드는 데 바탕이 되는 재료.'라는 뜻입니다.
(2) '충격'은 '물체에 급격히 가하여지는 힘.'이라는 뜻입니다.
(3) '흡수'는 '안이나 속으로 빨아들임.'이라는 뜻입니다.
(4) '설계'는 '건축, 토목, 기계 등에 관한 계획을 세우거나 그 계획을 그림 등으로 나타내는 것.'이라는 뜻입니다.
(5) '충돌'은 '서로 세게 맞부딪치거나 맞섬.'이라는 뜻입니다.

> **오답 어휘 설명**
> (1) '존재'는 '실제로 있음. 또는 그런 대상.'이라는 뜻입니다.
> (2) '충동'은 '순간적으로 어떤 행동을 하고 싶다고 느끼는 마음.'이라는 뜻입니다.
> (3) '흡사'는 '거의 같을 정도로 비슷한 모양.'이라는 뜻입니다.
> (4) '설명'은 '어떤 것을 남에게 알기 쉽게 풀어 말함. 또는 그런 말.'이라는 뜻입니다.
> (5) '충고'는 '타인에게 조언을 주거나 권하는 말.'이라는 뜻입니다.

비주얼 과학 교과서 개념 **079** 쪽

(1) 방향 (2) 모양

(1) '어떤 곳을 향한 쪽.'을 '방향'이라고 합니다.
(2) '겉으로 나타나는 생김새나 모습.'을 '모양'이라고 합니다.

- **글의 종류** 설명하는 글
- **글의 특징** 지레의 뜻과 지레의 원리를 설명하고, 옛날부터 오늘날까지 지레가 어떻게 활용되는지 예시를 통해 설명하고 있습니다.
- **주제** 지레의 원리

081~082쪽

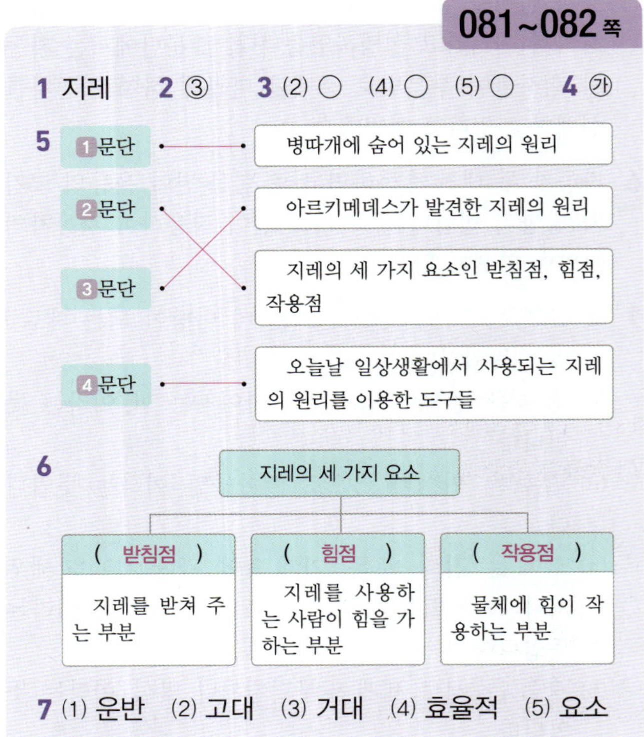

1 이 글은 지레의 원리에 대해 설명하는 글로, 빈칸에 알맞은 말은 '지레'입니다.

2 아르키메데스는 지레의 원리를 발견한 사람입니다. 지레는 아르키메데스가 살던 시대 이전에도 사용하였습니다.

> **오답 풀이**
> ① 지레는 가위, 손톱깎이, 시소, 펜치, 빨래집게, 병따개 등 다양한 곳에서 사용됩니다.
> ② 병따개는 지레의 원리를 이용한 도구입니다.
> ④ 지레의 세 가지 요소는 받침점, 힘점, 작용점입니다.
> ⑤ 지레의 원리를 이용하면 적은 힘으로도 큰 힘을 낼 수 있습니다.

3 2문단에서 지레의 세 가지 요소에 대해 설명하였고, 3문단에서는 아르키메데스가 지레의 원리를 처음 발견했다고 밝혔습니다. 4문단에서 지레의 원리를 이용한 도구에 대해 설명하였습니다.

> **오답 풀이**
> (1) 이 글은 지레는 적은 힘으로도 큰 힘을 낼 수 있다고 장점을 설명하고 있지만, 단점은 이 글에서 찾을 수 없습니다.
> (3) 이 글에서 병따개를 처음 개발한 사람이 누구인지 찾을 수 없습니다.

4 4문단에서 가위는 두 손잡이가 힘점이고, 나사가 받침점, 가윗날이 작용점 역할을 한다고 하였으므로 ㉮는 힘점, ㉯는 받침점, ㉰는 작용점에 해당합니다.

> **오답 풀이**
> ㉯ 가위의 나사는 받침점에 해당하는 부분으로 가위를 받쳐주고 고정되어 있습니다.
> ㉰ 가위의 가윗날은 작용점에 해당하는 부분으로 물체에 힘이 작용하는 부분입니다. 즉 가위가 물체를 자르는 부분입니다.

5 1문단은 병따개에 숨어 있는 지레의 원리, 2문단은 지레의 세 가지 요소, 3문단은 아르키메데스가 발견한 지레의 원리, 4문단은 오늘날에도 일상생활 곳곳에서 사용되는 지레의 원리를 이용한 도구들에 대해 설명하였습니다.

6 지레는 막대의 한 점을 받치는 받침점을 중심으로 물체를 움직이는 장치로(1문단), 지레의 세 가지 요소는 받침점, 힘점, 작용점입니다(2문단). 받침점은 지레를 받쳐 주는 부분으로 고정되어 있고, 힘점은 사용자가 힘을 가하는 부분입니다. 작용점은 물체 힘이 작용하는 부분입니다.

7 (1) '운반'은 '물건 등을 옮겨 나름.'이라는 뜻입니다.
(2) '고대'는 '옛 시대.'라는 뜻입니다.
(3) '거대'는 '엄청나게 큼.'이라는 뜻입니다.
(4) '효율적'은 '들인 노력이나 힘에 비해 얻는 결과가 큼.'이라는 뜻입니다.
(5) '요소'는 '무엇을 이루는 데 반드시 있어야 할 중요한 성분이나 조건.'이라는 뜻입니다.

비주얼 과학 교과서 개념　**083쪽**

(1) **지레**　(2) **빗면**

(1) '무거운 물건을 움직이는 데 쓰는 막대기.'를 '지레'라고 합니다.
(2) '비스듬히 기운 면.'을 '빗면'이라고 합니다.

- **글의 종류** 설명하는 글
- **글의 특징** 양팔저울의 원리를 설명하며, 저울의 역사에 대해 설명하고 있습니다.
- **주제** 저울의 역사

085~086 쪽

1 ④　　**2** ①　　**3** ③　　**4** (2) ○

5
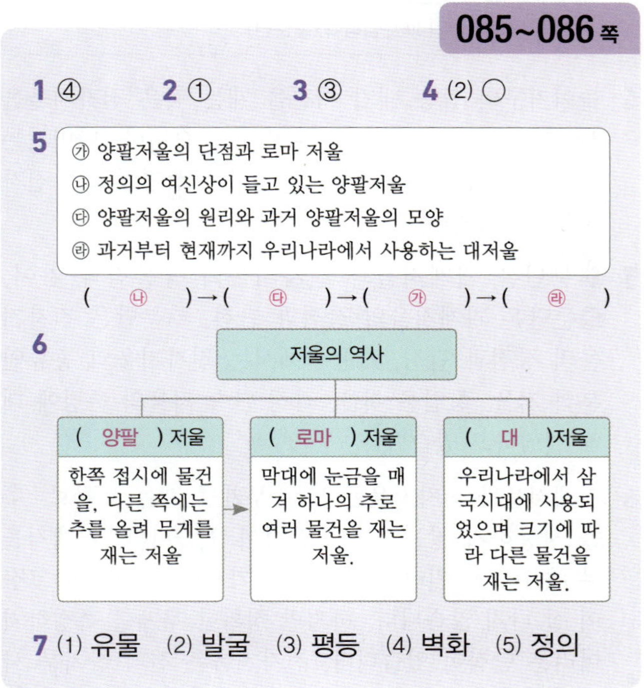
⑦ 양팔저울의 단점과 로마 저울
⑭ 정의의 여신상이 들고 있는 양팔저울
⑮ 양팔저울의 원리와 과거 양팔저울의 모양
⑯ 과거부터 현재까지 우리나라에서 사용하는 대저울

(⑭) → (⑮) → (⑦) → (⑯)

6

저울의 역사		
(양팔) 저울	(로마) 저울	(대)저울
한쪽 접시에 물건을, 다른 쪽에는 추를 올려 무게를 재는 저울	막대에 눈금을 매겨 하나의 추로 여러 물건을 재는 저울.	우리나라에서 삼국시대에 사용되었으며 크기에 따라 다른 물건을 재는 저울.

7 (1) 유물　(2) 발굴　(3) 평등　(4) 벽화　(5) 정의

1 이 글은 양팔저울의 원리와 저울의 역사를 설명하는 글입니다.

2 로마 저울은 막대에 눈금을 매긴 저울로, 하나의 추로 여러 물건의 무게를 잴 수 있으며, 양팔저울의 단점을 해결하기 위해 만들어졌습니다. (**3**문단)

3 로마의 여신 유스티티아를 상징하는 정의의 여신상은 눈을 가리고 왼손에는 양팔저울을, 오른손에는 칼을 들고 있는 모습을 하고 있습니다. (**1**문단)

오답 풀이

① 이집트 벽화에서 양팔저울과 비슷한 저울 그림이 발견되어 이 시기부터 사용된 것을 짐작할 수 있습니다. (**2**문단)
② 양팔저울의 추가 1그램보다 작은 것이 있어 가벼운 물건의 무게도 잴 수 있다는 것을 알 수 있습니다. 가벼운 물건만 잴 수 있었던 것은 아닙니다. (**3**문단)
④ 삼국시대에 약재나 금, 은 등을 재는 데 사용된 저울은 대저울입니다. (**4**문단)
⑤ 막대에 눈금을 매긴 저울로, 하나의 추로 여러 물건의 무게를 잰 것은 로마 저울입니다. (**3**문단)

4 저울은 6,000~7,000년 전의 이집트의 무덤에서 발견되었으며, 벽화에서도 발견되었습니다. 또한 이집트의 유물이나 기록에서 양팔저울의 추도 발견되었습

니다. 이후 양팔저울의 단점을 극복한 로마 저울, 그리고 대저울이 등장하였습니다.

오답 풀이

(1) **4**문단에서 대저울로 돼지 등의 가축의 무게를 쟀다는 것을 확인할 수 있습니다.
(3) **4**문단에서 오늘날에도 전통 시장에서 대저울을 사용한다고 하였습니다.

5 **1**문단은 정의의 여신상이 들고 있는 양팔 저울, **2**문단은 양팔저울의 원리와 과거 양팔저울 모양, **3**문단은 양팔저울의 단점과 로마의 저울, **4**문단은 과거부터 현재까지 우리나라에서 사용하는 대저울에 대해 설명했습니다.

6 양팔저울은 이집트에서부터 사용되었으며, 이후 양팔저울의 단점을 해결한 로마 저울이 등장했습니다. 또한 우리나라에서는 과거부터 현재까지 대저울이 사용되고 있습니다.

7 (1) '유물'은 '선대의 인류가 후대에 남긴 물건.'이라는 뜻입니다.
(2) '발굴'은 '땅속이나 큰 덩치의 흙, 돌 더미 따위에 묻혀 있는 것이 발견되어 파내짐.'이라는 뜻입니다.
(3) '평등'은 '권리, 의무, 자격 등이 차별 없이 고르고 똑같음.'이라는 뜻입니다.
(4) '벽화'는 '건물이나 동굴, 무덤 등의 벽에 그린 그림.'이라는 뜻입니다.
(5) '정의'는 '진리에 맞는 올바른 도리.'라는 뜻입니다.

오답 어휘 설명

(1) '유대'는 '끈과 띠라는 뜻으로, 둘 이상을 서로 연결하거나 결합하게 하는 것. 또는 그런 관계.'라는 뜻입니다.
(2) '발명'은 '아직까지 없던 기술이나 물건을 새로 생각하여 만들어 냄.'이라는 뜻입니다.
(3) '평행'은 '나란히 감.'이라는 뜻입니다.
(4) '대화'는 '마주 대하여 이야기를 주고받음. 또는 그 이야기.'라는 뜻입니다.
(5) '불의'는 '의리, 도의, 정의 등에 어긋남.'이라는 뜻입니다.

비주얼 과학 교과서 개념　　**087 쪽**

(1) 수평　　(2) 비교

(1) '기울지 않고 평평한 상태.'을 '수평'이라고 합니다.
(2) '함께 놓고 어떤 점이 같고 다른지 살펴봄.'을 '비교'라고 합니다.

- **글의 종류** 설명하는 글
- **글의 특징** 기계저울과 전자저울의 각각의 특징을 설명한 글입니다.
- **주제** 기계저울과 전자저울의 특징

089~090 쪽

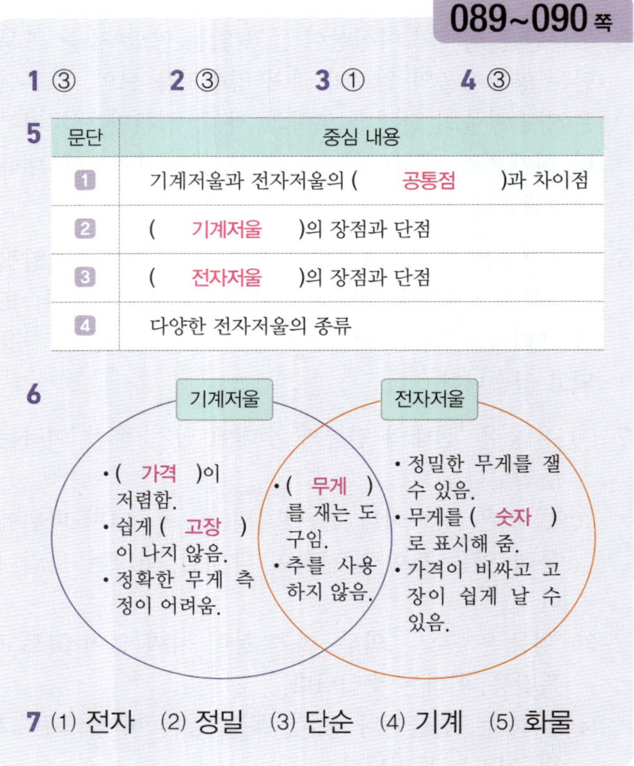

1 ③	2 ③	3 ①	4 ③

5

문단	중심 내용
1	기계저울과 전자저울의 (**공통점**)과 차이점
2	(**기계저울**)의 장점과 단점
3	(**전자저울**)의 장점과 단점
4	다양한 전자저울의 종류

6

7 (1) 전자　(2) 정밀　(3) 단순　(4) 기계　(5) 화물

1 이 글은 기계저울과 전자저울의 특징에 대해 설명하고 있습니다.

2 전자저울은 전자 장치를 사용하여 기계저울보다 고장이 쉽게 날 수 있습니다. 기계저울은 구조가 단순하고 전자 장치를 사용하지 않아 쉽게 고장이 나지 않습니다.

> **오답 풀이**
> ① 기계저울은 전기가 필요 없어서 장소에 상관없이 어디에서나 편리하게 사용할 수 있습니다.
> ② 전자저울은 무게의 단위를 쉽게 바꿔서 무게를 잴 수 있고, 무게를 숫자로 표시해 주기 때문에 사용이 편리합니다.
> ④ 우리가 실험실에서 자주 사용하는 용수철 저울은 기계저울입니다.
> ⑤ 아주 가벼운 물체의 무게에는 기계저울의 바늘이 움직이지 않는다고 했으므로, 기계저울로 매우 가벼운 무게를 재는 것은 어렵습니다.

3 전자저울을 누가 발명했는지에 대한 내용은 이 글에서 찾을 수 없습니다.

> **오답 풀이**
> ② 전자저울은 무게를 전기 신호로 바꾼 후 표시창에 숫자로 무게를 나타냅니다.(**1**문단)
> ③ 전자저울의 종류에는 분석 저울, 상업용 저울, 화물 무게 단속 저울 등이 있습니다.(**4**문단)
> ④ 상업용 저울은 주로 마트에서 상품의 무게를 잴 때 사용합니다.(**4**문단)
> ⑤ 기계저울이 저렴한 까닭은 구조가 단순하여 저울을 만드는 비용이 적게 들기 때문입니다.(**2**문단)

4 놀이기구의 탑승 대기 시간을 재는 것은 전자저울을 사용할 수 있는 상황으로 알맞지 않습니다. 나머지는 빠르고 정확하게 무게를 재야 하는 상황이므로 전자저울이 알맞습니다.

5 **1**문단은 기계저울과 전자저울의 공통점과 차이, **2**문단은 기계저울의 장점과 단점, **3**문단은 전자저울의 장점과 단점, **4**문단에서는 전자저울의 종류인 분석 저울, 상업용 저울, 과적 단속 저울의 특징에 대해 설명하고 있습니다.

6 기계저울과 전자저울은 모두 무게를 재는 도구로, 추를 사용하지 않는다는 공통점이 있습니다. 기계저울은 용수철의 원리를 이용하여 가격이 저렴하며 고장이 잘 나지 않습니다. 하지만 정확한 무게를 측정하기 어려운 단점이 있습니다. 전자저울은 전기 장치를 사용하여 정확한 무게를 잴 수 있습니다. 하지만 가격이 비싸고 고장이 쉽게 날 수 있습니다.

7 (1) '전자'는 '전기와 자기를 아울러 이르는 말.'입니다.
(2) '정밀'은 '아주 정확하고 꼼꼼하여 빈틈이 없고 자세함.'이라는 뜻입니다.
(3) '단순'은 '복잡하지 않고 간단함.'이라는 뜻입니다.
(4) '기계'는 '일정한 일을 하는 도구나 장치.'라는 뜻입니다.
(5) '화물'은 '운반할 수 있는 물건.'이라는 뜻입니다.

비주얼 과학 교과서 개념　　**091 쪽**

(1) 질량　　(2) 단위

(1) '물체를 이루고 있는 물질의 고유한 양.'을 '질량'이라고 합니다.

(2) '사물의 길이, 넓이, 무게 등을 수치로 나타낼 때, 기본이 되는 기준.'을 '단위'라고 합니다.

- **글의 종류** 설명하는 글
- **글의 특징** 성대의 진동이 목소리를 만드는 원리와 사람마다 목소리의 높낮이와 목소리의 음색, 화음이 다른 까닭에 대해 설명하는 글입니다.
- **주제** 목소리가 만들어지는 과정과 사람마다 목소리가 다른 까닭

093~094 쪽

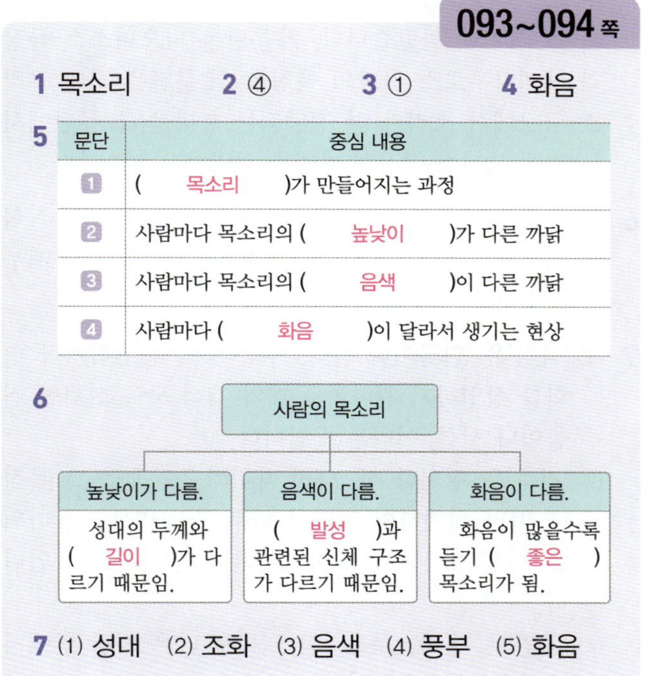

1 목소리 **2** ④ **3** ① **4** 화음

5

문단	중심 내용
1	(목소리)가 만들어지는 과정
2	사람마다 목소리의 (높낮이)가 다른 까닭
3	사람마다 목소리의 (음색)이 다른 까닭
4	사람마다 (화음)이 달라서 생기는 현상

6

사람의 목소리

높낮이가 다름.	음색이 다름.	화음이 다름.
성대의 두께와 (길이)가 다르기 때문임.	(발성)과 관련된 신체 구조가 다르기 때문임.	화음이 많을수록 듣기 (좋은) 목소리가 됨.

7 (1) 성대 (2) 조화 (3) 음색 (4) 풍부 (5) 화음

1 이 글은 목소리가 만들어지는 과정과 사람마다 목소리의 높낮이와 음색이 다른 까닭에 대해 설명하는 글로, 가장 중심이 되는 낱말은 '목소리'입니다.

2 **2**문단에서 성대가 길고 굵으면 진동수가 적어 목소리가 낮다고 하였습니다.

오답 풀이
① 사람마다 목소리의 높낮이는 다릅니다.(**2**문단)
② 남성은 성대가 굵고, 여성은 성대가 얇습니다.(**2**문단)
③ 목소리의 음색이 다른 것은 사람마다 발성과 관련된 신체 구조가 다르기 때문입니다.(**3**문단)
⑤ 성대의 굵기와 화음의 관계는 이 글에 나타나 있지 않습니다.

3 이 글에서는 화음을 내는 방법에 대해서는 설명하고 있지 않습니다.

오답 풀이
② 목소리는 폐 안의 공기가 성대를 지날 때 성대를 진동시켜 나오는 것입니다.(**1**문단)
③ 감기에 걸리면 콧속의 공간으로 통하는 통로가 막혀 파형이 달라지기 때문에 목소리가 달라집니다.(**3**문단)
④ 사람마다 목소리의 높낮이가 다른 까닭은 성대의 두께와 길이가 다르기 때문입니다.(**2**문단)

⑤ 성악가는 더 많은 화음을 가지고 있기 때문에 목소리가 풍부하고 조화롭게 들립니다.(**4**문단)

4 화음은 두 개 이상의 서로 다른 음이 동시에 어우러져 만들어내는 소리를 말합니다.

5 **1**문단은 목소리가 만들어지는 과정, **2**문단은 사람마다 목소리의 높낮이가 다른 까닭, **3**문단은 사람마다 목소리의 음색이 다른 까닭, **4**문단은 사람마다 화음이 달라서 생기는 현상에 대해 설명하고 있습니다.

6 성대의 길이와 두께에 따라 목소리의 높낮이가 달라지며, 사람마다 발성과 관련된 신체 구조가 다르기 때문에 목소리의 음색이 달라집니다. 또한 화음이 많을수록 듣기 좋은 목소리가 됩니다.

7 (1) '성대'는 '목구멍의 가운데에 있는, 내쉬는 숨에 의해 떨려서 소리를 내는 주름 모양의 기관.'이라는 뜻입니다.
(2) '조화'는 '서로 잘 어울림.'이라는 뜻입니다.
(3) '음색'은 '소리의 특색.'이라는 뜻입니다.
(4) '풍부'는 '넉넉하고 많음.'이라는 뜻입니다.
(5) '화음'은 '높이가 서로 다른 둘 이상의 음이 함께 어울리는 소리.'라는 뜻입니다.

오답 어휘 설명
(1) '상대'는 '서로 마주 대함. 또는 그런 대상.'이라는 뜻입니다.
(2) '평화'는 '걱정이나 탈이 없이 조용하고 화목함.'이라는 뜻입니다.
(3) '음식'은 '사람이 먹기 위해 준비한 먹을거리.'라는 뜻입니다.
(4) '거부'는 '요구나 제의 등을 받아들이지 않고 물리치다.'라는 뜻입니다.
(5) '화력'은 '불을 이용한 힘이나 에너지.'라는 뜻입니다.

비주얼 과학 교과서 개념 **095 쪽**

(1) 소리 (2) 진동

(1) '물체가 진동하여 생긴 음파가 귀에 들리는 것.'을 '소리'라고 합니다.
(2) '흔들려 움직임.'을 '진동'이라고 합니다.

- **글의 종류** 생활문
- **글의 특징** 이 글은 텔레비전 프로그램에서 고대 그리스의 원형 극장을 보고, 그 특징과 소리가 잘 전달되는 까닭을 들은 내용을 설명하는 글입니다.
- **주제** 고대 그리스의 원형 극장의 특징

097~098 쪽

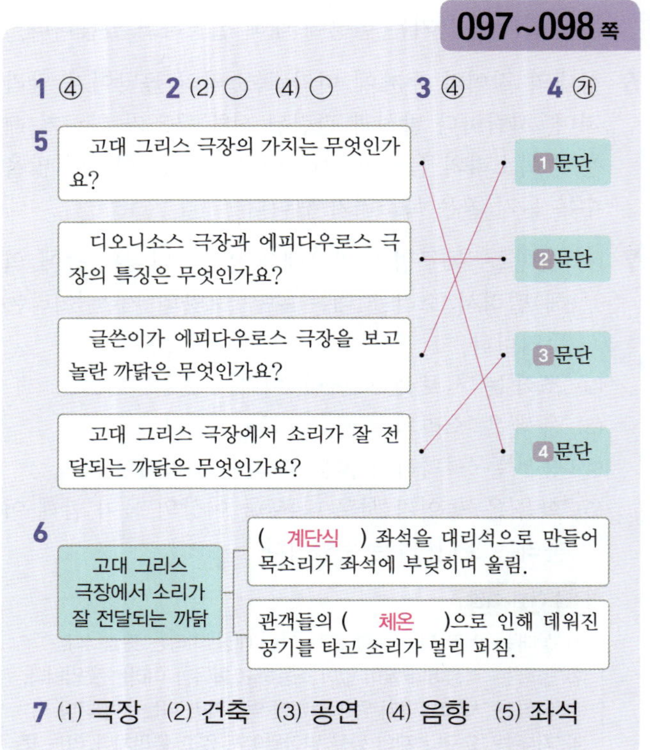

1 이 글은 고대 그리스의 원형 극장의 특징과 이곳에서 소리가 잘 전달되는 까닭을 설명하고 있습니다.

2 ⑵ **2**문단에서 디오니소스 극장이 세계 최초의 극장으로 추정된다고 설명했습니다. ⑷는 **3**문단에서 고대 그리스 극장에서 소리가 잘 전달되는 까닭을 설명하고 있습니다.

3 고대 그리스의 극장에는 마이크와 같이 목소리를 확대해 주는 장치가 없었지만 음향 효과가 뛰어났습니다.(**3**문단)

> **오답 풀이**
> ③ 세계 최초의 극장으로 추정되는 디오니소스 극장은 에피다우로스 극장보다 약 200년 먼저 지어진 극장입니다.
> ⑤ 고대 그리스 원형 극장은 오늘날 세계의 여러 공연장 건축에 영향을 미쳤습니다. 또 그 예술적 가치와 함께 음향 효과와 건축물 구조의 관계를 연구하는 데 가치를 지니고 있습니다.

4 **4**문단에서 에피다우로스 극장은 오랜 시간 흙 속에 묻혀 있다가 1880년대부터 복원을 했다고 하였으므로, 현재는 볼 수 없다는 내용은 알맞지 않습니다.

> **오답 풀이**
> ㉰ **4**문단에서 고대 그리스의 극장은 로마의 원형 극장뿐 아니라, 오늘날 세계의 여러 공연장 건축에 영향을 미쳤다고 말했습니다.
> ㉱ **3**문단에서 고대 그리스의 극장에서는 마이크와 같은 장치가 없어도 아주 작은 소리도 잘 전달된다고 말했습니다.

5 **1**문단에서 글쓴이는 텔레비전 프로그램에서 에피다우로스 극장을 보고, 야외에서 공연이 가능했다는 것과 그 크기에 놀랐습니다. **2**문단은 디오니소스 극장과 에피다우로스 극장의 특징을, **3**문단은 고대 그리스 극장에서 소리가 잘 전달되는 까닭을, **4**문단에서는 고대 그리스 극장의 가치를 설명하고 있습니다.

6 고대 그리스 극장은 크기가 아주 크지만, 계단식 좌석과 관객들의 체온으로 인해 소리가 멀리 퍼져서, 매우 작은 소리도 잘 전달됩니다.

7 ⑴ '극장'은 '연극이나 음악, 무용 등을 공연하거나 영화를 상영하기 위하여 무대와 객석 등을 설치한 건물이나 시설.'이라는 뜻입니다.
⑵ '건축'은 '집이나 성, 다리 따위의 구조물을 그 목적에 따라 설계하여 흙이나 나무, 돌, 벽돌, 쇠 따위를 써서 세우거나 쌓아 만드는 일.'이라는 뜻입니다.
⑶ '공연'은 '음악, 무용, 연극 등을 많은 사람 앞에서 보임.'이라는 뜻입니다.
⑷ '음향'은 '물체에서 나는 소리와 그 울림.'이라는 뜻입니다.
⑸ '좌석'은 '앉을 수 있게 마련된 자리.'라는 뜻입니다.

(1) 소리　(2) 진폭

⑴ '소리의 크고 작은 정도.'를 '소리의 세기'라고 합니다.
⑵ '흔들려 움직이고 있는 물체가 멈춘 곳 또는 어느 한쪽으로 기울지 않은 곳에서 가장 크게 움직인 곳까지의 거리.'를 '진폭'이라고 합니다.

- **글의 종류** 설명하는 글
- **글의 특징** 이 글은 초음파의 뜻과 활용 분야에 대해 설명하고 있습니다.
- **주제** 다양한 분야에서 활용되는 초음파

101~102 쪽

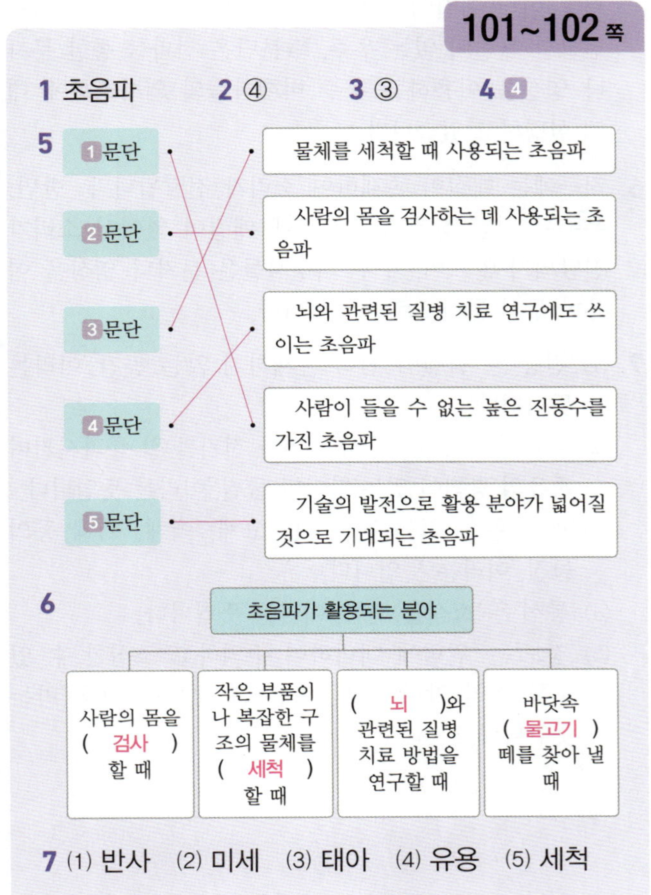

1 이 글은 초음파의 뜻과 초음파가 활용되는 분야에 대해 설명하는 글입니다.

2 3 문단에서 초음파 세척기는 물체에 붙어 있는 오염 물질을 효과적으로 없애 준다고 하였습니다.

> **오답 풀이**
> ①, ③ 초음파는 진동수가 너무 커서 사람이 들을 수 없습니다.
> ② 초음파는 사람의 몸을 검사하는 데 사용된다고 하였습니다.
> ⑤ 사람의 귀는 대략 20헤르츠에서 20,000헤르츠 사이의 소리를 들을 수 있습니다.

3 바닷속의 물고기 떼를 찾을 때 사용한다고 했습니다.

> **오답 풀이**
> ①, ④ 3 문단에서 초음파 세척 기구를 이용해 안경이나 귀금속, 아주 작은 기계 부품 등을 깨끗하게 세척할 수 있다고 하였습니다
> ②, ⑤ 2 문단에서 병원에서 사용하는 초음파로 엄마의 몸속에 있는 태아의 모습을 확인하거나, 우리 몸속의 기관을 검사할 수 있다고 하였습니다.

4 기사는 국내 연구팀이 세계 최초로 초음파를 이용해 우울증을 치료하는 데 성공했다는 내용입니다. 따라서 기사와 가장 관련있는 문단은 '최근에 초음파를 이용해 뇌와 관련된 질병을 치료하는 방법에 대한 연구도 이루어지고 있다'는 내용의 4 문단입니다.

5 1 문단은 초음파의 뜻, 2 문단은 사람의 몸을 검사하는 데 활용되는 초음파, 3 문단은 물체를 세척하는 데 활용되는 초음파, 4 문단은 초음파를 이용한 뇌질환 치료 연구, 5 문단은 어업에서 물고기를 잡을 때 사용되는 초음파와 다양한 분야에서 사용되는 초음파의 가능성에 대해 설명하고 있습니다.

6 초음파는 사람의 몸을 검사할 때나 태아의 모습을 확인할 때, 작은 부품이나 복잡한 구조의 물체를 세척할 때, 파킨슨병과 같이 뇌와 관련된 질병 치료 방법을 연구할 때, 바닷속 물고기를 잡을 때 활용된다고 하였습니다. 이 외에도 앞으로 기술이 더욱 발전하여 초음파를 활용하는 분야가 넓어질 것이라고 설명했습니다.

7 (1) '반사'는 '빛이나 전파 등이 다른 물체에 부딪쳐서 나아가던 방향이 반대 방향으로 바뀜.'이라는 뜻입니다.
(2) '미세'는 '분간하기 어려울 정도로 아주 작음.'이라는 뜻입니다.
(3) '태아'는 '어머니 배 속에서 자라고 있는 아이.'라는 뜻입니다.
(4) '유용'은 '쓸모가 있음.'이라는 뜻입니다.
(5) '세척'은 '깨끗이 씻음.'이라는 뜻입니다

비주얼 과학 교과서 개념   **103 쪽**

(1) 높낮이   (2) 진동수

(1) '소리의 높음과 낮음.'을 '소리의 높낮이'라고 합니다.
(2) '단위 시간 동안 물체가 진동한 횟수.'를 '진동수'라고 합니다.

- **글의 종류** 설명하는 글
- **글의 특징** 우주에서 소리를 들을 수 없는 까닭과 우주에서 소통하는 방법을 설명한 글입니다.
- **주제** 우주에서 소리가 들리지 않는 까닭

105~106 쪽

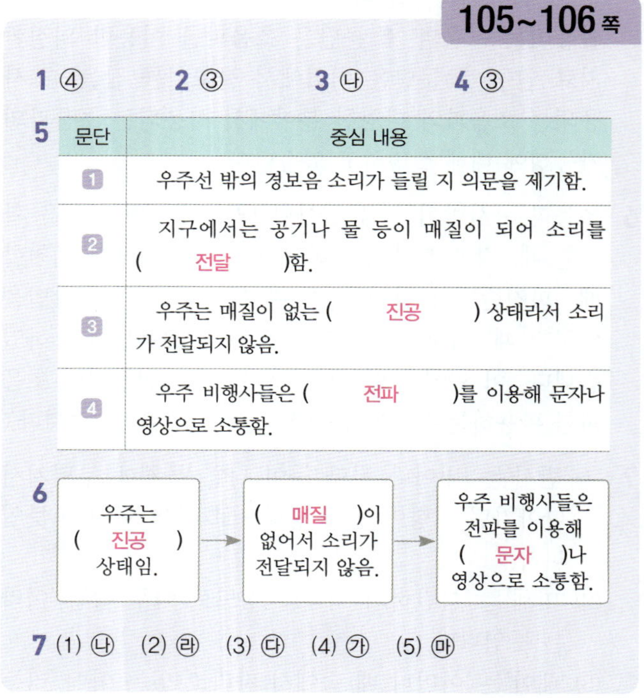

1 ④　　**2** ③　　**3** ④　　**4** ③

5

문단	중심 내용
1	우주선 밖의 경보음 소리가 들릴 지 의문을 제기함.
2	지구에서는 공기나 물 등이 매질이 되어 소리를 (**전달**)함.
3	우주는 매질이 없는 (**진공**) 상태라서 소리가 전달되지 않음.
4	우주 비행사들은 (**전파**)를 이용해 문자나 영상으로 소통함.

6

우주는 (**진공**) 상태임. → (**매질**)이 없어서 소리가 전달되지 않음. → 우주 비행사들은 전파를 이용해 (**문자**)나 영상으로 소통함.

7 (1) ④　(2) ④　(3) ④　(4) ④　(5) ④

---

1 이 글은 우주에서 소리가 전달되지 않는 까닭을 설명하는 글입니다.

2 **4**문단에서 우주 비행사들은 전파를 이용한 무선 통신을 통해, 문자나 영상으로 우주에서 소통한다고 하였습니다.

오답 풀이
① 진공 상태에서는 매질이 없어서 소리가 전달되지 않습니다.
② 우주에는 공기가 거의 없는 진공 상태이기 때문에, 소리가 전달되지 않습니다.
④ 지구에서는 소리가 공기나 물 같은 매질을 통해 쉽게 전달됩니다.
⑤ 우주에는 소리를 전달하는 매질이 없습니다.

3 **4**문단에서 우주 비행사들은 전파를 이용한 무선 통신으로 소통한다고 하였고, 우주에서 서로 소통하며 지구로도 소식을 전할 수 있다고 하였으므로 글에 대해 제대로 이해하여 말한 것은 ④입니다.

오답 풀이
㉮ 지구에는 우주와 달리 매질이 있으며, 전파를 이용한 영상을 전달하는 것도 가능합니다.
㉯ 진공 상태에서는 매질이 없어서 소리가 전달되지 않습니다.

---

4 물속에서 바깥의 소리를 들을 때 물이 소리를 전달하는 매질 역할을 합니다. 물 밖에서 친구가 말을 하면 소리가 공기를 떨리게 하고, 이 떨림이 물속으로 전달되고, 물이 이 떨림을 전달하는 매질이 됩니다.

5 **1**문단은 우주선 밖의 경보음을 들을 수 있는지 의문 제기, **2**문단은 매질을 통해 소리가 전달되며 지구에서는 여러 매질이 존재한다는 사실, **3**문단은 소리를 전달할 매질이 없는 우주, **4**문단은 전파를 통한 문자나 영상을 이용하는 우주 비행사들의 의사소통에 대해 설명하고 있습니다.

6 지구에는 매질이 존재하여 소리가 전달됩니다. 반면, 우주는 진공 상태이기 때문에 매질이 없어서 소리가 전달되지 않으며, 우주 비행사들은 문자나 영상을 이용한 무선 통신으로 소통합니다.

7 (1) '진공'은 '물질이 전혀 존재하지 않는 공간.'이라는 뜻입니다.
(2) '금속'은 '쇠, 금, 은처럼 열과 전기를 잘 통과시키며 특유의 광택이 있는 단단한 물질.'이라는 뜻입니다.
(3) '매질'은 '소리를 전달하는 고체, 액체, 기체 등의 물질.'이라는 뜻입니다.
(4) '통신'은 '소식을 전함.'이라는 뜻입니다.
(5) '경보'는 '위험에 대비하여 주의하고 조심할 수 있도록 미리 알리는 일. 또는 그 보도나 신호.'라는 뜻입니다.

비주얼 과학 교과서 개념　　**107 쪽**

(1) **전달**　　(2) **매질**

(1) '신호나 자극 등을 다른 곳에 보내거나 전해지도록 함.'을 '전달'이라고 합니다.

(2) '소리를 전달하는 고체, 액체, 기체 등의 물질.'을 '매질'이라고 합니다.

10 우리에게 도움이 되는 백색 소음

- **글의 종류** 설명하는 글
- **글의 특징** 백색 소음의 유래와 뜻, 백색 소음이 우리 생활에서 사용되는 상황에 대해 설명하는 글입니다.
- **주제** 우리 생활에 도움이 되는 백색 소음

109~110쪽

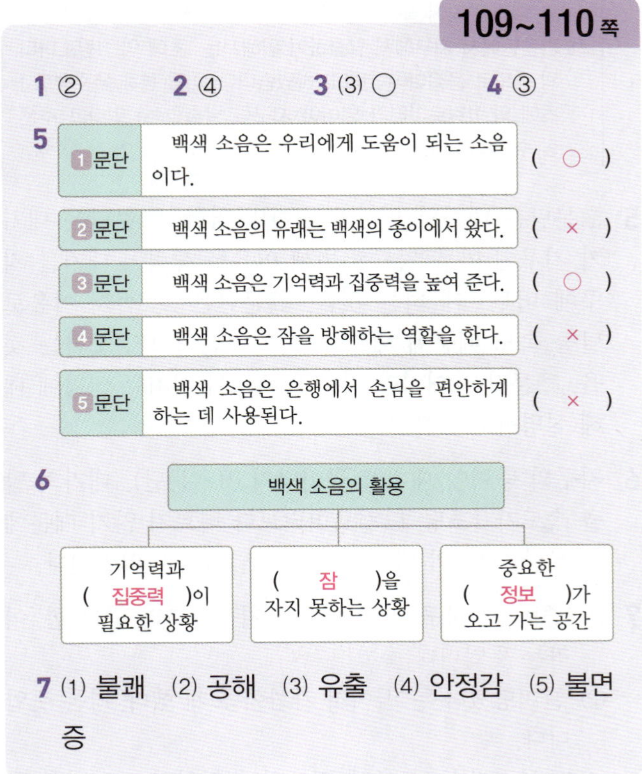

1 ②　　**2** ④　　**3** (3) ○　　**4** ③

5

1문단	백색 소음은 우리에게 도움이 되는 소음이다.	(○)
2문단	백색 소음의 유래는 백색의 종이에서 왔다.	(×)
3문단	백색 소음은 기억력과 집중력을 높여 준다.	(○)
4문단	백색 소음은 잠을 방해하는 역할을 한다.	(×)
5문단	백색 소음은 은행에서 손님을 편안하게 하는 데 사용된다.	(×)

6

백색 소음의 활용

| 기억력과 (집중력)이 필요한 상황 | (잠)을 자지 못하는 상황 | 중요한 (정보)가 오고 가는 공간 |

7 (1) 불쾌　(2) 공해　(3) 유출　(4) 안정감　(5) 불면증

1 이 글은 우리에게 도움이 되는 소음인 '백색 소음'에 대해 설명하고 있습니다.

2 2문단에서 백색 소음은 백색광인 햇빛이 여러 가지 색으로 이루어진 것처럼 다양한 소리들이 모인 것이라고 하였습니다.

> **오답 풀이**
> ①, ③ 소음 중에서 도움을 주는 소음을 백색 소음이라고 합니다.
> ② 백색 소음은 일정한 규칙이 없이 소리가 납니다.
> ⑤ 백색 소음은 우리에게 안정감을 주고 마음을 편하게 해 줍니다.

3 '불쾌하다'의 반대말은 '유쾌하다'입니다. '유쾌하다'는 '즐겁고 상쾌하다.'라는 뜻입니다.

> **오답 풀이**
> (1) '완쾌되다'는 '병이 완전히 낫게 되다.'라는 뜻입니다.
> (2) '명쾌하게'는 '말이나 글의 앞뒤가 들어맞아 시원스럽게.'는 뜻입니다.

4 3, 4, 5문단에서 백색 소음이 다양한 상황에서 활용이 된다고 설명하고 있습니다.

5 1문단은 소음의 의미와 소음 중에서 도움이 되는 소

음이 있다는 내용, 2문단은 백색 소음의 유래와 뜻, 3문단은 백색 소음이 기억력과 집중력을 높여 준다는 내용, 4문단은 잠을 자지 못하는 상황에서도 백색 소음을 사용할 수 있다는 내용, 5문단은 백색 소음이 정보가 오고 가는 공간에서도 사용된다는 내용입니다.

6 백색 소음은 기억력과 집중력이 필요한 상황, 잠을 자지 못하는 상황, 중요한 정보가 오고 가는 공간에서 유용하게 활용됩니다.

7 (1) '불쾌'는 '못마땅하여 기분이 좋지 아니함.'이라는 뜻입니다.
(2) '공해'는 '산업이나 교통의 발달 등으로 사람과 생물의 생활환경이 입게 되는 여러 가지 피해.'라는 뜻입니다.
(3) '유출'은 '귀한 물건이나 정보 등이 불법적으로 외부로 나가 버림.'이라는 뜻입니다.
(4) '안정감'은 '바뀌어 달라지지 않고 일정한 상태를 유지한 느낌.'이라는 뜻입니다.
(5) '불면증'은 '밤에 잠을 자지 못하는 증상.'이라는 뜻입니다.

> **오답 어휘 설명**
> (1) '상쾌'는 '느낌이 시원하고 산뜻함.'이라는 뜻입니다.
> (2) '이해'는 '무엇이 어떤 것인지를 앎.'이라는 뜻입니다.
> (3) '유지'는 '어떤 상태나 상황을 그대로 보존하거나 변함없이 계속하여 지탱함.'이라는 뜻입니다.
> (4) '불안감'은 '마음이 편하지 아니하고 조마조마한 느낌.'이라는 뜻입니다.
> (5) '싫증'은 '싫은 생각이나 느낌.'이라는 뜻입니다.

비주얼 과학 교과서 개념　　**111쪽**

(1) 소음　　(2) 방음

(1) '불규칙하게 뒤섞여 불쾌하고 시끄러운 소리.'를 '소음'이라고 합니다.

(2) '안의 소리가 밖으로 새어 나가거나 밖의 소리가 안으로 들어오지 못하도록 막음.'을 '방음'이라고 합니다.

대기가 우주로 흩어지지 않는 까닭

- **글의 종류** 설명하는 글
- **글의 특징** 지구의 대기가 우주로 흩어지지 않고 지구에 머무르는 까닭에 대해 설명한 글입니다.
- **주제** 지구의 대기가 우주로 날아가지 않는 까닭

115~116쪽

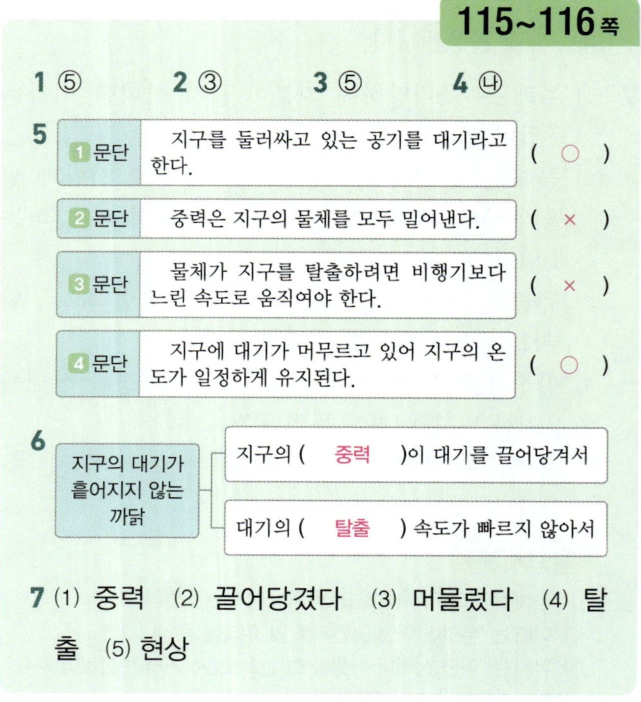

7 (1) 중력 (2) 끌어당겼다 (3) 머물렀다 (4) 탈출 (5) 현상

1 이 글은 지구의 대기가 우주로 흩어지지 않는 까닭을 설명하기 위해 쓴 글입니다.

2 4문단에서 대기는 온실의 유리창처럼 지구의 온도를 일정하게 유지해 준다고 했습니다.

> **오답 풀이**
> ① 대기는 날씨 현상을 일어나게 합니다.
> ② 지구의 중력은 대기를 끌어당겨서 대기가 우주로 흩어지지 못합니다.
> ④ 대기가 지구에 머무르는 까닭은 탈출 속도와 관련이 있습니다. 대기의 탈출 속도가 지구를 탈출할 수 있는 매우 빠른 속도에 미치지 않아서 지구에 남아 있습니다.
> ⑤ 물체가 지구에서 탈출하기 위해서는 1초에 약 11킬로미터의 속도로 움직여야 합니다.

3 '끌어당기는'은 '끌어서 가까이 오게 하는.'이라는 뜻입니다. 따라서 '힘이나 압력을 가하여 물러나게 하면서.'를 뜻하는 '밀어내면서'가 반대 뜻을 가진 낱말입니다.

> **오답 풀이**
> ① '날아간다'는 '공중으로 날면서 간다.'라는 뜻입니다.
> ② '당겼다'는 '물건 등을 힘을 주어 자기 쪽이나 일정한 방향으로 가까이 오게 했다.'라는 뜻입니다.
> ③ '서둘렀다'는 '일을 빨리 해치우려고 급하게 바삐 움직였다.'라는 뜻입니다.

④ '머물렀다'는 '도중에 멈추거나 일시적으로 어떤 곳에 묵었다.'라는 뜻입니다.

4 4문단에서 대기가 없으면 지구의 온도를 견딜 수가 없어 생물이 살 수 없다고 했습니다.

> **오답 풀이**
> ㉠ 2문단에서 공이 땅에 떨어지는 것이 중력 때문이라고 하였으므로, 사과가 땅에 떨어지는 중력 때문임을 짐작할 수 있습니다.
> ㉡ 3문단에서 지구에서 탈출하기 위해서는 1초에 약 11킬로미터의 속도로 움직여야 한다고 하였습니다. 이를 통해 우주선도 1초에 약 11킬로미터가 넘어야 지구를 탈출할 수 있다고 추론할 수 있습니다.

5 1문단은 대기의 의미와 대기의 역할, 2문단은 대기가 지구에 머무르는 첫 번째 이유로 중력이 대기를 지구에 머무르게 하는 것을, 3문단은 두 번째 이유로 탈출 속도 때문에 대기가 우주로 흩어지지 못하는 것을, 4문단은 대기가 지구의 온도에 미치는 영향에 대해 설명하고 있습니다.

6 지구의 중력이 대기를 끌어당기고(2문단), 대기의 탈출 속도가 1초당 11킬로미터보다 빠르지 않기 때문에(3문단) 지구의 대기는 우주로 날아가지 않습니다.

7 (1) '중력'은 '지구 위의 물체가 지구로부터 받는 힘.'이라는 뜻입니다.
(2) '끌어당겼다'는 '끌어서 가까이 오게 했다.'라는 뜻입니다.
(3) '머물렀다'는 '도중에 멈추거나 일시적으로 어떤 곳에 묵었다.'라는 뜻입니다.
(4) '탈출'은 '어떤 상황이나 구속 등에서 빠져나옴.'이라는 뜻입니다.
(5) '현상'은 '인간이 알 수 있는 사물의 모양과 상태.'라는 뜻입니다.

비주얼 과학 교과서 개념 117쪽

(1) 지구   (2) 대기

(1) '현재 인류가 살고 있는, 태양계의 셋째 행성'을 '지구'라고 합니다.

(2) '지구를 둘러싸고 있는 모든 공기.'를 '대기'라고 합니다.

02 지구 온난화로 높아지는 해수면

- **글의 종류** 설명하는 글
- **글의 특징** 지구 온난화와 이로 인한 해수면 상승 문제를 설명하고, 그 해결 방안을 제시한 글입니다.
- **주제** 지구 온난화로 인한 해수면 상승과 그 해결 방안

119~120 쪽

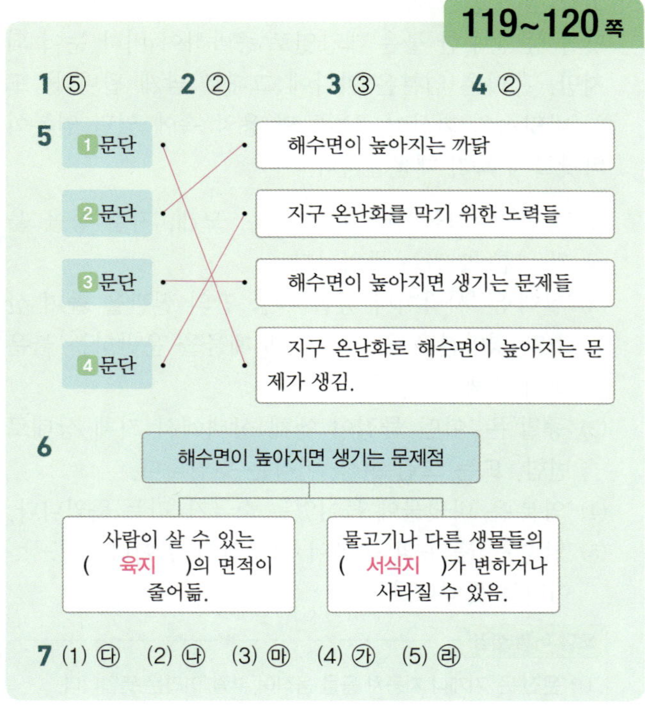

1 지구 온난화로 인한 해수면 상승 문제의 원인과 문제점, 해결 방안에 대해 설명하는 글입니다.

2 지구 온난화로 인해 해수면이 높아지면 육지의 면적이 줄어듭니다.

> **오답 풀이**
>
> ① 빙하가 녹으면 바다로 흘러 들어가 바닷물의 양이 많아져 해수면이 올라갑니다.
> ③ 지구 온난화는 환경 오염으로 발생한 가스가 지구를 둘러싸서, 지구에서 발생하는 열이 지구 밖으로 빠져나가지 못해 지구의 기온이 올라가는 현상입니다.
> ④ 해수면이 올라가면 물고기나 다른 생물들의 서식지가 변하거나 사라집니다.
> ⑤ 남태평양의 투발루는 해수면이 올라가서 육지가 점점 잠기고 있습니다.

3 '올라가다'는 '낮은 곳에서 높은 곳으로 또는 아래에서 위로 가다.'라는 뜻으로 '높아지다'와 바꾸어 쓸 수 있습니다.

> **오답 풀이**
>
> ① '내려간다'는 '높은 곳에서 낮은 곳으로 또는 위에서 아래로 간다.'라는 뜻입니다.
> ② '사라진다'는 '현상이나 물체 등의 자취가 없어진다.'라는 뜻입니다.

> ④ '줄어든다'는 '부피나 수량이나 정도가 원래보다 점점 적어지거나 작아진다.'라는 뜻입니다.
> ⑤ '감소한다'는 '양이나 수가 줄어든다. 또는 양이나 수를 줄이다.'라는 뜻입니다.

4 지구 온난화를 막기 위해 일회용품 사용을 줄여야 한다고 했으므로, 일회용 종이컵을 사용하기는 알맞지 않습니다.

> **오답 풀이**
>
> ①, ③ 지구 온난화를 막기 위해서는 대중교통과 자전거를 이용하고, 가까운 거리를 걸어다녀야 한다고 했습니다.
> ④, ⑤ 지구 온난화를 막기 위해서는 쓰지 않는 전자제품의 코드를 뽑아야 한다고 했으므로, 선풍기를 쓰지 않을 때는 꺼두는 것도 전기를 아끼는 행동으로 알맞습니다.

5 1문단은 해수면 상승으로 인해 해수면이 높아지는 문제가 생긴다는 내용, 2문단은 지구 온난화로 인해 해수면이 높아지는 까닭, 3문단은 해수면이 높아지면 생기는 문제점들, 4문단은 해수면 상승을 막기 위한 노력에 대해 설명하고 있습니다.

6 지구 온난화로 해수면이 높아지면 육지의 면적이 줄어들고, 자연 생태계에 큰 영향을 주어 생물들의 서식지가 변하거나 사라질 수 있습니다.

7 (1) '부피'는 '물체가 차지하는 공간의 크기.'라는 뜻입니다.
(2) '면적'은 '면이 차지하는 크기.'라는 뜻입니다.
(3) '서식지'는 '생물 등이 일정한 곳에 자리를 잡고 사는 곳.'이라는 뜻입니다.
(4) '해수면'은 '바닷물의 표면.'이라는 뜻입니다.
(5) '끼치다'는 '영향, 해, 은혜 등을 당하거나 입게 하다.'라는 뜻입니다.

비주얼 과학 교과서 개념   **121 쪽**

(1) 표면   (2) 면적

(1) '사물의 가장 바깥쪽. 또는 가장 윗부분.'을 '표면'이라고 합니다.
(2) '면이 차지하는 크기.'를 '면적'이라고 합니다.

 바닷물은 왜 짤까?

- **글의 종류** 설명하는 글
- **글의 특징** 바닷물이 짠 까닭과 사람이 바닷물에 쉽게 뜨는 까닭, 그리고 바닷물을 마실 수 없는 까닭을 과학적으로 설명하는 글입니다.
- **주제** 바닷물의 특징

123~124 쪽

1 바닷물 **2** ③ **3** ③ **4** (1) 많다

(2) 높다 (3) 낮다 (4) 높을수록

5
㉠ 바닷물이 짠 까닭
㉡ 바닷물을 마실 수 없는 까닭
㉢ 바닷물과 다른 물과의 차이점
㉣ 바닷물에서 몸이 잘 뜨는 까닭

㉢ → (㉠) → (㉣) → (㉡)

6
바닷물이 짠 까닭

비가 내림. → 강물이 바위와 흙에 있던 (염분)을 녹여 바다로 운반함. → 바닷물이 (증발)하지만 염분은 그대로 남음.

바다 속에 있는 (화산)이 폭발함. → 용암 속의 염분이 바닷물에 녹음.

7 (1) 운반 (2) 혈액 (3) 증발 (4) 염분 (5) 탈수

1 이 글은 바닷물이 짠 까닭을 설명한 글입니다.

2 ④문단에서 바닷물을 마시면 탈수 상태에 빠질 수 있어 위험하다고 하였습니다.

> **오답 풀이**
> ① 바닷물에는 많은 양의 염분이 녹아 있습니다.
> ② 바닷물은 마실 수 없습니다.(④문단)
> ④, ⑤ 바닷물은 밀도가 높아서 물체를 뜨게하는 힘이 있고, 계곡보다 바다에서 우리 몸이 더 쉽게 뜹니다.(③문단)

3 바닷속 생물들이 소금 성분과 미네랄을 운반한다는 내용은 글에서 찾을 수 없습니다.

> **오답 풀이**
> 바닷물이 짠 까닭은 수백만 년 동안 육지의 바위와 흙에 있던 염분이 녹아 바다로 흘러 들어갔고, 바다 속 화산이 폭발할 때도 염분이 바닷물에 녹아 섞이게 되기 때문입니다. 비와 강물이 땅의 염분을 바다로 운반하고, 바닷물의 물이 증발할 때 염분은 바다에 남아서 쌓입니다.

4 (1) 바닷물은 강물보다 염분이 많습니다.
(2) 바닷물은 강물보다 밀도가 높습니다.
(3) 황해는 동해나 남해보다 밀도가 낮습니다.
(4) 액체는 밀도가 높을수록 물체를 뜨게 하는 힘이 커지는 성질이 있습니다.

5 ①문단은 바닷물과 다른 물과의 차이점, ②문단은 바닷물이 짠 까닭, ③문단은 바닷물에서 몸이 잘 뜨는 까닭, ④문단은 바닷물을 마실 수 없는 까닭을 설명하고 있습니다.

6 ②문단에서 바닷물이 짠 까닭은 수백만 년 동안 강이나 호수, 계곡의 물이 바다로 흘러가면서 바위와 흙에 있던 염분 등을 녹여 바다로 운반했기 때문입니다. 바닷물 중 순수한 물은 태양열로 증발하여 비나 눈이 되지만, 흘러온 염분은 바다에 그대로 남게 됩니다. 또한 바닷속의 화산이 폭발하면 용암 속에 있던 염분이 바닷물에 녹기 때문입니다.

7 (1) '운반'은 '강물이나 바람이 흙, 모래, 자갈 등을 옮겨 나름.'이라는 뜻입니다.
(2) '혈액'은 '사람이나 동물의 몸 안의 혈관을 돌며 산소와 영양분을 공급하고, 노폐물을 운반하는 붉은색의 액체.'라는 뜻입니다.
(3) '증발'은 '어떤 물질이 액체 상태에서 기체 상태로 변함. 또는 그런 현상.'이라는 뜻입니다.
(4) '염분'은 '바닷물에 들어있는 소금기.'라는 뜻입니다.
(5) '탈수'는 '몸속의 수분이 모자라서 일어나는 증상.'이라는 뜻입니다.

> **오답 어휘 설명**
> (1) '운전'은 '기계나 자동차 등을 움직여 부림.'이라는 뜻입니다.
> (2) '금액'은 '돈의 액수.'라는 뜻입니다.
> (3) '증가'는 '양이나 수가 더 늘어나거나 많아짐.'이라는 뜻입니다.
> (4) '당분'은 '단맛이 있는 성분.'이라는 뜻입니다.
> (5) '탈락'은 '범위에 들지 못하고 떨어지거나 빠짐.'이라는 뜻입니다.

비주얼 과학 교과서 개념 **125 쪽**

(1) 바다 (2) 육지

(1) '바다에 괴어 있는 짠물.'을 '바다의 물'이라고 합니다.

(2) '강이나 호수 등과 같이 염분이 없는 물.'을 '육지의 물'이라고 합니다.

프랑스 에트르타의 절벽과 해변

- **글의 종류** 설명하는 글
- **글의 특징** 바닷가 지형이 형성되고 변화하는 과정을 유명한 관광지의 예시를 들어 가며 설명한 글입니다.
- **주제** 침식과 퇴적으로 만들어진 바닷가 지형

127~128쪽

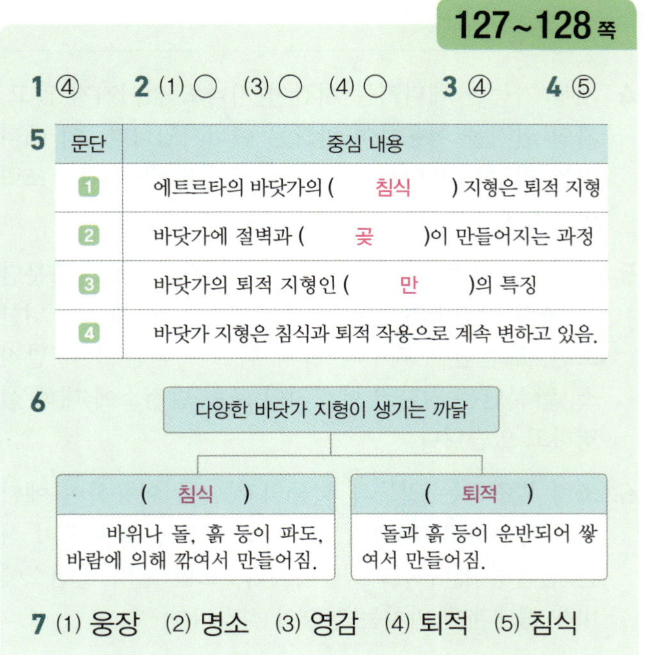

1 ④　**2** (1) ○　(3) ○　(4) ○　**3** ④　**4** ⑤

5

문단	중심 내용
1	에트르타의 바닷가의 (침식) 지형은 퇴적 지형
2	바닷가에 절벽과 (곶)이 만들어지는 과정
3	바닷가의 퇴적 지형인 (만)의 특징
4	바닷가 지형은 침식과 퇴적 작용으로 계속 변하고 있음.

6

다양한 바닷가 지형이 생기는 까닭

(침식)	(퇴적)
바위나 돌, 흙 등이 파도, 바람에 의해 깎여서 만들어짐.	돌과 흙 등이 운반되어 쌓여서 만들어짐.

7 (1) 웅장　(2) 명소　(3) 영감　(4) 퇴적　(5) 침식

1 이 글은 프랑스의 에트르타에 있는 다몽 절벽 같은 유명한 관광지를 예로 들어 가며 여러 바닷가 지형에 대해 설명한 글입니다.

2 **2**문단과 **3**문단에서 침식과 퇴적의 뜻을 설명하였고, **2**와 **3**문단에서 바닷가의 절벽, 곶, 만 등의 다양한 지형을 설명하였습니다. **2**문단에서 곶이 만들어지는 과정도 설명하였습니다. 그러나 에트르타의 해변의 길에 대한 설명은 없습니다.

3 바위나 돌, 흙 등이 깎여 나가는 것을 '침식'이라고 하고, 돌과 흙 등이 쌓이는 것을 '퇴적'이라고 합니다.

오답 풀이

① 바닷가 지형은 계속해서 침식 작용과 퇴적 작용이 일어나기 때문에 모양이 변하거나 사라질 수 있습니다.
② 바닷가 지형은 침식 작용과 퇴적 작용에 의해 만들어집니다.
③ 프랑스의 에트르타 해변은 부서진 돌이 운반되다가 쌓여서 만들어진 퇴적 지형입니다.
⑤ 프랑스의 다몽 절벽은 파도와 바람에 의해 만들어진 침식 지형입니다.

4 프랑스 에트르타의 다몽 절벽은 침식에 의해 만들어졌습니다. 따라서 절벽이 코끼리 모양인 것은 긴 시간 바닷물과 바람에 의해 깎였기 때문입니다.

5 **1**문단은 프랑스 에트르타 바닷가의 침식 지형과 퇴적 지형을 소개했습니다. **2**문단은 침식 지형인 곳이 만들어지는 과정을, **3**문단은 퇴적 지형인 만의 특징을 설명했습니다. **4**문단은 바닷가 지형이 지금도 침식과 퇴적 작용으로 변화하고 있음을 설명하고 있습니다.

6 바닷가 지형은 바위나 돌, 흙 등이 깎이는 침식 작용과 돌과 흙 등이 쌓이는 퇴적 작용에 의해 형성되며, 침식 지형의 예는 에트르타의 다몽 절벽, 퇴적 지형의 예는 에트르타의 해변입니다.

7 (1) '웅장'은 '규모 등이 거대하고 성대함.'이라는 뜻입니다.
(2) '명소'는 '경치나 고적, 산물 등으로 널리 알려진 곳.'이라는 뜻입니다.
(3) '영감'은 '창조적인 활동과 관련한 기발하고 좋은 생각.'이라는 뜻입니다.
(4) '퇴적'은 '흙이나 죽은 생물의 뼈 등이 물이나 바람, 빙하 등에 의해 운반되어 일정한 곳에 쌓이는 일.'이라는 뜻입니다.
(5) '침식'은 '비, 하천, 빙하, 바람 등의 자연 현상이 땅이나 돌 등을 깎는 일.'이라는 뜻입니다.

오답 어휘 설명

(1) '성장'은 '사람이나 동식물 따위가 자라서 점점 커짐.'이라는 뜻입니다.
(2) '명성'은 '세상에 널리 퍼져 평판 높은 이름.'이라는 뜻입니다.
(3) '소감'은 '마음에 느낀 바.'라는 뜻입니다.
(4) '퇴치'는 '물리쳐서 없애 버림.'이라는 뜻입니다.
(5) '침묵'은 '아무 말도 없이 잠잠히 있음. 또는 그런 상태.'라는 뜻입니다.

비주얼 과학 교과서 개념　**129쪽**

(1) 침식　(2) 운반　(3) 퇴적

(1) '비, 하천, 빙하, 바람 등의 자연 현상이 지표를 깎는 일.'을 '침식 작용'이라고 합니다.

(2) '강물이나 바람 등이 흙, 모래, 자갈 등을 옮겨 나름.'을 '운반 작용'이라고 합니다.

(3) '돌과 흙 등이 물이나 빙하, 바람 등의 작용으로 운반되어 일정한 곳에 쌓이는 일.'을 '퇴적 작용'이라고 합니다.

- **글의 종류** 설명하는 글
- **글의 특징** 이 글은 밀물과 썰물을 이용한 조력 발전소의 특징 과 원리에 대해 설명하고 있습니다.
- **주제** 조력 발전소의 특징과 원리

131~132쪽

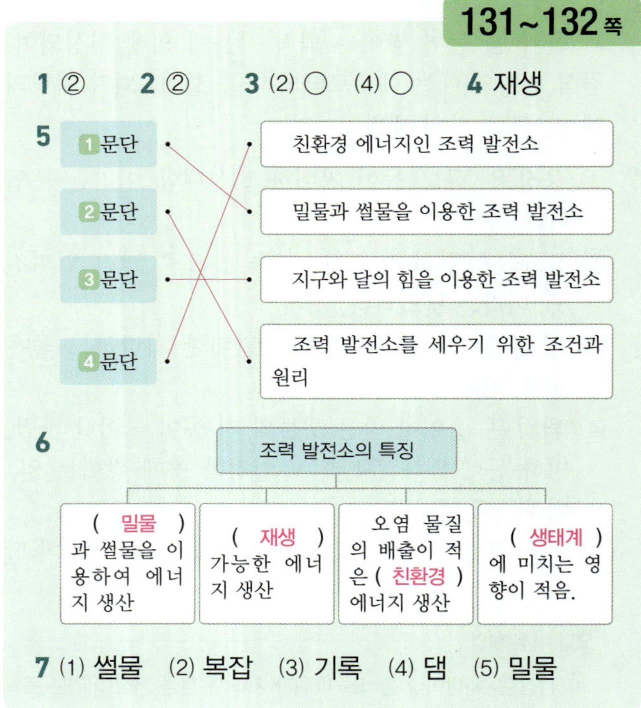

1 이 글은 밀물과 썰물을 이용한 조력 발전소의 특징과 원리에 대해 설명하고 있습니다.

2 우리나라의 서해안은 밀물과 썰물의 차이가 높이 4미터를 넘을 정도로 크고, 갯벌이 많으며 지형이 복잡합니다. (2문단)

> **오답 풀이**
> ① 조력 발전소는 수력 발전소에 비해 생태계에 끼치는 영향이 매우 적습니다. 하지만 생태계에 전혀 영향을 미치지 않는 것은 아닙니다. (4문단)
> ③ 바닷물이 빠져나가 해수면이 낮아지는 현상은 썰물입니다. (1문단)
> ④ 바람을 이용한 풍력 발전소는 태양의 힘으로 에너지를 만듭니다. (3문단)
> ⑤ 우리나라의 서해안은 밀물과 썰물의 높이 차이가 무려 4미터를 넘을 정도로 크고, 지형이 복잡하여 조력 발전소를 세우기에 좋은 환경이라고 설명했습니다. (2문단)

3 (2) 3문단에서 1966년에 프랑스에서 세계 최초로 조력 발전소를 만들었다고 설명했습니다.
(4) 3문단에서 밀물과 썰물은 지구와 달이 서로 끌어당기는 힘으로 만들어지는 자연 현상이라고 설명했습니다. 조력 발전소는 이 밀물과 썰물을 이용하여 에너지를 만듭니다.

> **오답 풀이**
> (1) 조력 발전소를 세우기 좋은 국가가 몇 개인지는 이 글에서 설명하고 있지 않습니다. 2문단에서 조력 발전소를 세우기 좋은 조건에 대해서 설명하고 있습니다.
> (3) 우리나라의 시화호 조력 발전소는 2011년부터 에너지를 생산하고 있습니다. 시화호 조력 발전소에서 생산하는 에너지양은 전 세계의 조력 발전소 중 가장 많은 양을 기록하고 있습니다. 하지만 이 글에서 그 에너지 생산량이 얼마인지는 설명하고 있지 않습니다.

4 재생 가능한 에너지는 시간이 지나도 없어지지 않고, 자연 환경을 이용하여 만드는 에너지입니다. 이 에너지는 환경을 오염시키지 않는 친환경 에너지로, 조력 발전소에서 만드는 에너지도 이에 해당합니다.

5 1문단은 밀물과 썰물을 이용한 조력 발전소, 2문단은 조력 발전소의 원리와 조력 발전소를 세우기 위한 조건, 3문단은 지구와 달의 힘을 이용한 조력 발전소, 4문단은 친환경 에너지인 조력 발전소에 대해 설명하고 있습니다.

6 조력 발전소는 밀물과 썰물의 차이를 이용하여 에너지를 생산하고, 재생이 가능하고 오염 물질 배출이 적은 친환경 에너지를 생산합니다. 또한 수력 발전소에 비해 생태계에 미치는 영향이 적습니다.

7 (1) '썰물'은 '조수의 간만으로 해면이 하강하는 현상. 또는 그 바닷물.'이라는 뜻입니다.
(2) '복잡'은 '복작거리어 혼잡스러움.'이라는 뜻입니다.
(3) '기록'은 '성적이나 결과 등을 수치로 나타냄.'이라는 뜻입니다.
(4) '댐'은 '강이나 바닷물을 막아 물의 양을 조절하고 발전을 하기 위하여 쌓은 둑.'이라는 뜻입니다.
(5) '밀물'은 '조수의 간만으로 해면이 상승하는 현상. 또는 그 바닷물.'이라는 뜻입니다.

비주얼 과학 교과서 개념   **133쪽**

(1) 밀물   (2) 썰물

(1) '조수의 간만으로 해수면이 높아지는 현상. 또는 그 바닷물.'을 '밀물'이라고 합니다.
(2) '조수의 간만으로 해수면이 낮아지는 현상. 또는 그 바닷물.'을 '썰물'이라고 합니다.

06 소중한 갯벌을 지키자

- **글의 종류** 주장하는 글
- **글의 특징** 갯벌의 중요성과 가치를 설명하며, 갯벌을 지켜야 한다고 주장하고 있습니다.
- **주제** 소중한 갯벌은 지켜야 한다.

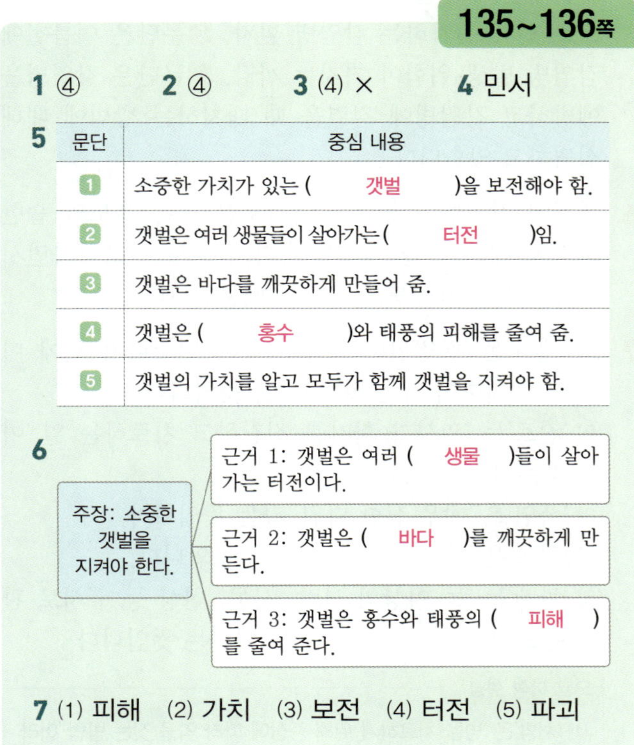

1 이 글은 갯벌의 가치에 대해 알고, 갯벌을 보전해야 한다고 주장하는 글입니다.

2 3문단에서 갯벌에 사는 작은 생물들이 갯벌의 오염 물질을 분해한다고 하였습니다.

오답 풀이
① 갯벌은 태풍의 피해를 줄여 줍니다.(4문단)
② 갯벌은 철새들이 쉬고 먹이를 찾는 장소입니다.(2문단)
③ 갯벌이 사라지면 생물의 종류가 줄어듭니다.(2문단)
⑤ 홍수가 나면 갯벌은 물을 저장하는 역할을 합니다.(4문단)

3 글쓴이는 갯벌을 지켜야 한다고 주장하고, 그 근거로 '첫째, 갯벌은 여러 생물이 살아가는 터전이다. 둘째, 갯벌은 바다를 깨끗하게 만든다. 셋째, 갯벌은 홍수와 태풍의 피해를 줄여 준다.'를 들고 있습니다.

오답 풀이
(1) 글쓴이는 3문단에서 갯벌에 사는 작은 생물들이 육지에서 나오는 오염 물질을 분해해 물을 깨끗하게 만들어 준다고 했습니다.
(2) 글쓴이는 2문단에서 갯벌은 여러 바다 생물과 철새가 살아가는 터전이라고 했습니다.

4 갯벌을 보전하면 우리의 자연을 지킬 수 있다고 한 글쓴이와 생각이 같은 친구는 민서입니다.

5 1문단은 소중한 가치를 지닌 갯벌, 2문단은 여러 생물들의 삶의 터전이 되는 갯벌, 3문단은 바다를 깨끗하게 만들어 주는 갯벌, 4문단은 홍수와 태풍의 피해를 줄여 주는 갯벌에 대해 설명하고 있으며, 5문단에서 소중한 갯벌을 지켜야 한다는 주장으로 글을 마무리하고 있습니다.

6 글쓴이는 갯벌은 여러 가지 소중한 가치가 있어서 지켜야 한다고 주장하며, 그 근거로 세 가지 갯벌의 장점을 말하고 있습니다.

7 (1) '피해'는 '생명이나 신체, 재산, 명예 등에 손해를 입음.'이라는 뜻입니다.
(2) '가치'는 '사물이 지니고 있는 쓸모.'라는 뜻입니다.
(3) '보전'은 '온전하게 보호하여 유지함.'이라는 뜻입니다.
(4) '터전'은 '생활의 근거지가 되는 곳.'이라는 뜻입니다.
(5) '파괴'는 '때려 부수거나 깨뜨려 헐어 버림.'이라는 뜻입니다.

오답 어휘 설명
(1) '오해'는 '어떤 것을 잘못 알거나 잘못 해석함.'이라는 뜻입니다.
(2) '가상'은 '사실이 아니거나 사실 여부가 분명하지 않은 것을 사실이라고 가정함.'이라는 뜻입니다.
(3) '보상'은 '남에게 진 빚 또는 받은 물건을 갚음.'이라는 뜻입니다.
(4) '터득'은 '이치나 지식 따위를 깨달아 알아냄.'이라는 뜻입니다.
(5) '파견'은 '일정한 임무를 주어 사람을 보냄.'이라는 뜻입니다.

비주얼 과학 교과서 개념 137 쪽

(1) 갯벌   (2) 생물

(1) '밀물 때는 물에 잠기고 썰물 때는 물 밖으로 드러나는 모래 점토질의 평탄한 땅.'을 '갯벌'이라고 합니다.
(2) '생명이 있는 동물과 식물.'을 '생물'이라고 합니다.

감염병 위험을 높이는 폭염

- **글의 종류** 신문 기사
- **글의 특징** 폭염과 감염병의 관계와 감염병 예방 및 대처 방법에 대해 설명하는 기사문입니다.
- **주제** 폭염과 감염병의 관계

141~142 쪽

1 ⑤　　2 ④　　3 ①, ⑤　　4 ⓐ

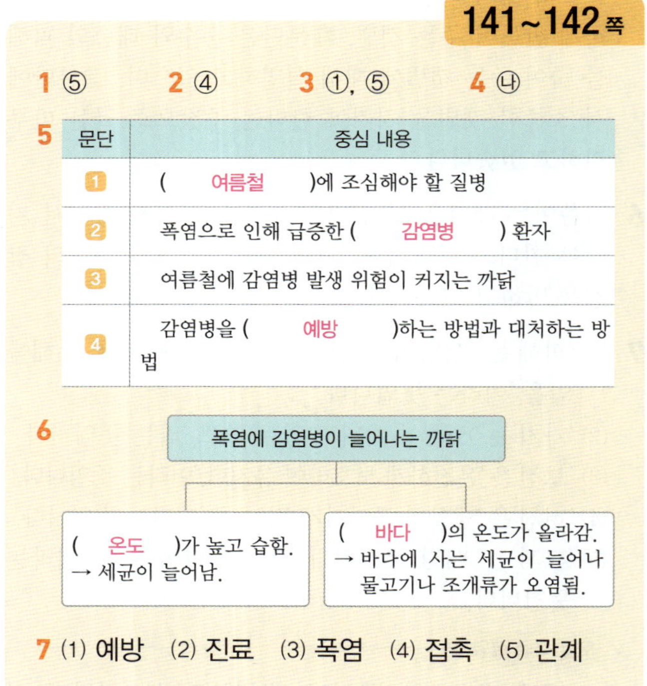

5

문단	중심 내용
1	(여름철)에 조심해야 할 질병
2	폭염으로 인해 급증한 (감염병) 환자
3	여름철에 감염병 발생 위험이 커지는 까닭
4	감염병을 (예방)하는 방법과 대처하는 방법

6

7 (1) 예방　(2) 진료　(3) 폭염　(4) 접촉　(5) 관계

1 이 글은 폭염이 계속 되면 높은 온도와 습도 때문에 세균이 증가해 감염병 위험도 올라간다는 폭염과 감염병의 관계를 설명하고, 감염병 예방과 대처 방법을 안내하기 위해 쓴 글입니다.

2 ②문단에서 살모넬라균 감염증과 같은 식중독 환자 발생이 늘어나고 있으며, 여러 명이 한꺼번에 감염되는 사례도 늘어나고 있다고 하였습니다.

오답 풀이
① 감염병이 여름철에만 발생하는 것은 아닙니다.
② 감염병에 걸렸다면 빠르게 의료 기관을 방문해 진료를 받아야 합니다.(④문단)
③ 바다의 온도까지 올라가게 되면 바다에 사는 세균도 늘어난다고 하였습니다.(③문단)
⑤ 감염병 예방을 위해 음식을 익혀 먹는 것이 좋습니다.(④문단)

3 여름철 감염병 예방 수칙으로 알맞은 것은 '물을 끓여 마시기', '식사하기 전에 비누로 손 씻기' 입니다.

4 ③문단에서 여름철에 특히 감염병 발생 위험이 커지는 까닭은 높은 온도와 습한 환경으로 인해 세균이 늘어나기 때문이라고 하였으므로, 올바르게 이해하여 말한 것은 겨울보다 여름에 감염병 환자가 늘어난다는 ⓐ입니다.

오답 풀이
㉮ 여름철 감염병을 예방하려면 음식을 충분히 익혀서 먹으라고 하였으므로 익히지 않은 생선회는 먹지 않는 것이 좋습니다.
㉰ 감염병에 걸리면 빠르게 의료 기관을 방문해 진료를 받고, 완전히 낫기 전에는 다른 사람들과의 접촉은 피하는 것이 좋다고 하였습니다.

5 ①문단은 여름철에 조심해야 할 질병, ②문단은 폭염으로 인해 증가하는 감염병 환자, ③문단은 여름철에 감염병 발생 위험이 커지는 까닭, ④문단은 감염병을 예방하고 감염병에 걸렸을 때 대처하는 방법에 대해 설명하고 있습니다.

6 폭염에 감염병이 늘어나는 까닭은 높은 온도와 습한 환경에 세균이 늘어나고, 바다의 온도도 올라가면서 바다에 사는 세균도 늘어나기 때문입니다.

7 (1) '예방'은 '질병이나 재해 따위가 일어나기 전에 미리 대처하여 막는 일.'이라는 뜻입니다.
(2) '진료'는 '의사가 환자를 진찰하고 치료하는 일.'이라는 뜻입니다.
(3) '폭염'은 '매우 심한 더위.'라는 뜻입니다.
(4) '접촉'은 '서로 맞닿음.'이라는 뜻입니다.
(5) '관계'는 '둘 이상의 사람, 사물, 현상 등이 서로 관련을 맺음. 또는 그런 관련.'이라는 뜻입니다.

오답 어휘 설명
(1) '처방'은 '병을 치료하기 위해 증상에 따라 약을 짓는 방법.'이라는 뜻입니다.
(2) '진로'는 '앞으로 나아갈 길.'이라는 뜻입니다.
(3) '폭설'은 '갑자기 많이 내리는 눈.'이라는 뜻입니다.
(4) '접수'는 '신청이나 신고 등을 문서로 받음.'이라는 뜻입니다.
(5) '관찰'은 '사물이나 현상을 주의하여 자세히 살펴봄.'이라는 뜻입니다.

비주얼 과학 교과서 개념　　**143 쪽**

(1) 감염병　(2) 세균

(1) '인간 및 동물의 몸에 감염 물질이 들어와 공중 보건에 위험이 될 수 있는 병.'을 '감염병'이라고 합니다.
(2) '사람들을 병에 걸리게 하거나 음식을 썩게 하는 아주 작은 생물.'을 '세균'이라고 합니다.

정답과 해설

빠작

초등 비문학 독해 **통합과학**

믿고 보는 동아출판
초등 교재
기초학습서부터 교과서 개념 다지기, 과목별 전문서까지!
초등학교 입학 전부터, 예비 중등까지!
초등학생에게 꼭 필요한 영역을 빠짐없이! 동아출판 초등 교재 라인업
BEST
2022 개정 교육과정
초등 1·2학년 공부 단짝
초능력
맞춤법 + 받아쓰기
쉽고 빠른 맞춤법 학습
받아쓰기 단계별 연습
국어 교과서 어휘 학습
초등 국어 1·2
초능력 비주얼씽킹 과학
초능력 비주얼씽킹 초등 한국사
초능력 수학 연산
초능력 국어 독해
초능력 급수 한자
초등 영역별 기초학습서
초능력 국어 / 수학 / 과학 / 한국사 / 한자
초고필 비문학 독해 1
5-6학년 예비 중등
초고필 지금 유리수의 사칙연산 을 해야 할 때
초고필 지금 국어 문법 을 해야 할 때
초고필 지금 국어 어휘 를 해야 할 때
반편성 배치고사 + 진단평가
초고필 지금 한국사 를 해야 할 때
예비 중등
초고필 국어 / 수학 / 한국사
적중 반편성 배치고사 + 진단평가